# Good Lives Model (GLM)

**Logiques des pénalités contemporaines**
*Collection dirigée par Tony Ferri*

Emprisonnement, aménagements de peine, mesures de probation... Qu'est-ce qu'exécuter une peine aujourd'hui ? Devant la diversité des sanctions pénales, et face aux évolutions affectant les secteurs de l'application des peines, l'activité des personnels pénitentiaires et la place de l'enfermement dans l'économie du pouvoir de punir, cette collection a vocation d'ouvrir un espace de réflexion aux chercheurs et aux praticiens du registre post-sentenciel.

**Dernières parutions**

Tony FERRI, *Homo Catenarius. La surveillance électronique pénale comme système de « chaîne à la patte »*, 2017.
Erwan DIEU (sous la dir. de), *Les innovations criminologiques*, 2017.
Dragan BRKIC, *Comprendre la délinquance française*, 2016.
Alain BROSSAT, *Eloge du pilori. Considérations intempestives sur les arts de punir - Entretien avec Tony Ferri*, 2015.
Tony FERRI, *La compulsion de punir*, 2015.
René SCHERER, *En quête du réel. Réflexions sur le droit de punir, le fouriérisme et quelques autres thèmes - Entretien avec Tony Ferri*, 2014.
Tony FERRI, *Le pouvoir de punir. Qu'est-ce qu'être frappé d'une peine?*,2014.

Sous la direction de
Erwan DIEU

Avec la participation de Tony WARD

# GOOD LIVES MODEL (GLM)

L'Harmattan

5-7, rue de l'École-Polytechnique ; 75005 Paris
http://www.editions-harmattan.fr
ISBN : 978-2-343-20281-5
EAN : 9782343202815

Les auteurs :


**Dr Samantha ALJOBOORY**

est Médecin Psychiatre praticien EMDR-Europe responsable du Centre spécialisé dans le Psycho-traumatisme (CASPERTT), Centre Hospitalier de Cadillac, France.

**Nadia BOUAMIRA**

est Conseiller Pénitentiaire d'Insertion et de Probation à la Prison de la Santé au sein des Programmes de Prévention de la Radicalisation Violente (MLRV), Paris, France

**Serge CORNEILLE**

est psychologue responsable du service ANTIGONE de l'Université de Liège (ULg), organisateur des Journées internationales francophones Good Lives Model

**Dr Erwan DIEU**

est Docteur en psychologie, praticien EMDR-Europe, Directeur du Service de Criminologie ARCA et responsable du programme européen 3C2D

**Pr Marie KEENAN**

est Professeure à l'École de politique sociale, de travail social et de justice sociale de l'Université de Dublin, Irlande, membre du Conseil consultatif de l'IC de l'UCD

**Dr Pascal LEBAS**

est Docteur en psychologie, Chargé d'enseignement (Univ. Rennes 1 & 2), psychologue hospitalier EPSM (Soins Psychiatriques) de l'USMP Centre Pénitentiaire Lorient-Ploemeur, France

**Carine LEMARCHAND**

est psychologue dans la Mission de Lutte contre la Radicalisation Violente (MLRV), Quartier d'Evaluation de la Radicalisation, Centre pénitentiaire de Fresnes, France

**Juliette LIEVENS**

est psycho-criminologue au Centre National d'Evaluation du Centre pénitentiaire du sud-francilien situé à Réau, France

**Axel MAILLOT**

est psychologue spécialisé au sein du Service de Criminologie ARCA, France

**Marjolaine MERE,**

*(au moment de l'écrit)* est éducatrice dans le binôme de soutien de la Mission de Lutte contre la Radicalisation Violente (MLRV), SPIP de Roanne, France

**Pr Christian MORMONT**

est Professeur ordinaire à la Faculté de psychologie de l'Université de Liège, Belgique, Directeur du Service de psychologie clinique

**Dr Ronan PALARIC**

est Docteur en psychologie, psycho-criminologue responsable de section au sein du Service de Criminologie ARCA (Ile de France et Hauts de France), France

**Mélanie SEVE**

*(au moment de l'écrit)* est psychologue dans le binôme de soutien de la Mission de Lutte contre la Radicalisation Violente (MLRV), SPIP de Roanne, France

**Linda TESTOURI**

est psycho-criminologue et ingénieure d'études sur les programmes criminologiques européens d'évaluation et d'intervention (3C2D) à l'Université de Tours, France

**Juliane TORTES-SAINT-JAMMES**

est psychothérapeute ARS, praticien, formateur et superviseur EMDR-Europe, membre Inserm U1219 (prévention et prise en charge des traumatismes), France

**Pr Lode WALGRAVE**

est Professeur de Criminologie à l'Université de Leuven, Belgique (KUL), spécialiste de la Justice restaurative dite maximaliste, Belgique

**Pr Tony WARD**

est Professeur de Psychologie clinique à l'Université Victoria de Wellington, créateur du Good Lives Model, Nouvelle-Zélande

**Dr Estelle ZINSSTAG**

est Docteure, chercheure à l'Institut de Criminologie, KUL, Belgique et Chargée de cours au Centre de Criminologie de l'Université d'Oxford, Royaume-Uni.

Merci pour vos magnifiques contributions et votre enthousiasme.

**Sommaire**

Cher lectrice, cher lecteur,

Vous trouverez ici le fruit d'un long travail ainsi que d'un grand plaisir ! Celui de vous présenter ce modèle, tellement discuté, le « Good Lives Model » (GLM). Plutôt qu'une traduction francophone approximative, je vous propose de garder la dénomination d'origine si explicite : Good Lives. Et quoi de mieux pour parler d'un modèle que son créateur, le Pr Tony WARD.

D'une part avec le Pr Lode WALGRAVE et le Dr Estelle ZINSSTAG, et d'autre part avec le Pr Mary KEENAN et de nouveau le Dr Estelle ZINSSTAG, le Pr Tony WARD nous présentera son modèle « Good Lives » au regard d'un autre, la Justice restaurative, dans l'intérêt d'une « Criminologie de la Confiance » (Chapitre 4) son apport dans le champ des violences sexuelles (Chapitre 5).

Avant cela, il fallait regrouper les différents écrits sur le Good Lives Model depuis sa création en 2002 -et ils sont nombreux !, ainsi que les pensées complémentaires qui montrent la logique résolument positive du Pr Tony WARD (Chapitre 1). Enfin, il était nécessaire de présenter des modèles complémentaires avec lesquels le GLM peut être interrogé, comme la désistance (Chapitre 2) ou la Justice restaurative. Je remercie Juliette LIEVENS pour sa collaboration concernant ce travail d'investigation de fond, de présentation puis d'application avec des vignettes cliniques (Chapitre 3), une écriture que nous espérons fluide et agréable à la lecture.

Si le Good Lives Model s'applique à l'origine dans le champ psycho-criminologique de la prise en charge des auteurs d'infraction (hommes) à caractère sexuel (Chapitre 3), l'ouvrage est ici l'occasion de découvrir son application dans des champs plus vastes. Grace à la contribution de Carine LEMARCHAND et Nadia BOUAMIRA, respectivement psychologue et CPIP en Quartier d'Evaluation de la Radicalisation, et des professionnels éducatrice et psychologue au sein du Centre de détention de Roanne, nous aurons l'occasion de proposer une application du Good Lives Model à la problématique de la radicalisation d'une part et auprès des femmes détenues d'autre part. Ces deux expériences seront illustrées avec des cas cliniques dans des suivis individuels d'évaluation d'hommes (Chapitre 6) et un programme de suivi en groupe et individuel de femmes (Chapitre 7).

Dans un autre contexte, en Centre Hospitalier spécialisé sur le Psychotraumatisme, avec le Dr Samantha ALJOBOORY et la chercheure de INSERM Juliane TORTES-SAINT-JAMMES nous observerons l'intérêt du GLM dans le soin et sa complémentarité à la psychothérapie EMDR (Chapitre 11). Une rencontre intégrative pertinente entre le "Plan de Vie" du GLM et le "Plan de ciblage" de l'EMDR autour de la temporalité (TIM-E) du patient. D'un point de vue plus général, le Dr Ronan PALARIC et le Dr Pascal LEBAS présenteront une articulation possible des pratiques pénitentiaire et sanitaire dans laquelle le GLM peut être une pièce essentielle dans la prise en charge globale de la personne ayant commis une infraction (Chapitre 10).

Le GLM s'applique donc aux auteurs de différentes natures, aux victimes, se couple à d'autres approches… Avec Linda TESTOURI, Axel MAILLOT et le Dr Ronan PALARIC, nous observerons également son influence dans des applications concrètes de Justice restaurative et de désistance comme le Programme de Parrainage de Désistance (PPD) -déclinaison des Cercles de Soutien et de Responsabilité (CSR) d'une part (Chapitre 7), et l'approche des Plans de Vie en Réalité Virtuelle d'autre part (Chapitre 8).

Pour conclure notre ouvrage (Chapitre 12), le Pr Christian MORMONT et Serge CORNEILLE responsable du GLM à ANTIGONE (ULg, Belgique) interrogeront avec pertinence la prise en considération de l'éthique dans le cadre des traitements normatifs comme celui du suivi des personnes judiciarisées. Rien de mieux pour finir un ouvrage qu'une réflexion prenant de la hauteur sur nos modalités d'évaluation et de traitement.

Vous souhaitant le plus grand bonheur dans votre vie, personnelle et professionnelle.
Que le futur des personnes suivies soit cohérent avec leurs aspirations profondes,
De perspectives dignes des plus hautes cimes, pour un réel vertige émotionnel.
Que chaque instant soit pour vous et elles une expérience *Good Life* de vos mondes.

Dr Erwan Dieu.

## Chapitre 1 : Introduction aux réflexions de Tony Ward et aux orientations « Good Lives »

Dr Erwan DIEU et Juliette LIEVENS

Depuis ses débuts, la psychologie n'a de cesse d'étudier la prise en charge et la compréhension de la souffrance et la pathologie chez les individus. Cela s'explique majoritairement par l'historique de cette discipline mais également par le désir de la société de venir en aide aux individus. Les avancées dans les domaines de la psychologie sont considérables et s'associent afin d'avoir une vision globale et générale de la compréhension des troubles psychiques. Cependant, certaines lacunes demeurent et sont négligées au profit de l'accompagnement de la fragilité de la personne. Certains auteurs suggèrent que la prise en charge thérapeutique pourrait être améliorée et perfectionnée grâce à une approche plus positive. La psychologie positive pose de nombreuses questions en ce qui concerne ce type de prise en charge, notamment vis-à-vis de l'individu, à savoir comment les individus confrontés à des difficultés parviennent à trouver les ressources nécessaires pour les surmonter. Qu'est-ce qui permet de maintenir une bonne santé mentale ? Ces questions ne concernent plus la pathologie, mais reposent sur le fonctionnement dit « positif », c'est-à-dire sur le caractère adaptatif de l'humain. Il semble aujourd'hui important de prendre en compte les forces individuelles qui composent un individu dans une société. Cette méthodologie s'applique à une population tout venant, mais également à une population davantage spécifique comme les délinquants, notamment sexuels, grâce à un dérivé nommé le Good Lives Model (GLM) théorisé par Tony Ward. Aujourd'hui, lorsque le terme délinquance est évoqué, il est commun de penser à la protection de la société en évitant tout passage à l'acte et en limitant la récidive. Cela passe par différents modèles d'accompagnement des auteurs d'infraction. Cependant, il convient de prendre en compte les besoins de la personne en tant que sujet mais également dans la société.

Il est bien difficile de résumer en un chapitre une pensée aussi féconde que celle de Tony Ward et de ses divers collaborateurs depuis deux décennies. Le chapitre (et les suivants) ne vise donc pas à tout synthétiser, mais à présenter brièvement les points essentiels des principales réflexions menées. Pour sa richesse théorique et ses possibilités pratiques en lien avec l'ouvrage, nous nous attarderons sur le GLM, mais d'autres modèles seront ici discutés, comme la théorie intégrée de l'agression sexuelle (ITSO), l'auto-régulation (SR), le modèle multifactoriel du *readiness* des auteurs (MORM), ou encore les récentes observations concernant la possibilité d'une analyse causale des facteurs de risque dynamique ou bien l'analyse des facteurs de protection sous l'angle de l'*agency* (Ward, 2017).

Il s'agira également de revenir sur le modèle de la prévention de la récidive et les principes Risque-Besoins-Réceptivité (RBR) contre lequel le GLM s'est opposé, ainsi que la psychologie positive et la psychothérapie positive qui fondent la posture « Good Lives ». Nous présenterons par la suite les autres modèles positifs issus des propositions de Tony Ward.

## 1. La question du but visé par l'intervention réhabilitative

### *Le traitement des délinquants : what works ?*

La prise en charge des délinquants s'est largement développée au cours des dernières décennies. Si le but des programmes d'accompagnement vise en premier lieu la diminution de la récidive, ils impactent également les questions d'engagement, de réinsertion sociale, de qualité de vie et de perspectives futures. D'un point de vue historique, le rapport du sociologue Martinson en 1974 dit « *Nothing Works* » signe le déclin de l'idéal réhabilitatif nord-américain et d'une manière de penser et d'intervenir en criminologie. A la suite de l'étude de 231 programmes d'interventions (Martinson, 1974 ; Lipton, et al., 1975), les conclusions de Martinson du manque d'efficacité des pratiques réhabilitatives conduisent, d'un côté, les politiques publiques dans de vastes réformes des logiques pénales et, d'un autre côté, une mobilisation scientifique nommée « *What Works ?* » de recherche d'une réhabilitation efficace (Lalande, 2006). Si les résultats quant à la prise-en-charge remettent en question l'approche psychologique et sociale de l'intervention auprès des infracteurs, les résultats sur l'aspect évaluatif du psychologue Monahan (1981) vont dans le même sens. Selon Monahan, l'évaluation à propos de la dangerosité est, si elle est procédée via un jugement clinique dit aujourd'hui non-structuré, peu reproductible donc peu contradictoire et scientifique (absence de fidélité inter-juges), en outre basée sur des théories et notions psychologiques-psychanalytiques sans précision criminologique scientifique. De plus, les éléments sur lesquels les experts basaient leur jugement ne sont pas forcément liés au risque de récidive et peuvent prendre une place trop importante dans le jugement (Giovannangeli, et al., 2000 ; Baratta, 2011). Selon les résultats de Monahan (1981), cela conduit à des évaluations qui auraient tendance d'une part à surévaluer grandement les risques de récidive, et d'autre part à ne fournir des pronostics confirmés qu'une fois sur trois. La reconnaissance des faits (ou le déni dans son autre versant) est représentative de l'aspect contre-intuitif de certaines déductions ; il est aujourd'hui admis que la récidive et le déni des faits n'ont pas de lien directement établi (Nunes, et al., 2007 ; Craissati, 2015).

Depuis les années 1990 en s'appuyant sur les données probantes, les principes du modèle Risque-Besoins-Réceptivité (RBR) correspondent à la recherche de « *ce qui marche* » face à la récidive et sont devenus des références pour une intervention efficace (Andrews, et al., 1990). C'est le cas en France (Dieu & Hirschelmann, 2018), puisque les Règles Européennes de Probation, les Conférences de Consensus sur la Récidive, la Loi du 15/08/2014 de Contrainte Pénale, la recherche-action « PREVA » (Programme d'EVAluation des délinquants fondé sur les principes du risque, des besoins et de la réceptivité) (Hirschelmann, et al., 2016), témoignent de ce changement de paradigme dans la prise-en-charge des auteurs d'infraction. Egalement, en sus d'une liste de familles de facteurs de risque de récidive et d'une approche plus exhaustive, les principes du modèle RBR préconisent le recours aux Interventions Cognitives et Comportementales (ICC) comme méthode de prise en charge contre la récidive des délinquants. La démarche « *What Works ?* » connaît donc un succès grandissant et s'étend bien au-delà du continent nord-américain (Andrews & Dowden, 2007). Pour autant, de profonds désaccords (et complémentarités) existent toujours dans la centration sur le risque, à l'international (Andrews, et al., 2011 ; Ward, et al., 2012) comme dans la francophonie (Mary, 2001 ; Gautron & Dubourg, 2015 ; Dubourg, 2016) -ce qui ne remet pas en question l'efficacité des approches basées sur données probantes pour la prévention de la récidive (Day & Howells, 2002 ; Polaschek, 2012, 2017 ; Guay & Lafortune, 2015).

Le GLM a été développé par Tony Ward sous l'impulsion des critiques formulées au RBR (Ward, et al., 2007, 2012). Aujourd'hui, il est possible de voir dans le GLM une alternative au RBR (Wilson & Yates 2009 ; Barnett & al., 2013 ; Harkins & al. 2012) ou un complément (Willis & al. 2013). Deux points de convergence existent par exemple, sur la question de l'engagement sous le principe de la réceptivité notamment (Andrews, Bonta et Hoge, 1990 ; Andrews et Bonta, 2010), ainsi que l'hypothèse du bien-être du délinquant afin de développer des vies prosociales pouvant contribuer à la réduction de la récidive (Andrews & Bonta, 2010). Il est question dans notre ouvrage de détailler l'approche positive « Good Lives », approche qui représentait déjà en 2010 30% des programmes de traitement nord-américains (McGrath & al., 2010).

***L'évaluation globale des problématiques criminogènes et de la réceptivité du sujet***

L'application concrète des principes du modèle RBR mis au point par Andrews et al. (2004), à travers l'évaluation du dossier et d'entretiens semi-structurés réalisés par le professionnel, intègre un minimum de quarante items séparés suivant les huit grandes familles de facteurs de risque scientifiquement corrélées à la récidive. Ces huit familles (« *Big Eight* ») sont les antécédents de délinquance, le réseau social de l'individu, ses attitudes, ses tendances antisociales, son emploi/formation, ses relations familiales/conjugales, ses loisirs/activités récréatives, ses consommations d'alcool/drogues. Bonta et Andrews (2007) élaborent une structuration approfondie composée de principes généraux, de principes spécifiques, d'une évaluation structurée, d'une préconisation de soutiens organisationnels et de programmes. Les interventions cherchent l'accroissement de l'efficacité de la prévention de la récidive en favorisant la motivation de l'individu et la diminution de ses obstacles possibles quant à la participation à l'accompagnement. Fonder l'accompagnement sur un raisonnement issu des données probantes de la littérature scientifique garantit au professionnel un raisonnement qui tend vers l'objectivité.

Les huit grandes familles de facteurs de risque sont, d'après les diverses analyses empiriques et statistiques de Bonta et Andrews (2007), les bases d'une intervention professionnelle efficace centrée sur les problématiques criminogènes qui affectent la vie de l'auteur d'infraction. Elles discriminent les facteurs d'intervention à haut et moindre effet sur la récidive (eg. estime de soi, détresse émotionnelle, trouble mental grave, santé physique). Ces facteurs non criminogènes ne font ainsi plus partie des suggestions principales pour l'évaluation des problématiques et le plan d'intervention. L'estime de soi est un exemple contre-intuitif de facteurs non criminogènes nécessitant la littérature scientifique et l'évaluation dans le cadre du modèle RBR. Il est indiqué par les tenants du modèle RBR que la faible estime de soi non prise en compte dans l'intervention occasionnerait des déficits psychologiques et sociaux, mais n'augmenterait pas en soi la probabilité du risque de récidive. Toutefois, développer l'estime de soi sans intervenir sur les autres modalités identifiées comme criminogènes (eg. les attitudes antisociales) entrainerait un risque d'engendrer des auteurs plus au fait dans leurs stratégies d'infraction. Il est ainsi recommandé de ne pas mettre au travail un facteur de risque de façon isolé mais de penser une intervention plurifactorielle centrée sur les facteurs de risque et les autres facteurs non corrélés à la récidive mais participant à la motivation ou encore l'adhésion au traitement.

Au sein des huit familles de facteurs de risque, sept familles regroupent des éléments dits dynamiques, à évolution plus ou moins rapide dans le temps (stables ou aigus), contre une famille d'éléments purement statiques. Les facteurs statiques se réfèrent à l'histoire de la personne, son passé judiciaire et personnel. Les sept facteurs criminogènes dynamiques révèlent l'utilité du processus d'évaluation afin de les situer au mieux dans le processus d'accompagnement. Ces facteurs, besoins d'intervention évolutifs, concernent des éléments complexes du quotidien comme les relations personnelles (eg. famille, conjoint, enfants, amis), la situation professionnelle et scolaire, les loisirs, et les addictions. Ces éléments dynamiques sont en réalité des éléments déclencheurs possibles en amont du comportement et du passage à l'acte, des vulnérabilités dans le style de vie au quotidien. La récidive en tant que comportement renvoie essentiellement aux éléments de personnalité tels que les attitudes procriminelles. Dans ces besoins criminogènes, des facteurs comme la sphère familiale et les relations sociales s'avèrent être tant des éléments à potentiel problématique (eg. Négligence /maltraitance durant l'enfance ; le réseau amical) que des ressources positives sociales et affectives menant vers la sortie de la délinquance (Farrall, et al., 2014).

En termes d'évaluation et d'intervention quant au risque de la récidive, les principes du modèle RBR se présentent comme un accompagnement solide du public sous main de Justice. Le travail s'effectue autour des facteurs criminogènes internes et externes, en mobilisant l'apprentissage sociocognitif du sujet en direction de ce qui conditionnerait le « comportement criminel ». Dans l'espoir d'une intervention efficace à l'encontre de la récidive, le modèle RBR soulève régulièrement l'importance, pour les professionnels de l'accompagnement criminologique, d'établir des relations de travail fondées sur la collaboration et le respect avec les sujets et les organismes d'intervention. Bonta et Andrews (2007) constatent que de nombreuses interventions à l'encontre des auteurs d'infraction ne respectent aucun des trois principes du modèle RBR, c'est-à-dire que l'accompagnement en vue du changement n'évalue, et donc ne se centre pas, sur les facteurs criminogènes. L'effet pervers énoncé par les concepteurs du modèle RBR est que les thérapies s'appliquent à des auteurs n'ayant que peu de facteurs criminogènes, donc peu de besoins d'intervention. De plus, des méthodes autres que les approches cognitivo-comportementales et émotionnelles se montrent peu efficaces face aux problématiques criminogènes. Le résultat se retranscrit dans leurs analyses ci-après, les pratiques ne prenant en compte les principes du modèle RBR (ni évaluation des facteurs criminogènes ni pratique dite « ICC » - interventions cognitivo-comportementales) auraient pour effet d'augmenter le taux de récidive.

Le constat positif revient à observer qu'à chaque principe -et surtout cumul- du modèle RBR respecté par l'intervenant, une diminution du taux de récidive est observée. Effectivement, en comparaison des pratiques non basées sur le modèle RBR, les expérimentations ici montrent une diminution des taux de récidive allant de 17% à 35% suivant que l'intervention se dispense en milieu fermé ou en milieu communautaire (Bonta & Andrews, 2007). Les programmes de traitement cognitivo-comportemental mis en œuvre sont susceptibles de produire l'effet désiré. En outre, Andrews et Bonta (2010) précisent que le traitement est davantage efficace si l'accent est mis sur la gestion et la réduction des facteurs de risques dynamiques, c'est-à-dire les facteurs criminogènes (Ward, et al., 2007). Au sein des modèles d'intervention cognitivo-comportementaux, le RBR converge vers la prise en charge et le traitement des auteurs d'infraction à caractère sexuel (AICS) sous l'angle de la prévention de la récidive (ou de la rechute) (RP) inspiré du traitement des conduites addictives. C'est une approche qui met l'accent sur l'identification et la gestion des situations à haut risque qui pourraient conduire à une rechute. Il inclut la modification des cognitions problématiques de l'affect et du comportement associés à la délinquance. L'approche ICC met en évidence des décisions ou des actes apparemment sans importance, en relation avec le stress personnel, l'ennui, les loisirs, le travail et ainsi de suite, qui peuvent sembler insignifiants et défendables individuellement, mais qui, pris ensemble, construisent un cycle et un cheminement clair de la délinquance (Lindsay, et al., 2007). Le but est d'aider les délinquants à comprendre leur comportement criminel et à faire face aux facteurs situationnels et psychologiques qui les exposent à un risque de récidive (Ward et al., 2007). Les modes d'intervention et les stratégies doivent être adaptés aux compétences et caractéristiques de chaque individu, reposant sur des données probantes (Cortoni & Lafortune, 2009).

### *Problématiques et critiques*

Les critiques du modèle RBR peuvent être résumées de la façon suivante : (a) la catégorisation des délinquants selon leur risque, (b) ne guide pas les cliniciens à choisir le style d'intervention qui engage le mieux les délinquants dans la thérapie, (c) peu d'attention portée aux besoins non-criminogènes, (d) concentration sur ce qui doit être évité et non les compétences à acquérir, (e) ciblage sur la gestion du risque, (f) manque de considération des besoins primaires de la personne (Wilson & Yates, 2009). Pour résumer, les problématiques liées à l'utilisation de ces programmes sont (a) l'accent porté de façon excessive sur les problèmes de la personne, (b) le manque d'encouragement explicite dans les croyances de l'individu et sa capacité à changer, (c) l'absence générale de tentative de collaboration avec la personne, (d) l'alliance thérapeutique et le rôle du praticien sont souvent négligés et enfin (e) les objectifs fournis afin de mener une vie épanouie et prosociale sont faibles (Marshall et al., 2005). Fondés sur les principes de consentement et résistance à l'intervention, les besoins de l'usager sont peu considérés (Corneille & Devillers, 2017). En ce qui concerne la réceptivité des personnes, il y a une difficulté à motiver les individus en utilisant cette approche, le modèle de prévention des rechutes étant trop structuré et l'individualisation limitée (Ward et al., 2007). Le modèle RBR ne permet pas de dépasser le cadre d'aide, en outre il ne permet pas de motiver et d'impliquer les individus dans la prise en charge. Il est davantage centré sur la motivation externe (par exemple, « me conformer aux attentes judiciaires ») plutôt qu'interne (par exemple, « mes conduites m'empêchent de faire certaines choses »). Le taux de récidive est ainsi directement lié à ces motivations, ajouté au fait que les programmes de traitements sont centrés sur les besoins de la communauté (diminution de la dangerosité) et non de la personne (Corneille & Henrard, 2017).

Nous pouvons considérer le GLM comme un réel « modèle » de réhabilitation du fait qu'il repose sur un raisonnement étiologique complexe, explicatif du comportement humain fonctionnel et non-fonctionnel, avec des valeurs et pratiques d'intervention visant à soutenir les comportements fonctionnels. Deux éléments semblent essentiels à l'application du GLM au quotidien avec les délinquants : le projet de vie cohérent sans centration sur l'infraction ou le risque, ainsi que le développement d'outils engageant et maintenant la relation durant la prise en charge. Pour Corneille et Henrard (2017), le modèle RBR « *constitue, plutôt, l'énoncé d'un certain nombre de principes d'application des traitements. Cet énoncé est trans-théorique et donc applicable à quel que modèle théorique que ce soit. Mais si le simple énoncé de principes d'opérationnalisation, aussi pertinents soient-ils, ne peut suffire à constituer un modèle théorique, par contre, le fait que ces principes soient trans-théoriques constitue, à nos yeux, l'intérêt majeur du R-B-R.* ». Le débat théorique nous conduit en effet à présenter essentiellement la *structuration* des *principes* plutôt que la *modélisation*. Avec un objectif prioritaire de prévention de la récidive, « *de nouvelles techniques, comme la castration, physique ou chimique, ont pu être envisagées voire appliquées dans certains Etats, non sans soulever de nombreux débats éthiques et déontologiques. Ces pratiques, jugées excessives par une partie de la communauté scientifique, démontrent les limites d'un modèle basé sur la protection de la société sans réelle considération de la position subjective de […]* [l'auteur de l'infraction]. *En comparant le sujet à ses pairs infracteurs, l'évaluation technique et statistique du risque de récidive vient pallier la relation clinique afin de maîtriser les futures manifestations comportementales jugées déviantes* » (Palaric, 2014).

La problématique du modèle RBR tiendrait en son fondement initial, la notion de risque de récidive basée sur les statistiques. Calculé sur base d'une moyenne dans des groupes d'auteurs d'infraction, le niveau de risque standardiserait les analyses avec un risque de confusion (cf. « *one size fits all* », Ward, et al., 2007) entre l'auteur et son infraction. Si le modèle RBR repose essentiellement sur des facteurs de risque évalués scientifiquement, l'ensemble du processus évaluatif doit se remettre en question systématiquement à chaque facteur nouvellement identifié. « *Bien que les premières études aient considéré le manque d'empathie comme un facteur corrélé à un risque de récidive, les études plus récentes démontrent une absence de lien de corrélation mais affirment tout de même la nécessité de mettre au travail cette dimension non-criminogène qui peut s'articuler avec d'autres habiletés sociales nécessaires à l'inscription dans un réseau social. De plus, Hanson rappelle qu'un programme basé uniquement sur le facteur « empathie » ne peut que « créer » des agresseurs entraînés à repérer les détresses émotionnelles de leurs futures victimes et ainsi profiter de cette vulnérabilité pour passer à l'acte.* » (Palaric, 2014).

En se référant à Borsboom (2008), Ward et Fortune (2017) ont précisé les limites reprochées aux principes du modèle RBR en quelques points de réflexion. Selon eux, les facteurs de risque de récidive dits dynamiques sont des « construits composites » mal exploités, manquant de spécificité et reposant sur des concepts essentiellement normatifs. Est ainsi regrettée l'absence de proposition quant aux mécanismes causaux des facteurs de risque pourtant dynamiques. Cette critique tient également pour le versant « protecteur » contre la récidive, les facteurs de protection étant aujourd'hui des listes d'items sans réelle dynamique situationnelle et lien direct avec ce qui ferait désistance et serait pertinent dans l'analyse individualisée de la trajectoire du sujet (Dieu, et al., 2017 ; Dieu, 2017). Une autre difficulté du modèle RBR se cristallise dans l'absence de prise en compte de l'évolution subjective de l'identité (Maruna, 2001) –précisions que ce n'est pas le but du modèle RBR. La subjectivation identitaire et le bien-être sont alors plus que secondaires (Ward & Stewart, 2003). Les besoins personnels non criminogènes, l'amélioration de la qualité de vie et les données environnementales sont peu prioritaires (Coco & Corneille, 2009 ; Ward & Stewart, 2003), dans une structuration du modèle RBR centrée sur l'aspect normatif et les traits de personnalité du sujet (Ward, et al., 2004). Nous désirons atténuer la teneur de ces limites opposées aux principes du modèle RBR. Les travaux d'Andrews et Bonta préviennent ces éléments évoqués. Plus précisément, ils en donnent une portée différente en soulevant systématiquement que le principe du risque ne doit pas omettre les besoins, la réceptivité et l'intervention ultérieure qui envisage le changement, en prenant notamment pour base les théories psychologiques du changement cognitif via l'apprentissage social (Ward, et al., 2007).

Les formations concernant l'application du modèle RBR (Bonta, et al., 2010 ; Bourgon, et al., 2012) cherchent à faire de l'intervenant un élément moteur du changement de l'auteur d'infraction, par l'acquisition des techniques cognitivo-comportementales. Cette récente attente reposant sur les professionnels tranche avec les perceptions de l'engagement individuel et la motivation binaire au changement (Ward, et al., 2004 ; Yates & Kingston, 2006). Pour autant selon Bourgon et al. (2012) la mobilisation des techniques cognitivo-comportementales répond à quatre étapes indispensables : établir une réflexion entre les pensées et les comportements, détecter et approfondir les pensées en question qui provoquent les comportements, mettre en place des compétences qui répondent aux problèmes soulevés, généraliser au quotidien les compétences. Les deux premières étapes semblent les plus délicates à traverser. Encourager la personne à faire le lien entre les pensées et les comportements, d'autant plus les siens, exige de l'intervenant une clarté dans les propos, une habileté dans la relation duelle, à intervenir auprès d'une éventuelle résistance, tout en se montrant bienveillant dans cette acquisition nécessaire conditionnant des autres. Cette étape dans le cadre criminologique se soumet à des embûches, comme le risque dans l'accompagnement de renforcer les rationalisations de l'individu.

La notion de choix intervient pour soutenir le sujet dans son changement et limiter les rationalisations possibles d'un environnement décidant. L'environnement interagit avec la captation de déclencheurs (cognitifs ou émotionnels) par le corps du sujet. Il faut alors aider la personne à y répondre par évitement ou abstention. Pour Bourgon et al. (2012), la notion de responsabilité intégrée par le sujet est la question fondamentale, il pourra établir un lien entre les pensées et les actes en situation tant dans l'origine des problèmes que leur résolution. La deuxième étape poursuit ce mouvement jusqu'à l'identification des facteurs criminogènes personnels dans lesquels les schémas cognitivo-comportementaux s'expriment. Puisque l'individu est libre, acteur face à ses situations à risque, il détient en lui-même la possibilité d'infléchir ses pensées et comportements. Les compétences prosociales, telles que l'habileté relationnelle et la maîtrise de l'impulsivité, s'avèrent ici essentielles à développer par des raisonnements, exercices et/ou programmes concrets et ajustés. Ce développement des facteurs positifs constitue la troisième étape de l'intervention. Comprendre, agir et vivre autrement, grâce à des compétences cognitives, émotionnelles et comportementales nouvellement acquises (eg. stratégie de la reconstruction cognitive).

L'objectif de la dernière étape est la généralisation des acquisitions dans la vie quotidienne, prioritairement à l'ensemble des éléments jugés à risque. L'apprentissage et les rétroactions du sujet lui rendent possible d'analyser les bénéfices de ses schémas prosociaux de pensées et de comportements- et ainsi de développer des capacités d'adaptation non basées sur la réaction violente.

En analysant le Plan d'action de l'IFSSC (formation pratique du R.B.R. et des interventions cognitivo-comportementales dans un cadre correctionnel[1]), Bourgon, et al. (2012) invitent à réfléchir aux difficultés empiriques du R.B.R. dans le lien d'acquisition intervenant-délinquant des schémas prosociaux que ce dernier devrait envisager. Les résultats d'analyse indiquent qu'environ 60% des 143 infracteurs du projet ne présentent pas de problème d'attitude procriminelle, alors que 95 % d'entre eux ont un risque modéré ou élevé de récidive. Cet écart paraît étonnant lorsque nous le situons sur un plan clinique, dans lequel les cognitions sociales et les attitudes antisociales en général influencent particulièrement les comportements délictueux (Bourgon, et al., 2012). De plus, les attitudes appartiennent à des familles de risque de récidive et se déterminent comme un prédicteur fiable de la récidive (Andrews & Bonta, 2010). L'écart entre le niveau de risque de récidive et les problématiques d'attitude procriminelle se questionne donc et trouve une réponse envisageable dans l'évaluation partielle des attitudes au sein des instruments d'évaluation du risque et des besoins. L'évaluation des facteurs de risque et des besoins d'intervention (Andrews, et al., 2004) n'envisage les attitudes dysfonctionnelles et criminogènes qu'à travers quatre éléments généralistes (eg. attitudes envers les conventions et l'autorité), quand par exemple l'emploi/éducation en détient neuf et l'addiction huit.

[1]Les interventions spécifiques du programme traversent les trois étapes suivantes :
i) l'évaluation officielle du niveau de risque de récidive et de besoins criminogènes pour déterminer l'intensité et le type d'accompagnement du service ;
ii) déterminer les besoins urgents et les situations de crise qui nécessitent une attention immédiate (eg. attitudes suicidaires, problématiques de santé mentale ou physique), prioritaires dans le court terme avant un travail sur les besoins criminogènes globaux ;
iii) planifier une intervention efficace à partir du profil de besoins et réceptivité de l'auteur d'infraction, en utilisant le modèle cognitivo-comportemental du changement et en ciblant des priorités, soit les attitudes et les comportements procriminels, les relations interpersonnelles, les comportements déviants, ou encore d'autres besoins criminogènes *a priori* mineurs.

Hormis la section propre aux attitudes procriminelles, les autres facteurs de risque semblent difficiles à séparer d'une analyse et d'une intervention sur les schémas de pensée dysfonctionnelle : les fréquentations, la toxicomanie, la scolarité ou l'emploi... sont autant d'éléments sur les choix de vie de l'individu et ses positionnements subjectifs. Pour soutenir la motivation au changement du sujet, l'accompagnement se focalisera sur l'évolution et maintien des pensées et des comportements favorables à l'intervention sur les facteurs de risque de récidive. Une autre explication est possible concernant cette difficulté. L'absence de mécanismes causaux associés aux facteurs dynamiques de risque de récidive (Ward & Fortune, 2017) faisant l'objet de l'intervention (besoins criminogènes) ne permet pas le travail classique des approches comportementales et cognitives basées sur une analyse fonctionnelle de situation. Sans les dynamiques causales, quel serait le fonctionnement problématique prédicteur (en termes de récidive) sur lequel intervenir ? En continuité de sa réflexion de 2015 avec Beech et avant la poursuite en 2017 avec Fortune, Ward suggérait en 2016 une répartition à trois étages des facteurs dynamiques dans l'esprit des classifications psychopathologiques et des perspectives thérapeutiques (Garland & Howard, 2013 ; Lilienfeld, 2014) : symptomatique (eg. comportement agressif, état intense d'émotion négative), contextuelle (eg. amis à risque, consommations), causaliste (eg. difficulté à anticiper les solutions futures). Les besoins criminogènes identifiés et leurs dynamiques (Dieu, et al. 2014) qui exigent une intervention spécifique appellent à un travail d'interrogation perpétuelle qualitative et quantitative des pensées et des attitudes (Dieu & Sorel, 2015), peu présents dans l'évaluation de départ des prédicteurs, mêmes dits dynamiques.

Si les principes du Risque et des Besoins sont soumis à discussion, la Réceptivité spécifique l'est également. Bien que tous les concepts et modèles avancés par la suite s'intéressent à l'accompagnement des auteurs dits difficiles, ils proposent des lectures diverses des facteurs à prendre en considération. Il est notamment reproché au principe de la Réceptivité spécifique d'être essentiellement centré sur l'auteur, ses capacités et son stade de disposition au changement, en négligeant en partie les facteurs liés à l'accompagnement et au contexte d'administration de cet accompagnement. Par exemple, le « *readiness for change framework* » (Burrowes & Needs, 2009) soulève les limites des stades de la motivation au changement de l'infracteur (Prochaska, et al., 1984, 1988) (*processus* ne fonctionnant selon eux non nécessairement en paliers), approche envisagée dans le cadre du travail autour du principe de la Réceptivité. Il est précisé ici l'importance de prendre en considération l'état du sujet face au changement, tant dans le cadre du contexte que des barrières du changement (eg. quels ont été les accompagnements passés, comment expliquer leurs échecs, et surtout comment le sujet se sent aujourd'hui avec cela ?).

Concernant le contexte, l'étude des causes d'attrition des programmes cognitivo-comportementaux (McMurran & McCulloch, 2007) avait déjà démontré que les abandons de programme étaient davantage liés aux difficultés à travailler en groupe qu'à la motivation personnelle. Le concept de « *readiness to treatment* » (réceptivité au traitement) (Serin & Kennedy, 1997 ; Serin, 1998 ; Howells & Day, 2002 ; Serin, et al., 2010) invite alors le professionnel à définir le moment opportun de la prise en charge visant les éléments à risque, en s'intéressant aux éléments tels que la reconnaissance du problème, la motivation, les attentes, l'établissement d'objectifs, l'autoévaluation, la cohérence comportementale, la transparence du traitement et le sentiment d'efficacité personnelle. Le concept de « *readiness to treatment* » repose ainsi sur une approche factorielle dynamique de l'engagement pérenne et efficient dans l'accompagnement du risque de récidive, en incluant à la fois la motivation, la réceptivité, parmi les besoins, valeurs et aspirations personnelles (McMurran & Ward, 2010 ; Mossière & Serin, 2014). Pour analyser et soutenir l'engagement du sujet, le « *Multifactor Offender Readiness Model* » (MORM) (Ward, et al., 2004) fait aujourd'hui consensus pour son exhaustivité factorielle en accord avec les résultats probants de la littérature sur l'engagement et le désengagement (Olver, et al., et al., 2011 ; Holdsworth, et al., 2014).

## 2. Le « Good Lives Model » : un modèle de criminologie positive prenant source dans la psychologie et psychothérapie positives

### *Les sources de la pensée « Good Life » : la Psychologie positive et la psychothérapie positive*

La psychologie positive prend racine dans le constat d'un déséquilibre en psychologie clinique, où les recherches et prises en charge sont basées sur la maladie mentale, le dysfonctionnement psychique et la détresse de la personne. Historiquement, la recherche en santé mentale est classifiée selon le dysfonctionnement psychologique, la bonne santé étant assimilée à l'absence de maladie plutôt qu'à la présence du bien-être. Selon le DSM V, le bien-être et la détresse sont des représentations de deux opposés s'excluant mutuellement, le bien-être signifiant le manque de détresse. Selon cette théorie, le bien-être devrait résulter de l'élimination de la détresse (Fava, 1999). Seulement, environ un tiers des personnes souffrent ou souffriront un jour d'un trouble psychiatrique. Pourtant, que dire des deux tiers de personnes restants, éprouvent-elles un sentiment de bien-être total ?

Jusqu'à récemment, les types d'applications cliniques n'étaient pas clairs dans la mise en place d'une psychothérapie. Aujourd'hui, la psychologie positive tente donc d'intégrer la résilience, l'épanouissement individuel et les ressources personnelles à ces individus (Gable & Haidt, 2005). Plusieurs techniques existent pour agir directement ou indirectement sur le bien-être de la personne. Par exemple, les pratiques de pleine conscience, l'écriture de journaux personnels ou les thérapies orientées spécifiquement vers le bien-être (Gable & Haidt, 2005). Fordyce (1977) démontre dans son étude que la modification du comportement, à travers des attitudes pour se rapprocher des caractéristiques du bonheur, est efficace.

Selon le modèle multidimensionnel du bien-être psychologique de Ryff (Ryff & Essex, 1992), Fava (1999) décrit la thérapie du bien-être (well-being therapy) comme une stratégie psychothérapeutique à court terme. Le modèle de Ryff englobe la maîtrise de l'environnement, la croissance personnelle, le but dans la vie, l'autonomie, l'acceptation de soi et les relations positives avec les autres. La thérapie de bien-être de Fava s'étend sur 8 sessions de 30 à 50 minutes chaque semaine et met l'accent sur l'auto-observation. Elle peut être appliquée comme stratégie de prévention des rechutes dans la phase résiduelle des troubles affectifs (humeur et anxiété) ou comme élément associé supplémentaire à des ensembles cognitifs comportementaux chez des patients souffrants de différentes problématiques (trouble de l'image corporelle, médecine psychosomatique, troubles dépressifs). Cette stratégie s'appuie sur les principes de la thérapie cognitivo-comportementale et peut être utilisée dans le cadre d'une restructuration cognitive, de résolution de problèmes, d'affirmation de soi ou encore de programmation d'activités (maîtrise, plaisir, assignation de tâches) (Fava, 1999).

Frish (2006) s'appuie également sur les techniques de thérapie cognitive en proposant une « thérapie centrée sur la qualité de vie » (quality of life therapy) grâce à des notions de satisfaction de vie (cité par Antoine, Poinsot, Congard, 2007). Cette thérapie s'appuie sur les principes de la thérapie cognitive de Beck (1976) et les travaux de Diener (2000) (cité par Bernard et al., 2011). C'est une approche basée sur la notion de satisfaction dans les domaines de vie les plus importants chez la personne (santé, relation, créativité...) (Bernard et al., 2011). Ces stratégies intègrent le bien-être dans la psychothérapie mais n'en représentent pas la question centrale dans le traitement. Selon l'approche cognitivo-comportementale, la construction de nouveaux schémas et de pensées alternatives permet de mieux faire face aux situations difficiles (Bernard et al., 2011).

Seligman et al. (2006) développent leur propre modèle d'intervention : la « psychothérapie positive » (« positive psychotherapy » –PPT). Elle repose sur les théories de Peterson (2000) et Fredrickson (2001). Fredrickson développe la théorie des émotions positives (« The broaden-and-build theory of positive emotions »). Elle repose sur deux processus caractéristiques des émotions positives : « l'élargissement » et la « construction ». Selon l'auteur, ressentir des émotions positives permet la mise en place de nouveaux comportements en élargissant le répertoire des idées et actions. De nouvelles ressources sont ainsi développées dans plusieurs domaines tels que physique, intellectuel, social ou psychologique. Deux processus de changement sont un lien, voire une conséquence, des émotions positives. Le premier processus de « spirale positive » (upward spiral) permet l'accroissement du bien-être et l'augmentation des compétences. Le second processus « hypothèse d'annulation » (undoing hypothesis) est l'action des émotions positives sur les émotions négatives, c'est-à-dire l'annulation tant au niveau physiologique que psychologique (Bernard et al., 2011). Peterson (2000) met au point la classification des vertus et des forces de caractère des personnes. « Vertu » et « force de caractère » désignent les traits de personnalité individuels qui permettent l'épanouissement sur le plan personnel et social. En conséquence, 24 forces de caractère ont été identifiées (créativité, curiosité, humilité...) et classées selon six catégories de vertu (sagesse et connaissance, courage, humanité, justice, transcendance, modération). Cette classification (VIA Classification of Strength – VIA-CS) s'inscrit dans un continuum (Bernard et al., 2011). Le PPT propose la prise en charge de personnes dépressives, les symptômes dépressifs se traduisant principalement par la fixation des aspects pessimistes de l'existence. Le but de la PPT est de détourner les individus de cette focalisation pour leur faire prendre conscience de leurs forces. Sur la base du VIA-CS, Seligman propose une série d'exercices relatifs à différents domaines (travail, loisir, relations conjugales et sociales) que le patient doit pratiquer dans sa vie quotidienne. Dans une approche TCC, le praticien prend le temps de discuter des inquiétudes et d'accompagner le patient dans sa prise de conscience des schémas internes (Bernard et al., 2011).

La psychologie positive s'inscrit dans le domaine de la prévention et de la promotion de la santé. Son but est d'identifier les déterminants du bien-être et de l'épanouissement de la personne. En outre, les méthodes permettant de développer les compétences personnelles agissent comme facteurs de résilience (Shankland, 2012). La psychologie positive connaît des développements prometteurs. Néanmoins, c'est un courant très jeune, qui demande, pour la mise en application, un réel effort de créativité et de rigueur (Regourd Laizeau, 2017).

Aujourd'hui la question est de savoir qui sont les individus que l'on peut qualifier « heureux ». Différentes approches et mises en pratique voient le jour dans le domaine de la psychologie. Des études de validation devraient permettre d'examiner les rôles spécifiques des éléments en psychiatrie et psychologie. Cela devrait mener à engager de nombreux changements dans la psychothérapie.

### *Le modèle « Good Lives » pour revenir aux besoins fondamentaux des individus*

Encore récent et fondé sur les éléments de la psychologie positive que nous venons de présenter, le GLM (Ward & Gannon, 2006 ; Ward & Stewart, 2003) intervient à l'origine à propos des auteurs d'infraction sexuelle pour s'exporter aujourd'hui à un champ d'infraction plus large (Ward & Beech, 2006) -ce que nous voyons dans ce livre à travers différents chapitres. Comme indiqué précédemment, le GLM propose un modèle alternatif de la lecture classique du « risque » (Ward, et al. 2012). Pour Ward et Gannon (2006), le principe fondateur du GLM revient à considérer que les délinquants restent pour nous des équivalents anthropologiques, ils nous ressemblent plus qu'ils nous dissemblent. A partir de ce principe, il faut réviser nos facteurs d'intervention, envisager un accompagnement des sujets plus holistique et constructif, davantage orienté vers leurs compétences que leurs déficits dans l'objectif d'une identité dite cohérente et d'une vie harmonieuse (Ward, et al., 2004 ; Ward & Maruna, 2007 ; Gannon & Ward, 2014 ; Ward & Fortune, 2016). Une condition nécessaire à la réduction de la délinquance est l'introduction de modes de vie plus satisfaisants et davantage en adéquation avec la personne.

Le GLM est une approche cohérente, clairement articulée, qui prend en compte certains aspects du modèle RBR et les approches de la psychologie positive (Harkins et al., 2012). Le but du GLM est la promotion des besoins primaires, également nommés besoins humains, qui, une fois satisfaits, permettent d'améliorer le bien-être psychologique de la personne (Ward & Brown, 2004). Une prémisse du GLM est que les délinquants, comme l'ensemble des êtres humains, détiennent une collection de besoins primaires. Les priorités données à ces besoins reflètent les valeurs de la vie et l'identité personnelle de la personne. L'intervenant se concentre en premier lieu sur l'amélioration du bien-être du sujet qu'il a en charge, en le plaçant au centre du processus, et seulement dans un second temps sur les éléments de prévention de la récidive. Puisque la sortie de délinquance est fonction d'un processus personnel, elle renvoie à l'individuation de la personne dans un Plan de Vie de construction d'une identité personnelle éloignée de l'identité délinquantielle. Les principes généraux (Ward, 2007, Ward, et al., 2007) du GLM subsument des besoins primaires et secondaires.

Les premiers sont les aspects personnels du sujet, de ce qui le constitue, ses activités et apprentissages, cherchant le bien-être du sujet. Les seconds sont des moyens d'accès permettant au sujet d'atteindre ses besoins primaires. Ces deux besoins mis en action dans les expérimentations montrent que le GLM ne s'intéresse qu'indirectement à l'arrêt de la délinquance (Willis, et al., 2014). C'est un modèle de développement personnel d'une vie identitaire positive et de bien-être psychologique plus que de prévention de la récidive.

Quêter une vie harmonieuse via le GLM, c'est déterminer un Plan de Vie à partir duquel le sujet pourra se projeter. Un Plan de Vie intègre des éléments positifs régulateurs des trois grands facteurs de l'ITSO -théorie intégrative de Ward présentée par la suite. Selon la littérature psychologique, biologique et anthropologique, Ward et ses collègues (Ward & Gannon, 2006, Ward, et al., 2007) définissent dix classes de besoins primaires : (1) la vie (la vie saine et le fonctionnement), (2) la connaissance, (3) l'excellence dans le jeu et le travail (les expériences de maîtrise), (4) l'excellence dans l'organisme (c'est-à-dire l'autonomie et l'autogestion), (5) la paix intérieure (c'est-à-dire l'absence de troubles émotionnels et de stress), (6) l'amitié (les relations intimes, romantiques et familiales), (7) la communauté, (8) la spiritualité (au sens large de trouver un sens et un but dans la vie), (9) le bonheur et (10) la créativité (Ward & Gannon, 2006). Plus précisément, les facteurs possibles du plan d'une vie harmonieuse proposés par Ward et Maruna (2007) se catégorisent ainsi :

- La qualité de vie et la santé : l'objectif de vivre et de fonctionner sainement, de parer certaines maladies physiques et psychiques qui favoriseraient le passage à l'acte ;
- Le contrôle : les expériences de maîtrise et de la stabilité (eg. d'emploi, de finances, de loisirs) favorables à la désistance ;
- La projection dans l'avenir : envisager son avenir proximal ou distal et diminuer les éléments d'impulsivité cognitive et émotionnelle ;
- La paix intérieure : l'autonomie et l'auto-direction pour faire cesser les éléments de stress et de dysrégulation émotionnelle, reprendre le contrôle de ses émotions négatives en lien avec le passage à l'acte ;
- Les relations sociales : étendre ses investissements aux relations familiales, amicales et conjugales/intimes afin d'inclure autrui dans son raisonnement personnel ;
- La spiritualité : trouver un sens et un but à sa vie à travers l'appartenance à une communauté spirituelle, notamment religieuse, soutient le sujet dans sa recherche de bien-être ;
- La créativité : la stimulation cognitivo-émotionnelle et ses effets thérapeutiques.

Nous voyons ici le sens de la distinction des besoins primaires et secondaires. Reprenons, avec plus de détails, cette distinction. Les besoins primaires sont des actions ou états de choses considérés comme intrinsèquement bénéfiques aux êtres humains. Ils sont donc recherchés pour leur propre bien plutôt que comme des moyens pour accéder à des fins. Les besoins instrumentaux, ou secondaires, sont des actions ou des états de choses qui aboutissent de manière fiable à des besoins primaires, par exemple, posséder un langage ou être dans une relation qui mène au bien-être de l'intimité ou des relations. Ils fournissent des moyens concrets, afin de sécuriser les besoins primaires et prennent la forme d'objectifs d'approche (Ward, et al., 2006). Par exemple, compléter un apprentissage pourrait satisfaire les besoins primaires de connaissance et d'excellence dans les domaines du travail. Le comportement criminel résulte de tentatives d'obtenir des besoins primaires en utilisant des besoins secondaires inappropriés. Par exemple, l'infraction sexuelle peut être une tentative d'obtenir un gain comme le développement de l'intimité (Ward & Gannon, 2006, Ward & Marshall, 2004).

Par conséquent, un élément central du traitement fondé sur le GLM est la formulation de besoins secondaires socialement acceptables. Rejoindre une équipe de sport ou un club culturel, par exemple, représente des besoins secondaires possibles visant à réaliser le besoin primaire des relations (Willis & Ward, 2011). En outre, si ces besoins ne sont pas pris en compte, cela peut entraîner une détresse psychologique et conduire à une inadaptation sociale. Dans ce cas, la personne peut acquérir des besoins de remplacement et à terme, aboutir à un soi mal intégré, des relations insatisfaisantes, des perturbations de l'estime de soi ou encore un sentiment d'impuissance personnelle. Il est théorisé que la délinquance sexuelle survient à la suite d'une tentative d'obtenir ces besoins d'une façon inappropriée, ou encore par la frustration de ne pas pouvoir les atteindre ou un déséquilibre entre les besoins, de telle sorte que certains en deviennent des buts prioritaires par rapport à d'autres (par exemple la satisfaction sexuelle sur l'intimité émotionnelle) (Harkins et al., 2012). En se concentrant sur les priorités de la personne, le GLM permet d'augmenter la motivation du délinquant dans le processus de changement et donc l'achèvement du programme (Willis & Ward, 2011).

L'objectif du suivi revient à interroger l'individu sur ce qu'il considère être son modèle de bonne vie, les objectifs fondamentaux qu'il cherche à atteindre dans sa quête d'une vie épanouissante, ainsi que les moyens qu'il emploie pour y accéder. Les besoins primaires sont importants à identifier, car ils sont les indicateurs des aspirations de l'auteur d'une infraction, du type de vie qu'il souhaiterait mener et du type de personne qu'il voudrait être.

Ces principes généraux du GLM signent une césure théorique avec le modèle de la prévention de la récidive (Ward & Gannon, 2006 ; Barnao, et al. 2010, 2015, 2016). L'infraction prend au moins deux formes différentes, issues de quatre impasses dans l'atteinte des besoins primaires fondamentaux. La première est la recherche directe de l'acte infractionnel par le sujet pour combler ses besoins fondamentaux (la voie dite directe). La seconde correspond à un mode de vie au sein duquel l'infraction devient une issue pour ne pas sombrer, le sujet étant pris entre différentes aspirations fondamentales en rupture et un style de vie en tension (voie dite indirecte). Quatre types de difficultés dans l'atteinte des besoins primaires ont été supposés dans le comportement criminel (Ward & Brown, 2004) :

- Utiliser des moyens inadaptés pour se procurer un bien primaire. Par exemple, un individu peut rechercher de l'intimité par la violence.
- Viser un objectif qui n'est pas à portée de soi. Il sera par exemple compliqué pour une personne ayant un bas salaire de vivre dans le luxe.
- La présence d'incohérences ou de conflits entre les besoins primaires visés. Par exemple, chercher la satisfaction sexuelle dans l'amitié.
- Un manque de capacités nécessaires pour adapter son modèle de bonne vie aux évolutions de l'environnement et des circonstances. C'est le cas notamment pour des changements importants comme un licenciement ou un divorce.

« *Il y a donc une inversion logique fondamentale dans la façon dont le modèle de prévention de récidive et le GLM conçoivent le délit sexuel,* indiquent Corneille et Henrard (2017). *Dans la logique de prévention de la récidive, le délinquant sexuel utilise des moyens efficaces pour satisfaire des besoins déviants ; dans la logique GLM, le délinquant sexuel utilise des moyens déviants inefficaces pour satisfaire des besoins humains fondamentaux.* » L'approche psychosociale humaniste, positive et holistique du GLM (Coco & Corneille, 2009) se résume en six principes fondamentaux. Le premier vient d'être présenté, à savoir que les auteurs d'infraction sont des sujets comme tous les autres et dirigent leurs vies selon des besoins primaires (fondamentaux) et secondaires (instrumentaux) (Willis, et al., 2013). Le deuxième principe énoncé exige à rappeler que la réhabilitation d'un auteur d'infraction reste un processus chargé de valeurs de prudence (eg. intérêts individuels), d'éthiques (eg. intérêts sociétaux), d'épistémiques (eg. intérêts méthodologiques) (Willis, et al., 2013). Le troisième principe souligne l'importance du concept d'identité personnelle, en recherche d'adaptation et positivité. Le quatrième principe interroge l'objectif de l'accompagnement qui tend vers le bien-être psychologique à travers un Plan de Vie explicite et cohérent.

Le cinquième principe poursuit cet objectif à travers l'établissement concret du plan et la capacité du sujet à le respecter (Ward, et al., 2007). Le sixième principe insiste sur l'aspect d'équivalence anthropologique des sujets et de l'importance du réseau social (Ward, et al., 2007).

Comme nous l'avions donné en exemple dans une précédente publication (Dieu, et al., 2019), voici ce que nous propose en synthèse une lecture GLM appliquée à « Gérard » :

> *« Les besoins fondamentaux de Gérard ne peuvent être en soi problématiques. Il en est tout autrement des actions que Gérard emploiera afin d'atteindre ses besoins primaires. Les difficultés de Gérard résident soit dans l'incapacité actuelle à accéder à son plan de vie par des moyens socialement acceptables, soit à adapter son plan de vie afin de le rendre plus accessible aux ressources à disposition et réalités quotidiennes. Gérard peut chercher à atteindre ses besoins fondamentaux via des moyens non appropriés (conflictuels jusqu'à criminels) pour surmonter ce qui s'avèrerait être diverses impasses. Si Gérard fait face à un remaniement important dans sa vie, qu'un déséquilibre se crée et qu'il ne parvient pas à réaménager ses objectifs de vie au regard de l'état actuel de sa situation... Ou encore si Gérard constate désormais qu'il détient des besoins fondamentaux désormais non compatibles, non adaptés voire incohérents... une séparation affective, la perte de son enfant, une réorientation professionnelle imposée, une confusion entre les désirs personnels et les relations avec autrui ou les rôles dans la famille... Plutôt qu'un couteux effort de réflexion, d'acceptance et de remaniement de vie, le passage à l'acte se présente tel un outil simple d'accès et à satisfaction immédiate. Toutefois, les impasses ne sont pas toujours liées à un ensemble de besoins fondamentaux sur un plan de vie plus large ; il s'agit parfois d'une réponse directe socialement dysfonctionnelle à un besoin fondamental personnel. Par exemple, Gérard a un besoin fort de se sentir appartenir à un ensemble, un groupe d'amis, une communauté, et par ses actes délinquants il sera intégré. Ou bien Gérard s'impose un rythme de vie élevé car il ne souhaite pas manquer de moyens, il va alors s'intéresser à des vols sécurisés pour lui, ainsi qu'à la revente de quelques produits stupéfiants sans risque. Ici le besoin est éloigné des ressources possibles de Gérard. L'inverse s'envisage aussi : le besoin fondamental se saisit, mais pas par la voie choisie par Gérard dans cette situation. Par exemple si Gérard désire assumer son homosexualité, mais qu'il s'enivre sous l'effet du stress et qu'il entre en contact de manière violente avec un homme intéressé. Vous souhaitez aider Gérard en GLMiste ? Montre-t-il une difficulté quant à son plan de vie actuel ou par rapport à un besoin fondamental*

*spécifique ? Maintenant, le ou les besoins visés sont-ils accessibles, si oui, Gérard détient-il les ressources en situation pour y accéder pleinement ? Vous enquêtez GLMment avec Gérard, quelle est la voie du problème ? Un accès direct pour se saisir d'un besoin prioritaire, ou un accès secondaire pour répondre à un ensemble sur le plan de vie. »*

## 3. Les différents apports de Tony Ward avec les modèles complémentaires

### *Le modèle de l'auto-régulation (self-regulation)*

Le modèle de la prévention de la récidive repose sur une analyse séquentielle du processus de passage à l'acte (Pithers, 1990) (ex. situation à risque, affect négatif, fantaisies sexuelles déviantes, distorsions cognitives, infraction, cf. Proulx & Lafortune, 2003). Le modèle de l'auto-régulation de Ward et al. (2004) propose une autre lecture de la rechute appliquée aux crimes sexuels basée sur une analyse du sujet au-delà des facteurs en jeu lors du contexte de l'action. Selon cette lecture, le sujet est un acteur qui cherche à s'autoréguler en répondant à ses besoins fondamentaux de manière fonctionnelle. L'infraction est alors un moyen pour le sujet de répondre à ses besoins (Ward & Stewart, 2003). A l'origine, le modèle (cyclique) de l'autorégulation (self-regulation) est une théorie de l'impact du sentiment d'auto-efficacité sur l'autorégulation (cognitive) des apprentissages de l'individu. Le modèle est proposé par Zimmerman (1990, 1998, 2002) à la suite des expériences de Zimmerman et Martinez-Pons (1986, 1988), basé sur la théorie socio-cognitive de Bandura (1989).

Pour Zimmerman (2002), l'autorégulation peut être définie comme des pensées auto-générées, des sensations et des actions qui sont orientées vers la réalisation d'objectifs. Ainsi, il décrit plusieurs phases explicatives des apprentissages et de l'auto-régulation humaine en situation (ex. la préméditation, l'apprentissage, la performance, l'autoréflexion). Les notions importantes du processus d'auto-régulation sont l'auto-motivation, le contrôle de soi, l'auto-observation, le jugement personnel, la réaction personnelle et les réactions adaptatives. En lien avec les comportements délinquants, l'auto-motivation renvoie aux cognitions d'auto-efficacité, aux objectifs de l'apprentissage et aux bénéfices attendus par la personne. Le contrôle de soi, l'auto-observation et l'autoréflexion font écho à la focalisation de l'attention, à l'utilisation de stratégie spécifique et à l'auto-surveillance de soi liée à l'expérimentation des causes et des conséquences d'une action et l'auto-évaluation et attribution causale de ces éléments.

Appliqué à la criminologie, Ward et Hudson (1998) relèvent des limites et trois révisions au modèle classique de l'autorégulation : a) l'échec du contrôle des comportements (ou des émotions) lors d'états émotionnels positifs ou négatifs ; b) l'utilisation de stratégies inefficaces pour atteindre un objectif, liée ici à un manque de contrôle (dérégulation) ; c) l'autorégulation effective problématique dans le choix de l'objectif et le manque de recul concernant un style de vie problématique en lien avec l'objectif désiré. L'autorégulation selon Ward renvoie au style de contrôle du sujet, actif ou passif, au sein des divers choix qu'il procède dans la traversée des neuf phases de la chaine délictuelle (dix avec la prédisposition à l'agression).

- Phase 1 : évènement de vie (facteurs individuels comme les besoins et les croyances ; influences interpersonnelles), événement ici compris comme une « transition majeure de vie » comme un divorce ou autre. Pré-existence de croyances, besoins et buts abstraits liés à un contexte interpersonnel particulier ;
- Phase 2 : désir pour l'activité infractionnelle (agression sexuelle) issu d'apprentissage cognitif ;
- Phase 3 : les buts de l'infraction (agression sexuelle), tendance à l'évitement ou à l'approche. Il s'agit ici de « la considération de l'acceptabilité du désir mal-adapté » et de ce qui sera réalisé pour y parvenir ;
- Phase 4 : stratégie sélectionnée (planification), modalité active/passive :
    - évitement-passif : sous-régulation, manque de compétences, planification dissimulée (ou inconsciente) ;
    - évitement-actif : dérégulation, stratégies inappropriées ;
    - approche-passive : dite automatique, impulsivité et sous-régulation ;
    - approche-active : dite explicite, planification systématique, auto-régulation.
- Phase 5 : Situation à haut risque
    - évitement-passif : sensations non contrôlées ;
    - évitement-actif : efforts répétés, effets paradoxaux ;
    - approche-passive : dite automatique, suit les évènements ;
    - approche-active : dite explicite, planification proximale.
- Phase 6 : Chute
    - évitement-passif : cède, adopte un but type « approche » ;
    - évitement-actif : perte de contrôle, adopte un but type « approche » ;
    - approche-passive : dite automatique, augmente son efficacité ;
    - approche-active : dite explicite, augmente son efficacité.
- Phase 7 : Agression sexuelle

- Phase 8 : Evaluation
  - évitement-passif : honte, échec de l'objectif d'évitement ;
  - évitement-actif : culpabilité, échec de l'objectif d'évitement ;
  - approche-passive : dite automatique, succès de l'objectif visé, comportement renforcé ;
  - approche-active : dite explicite, succès de l'objectif visé, planification améliorée.
- Phase 9 : Attitude face à la future agression. Hypothèse que l'impact de l'agression sur les intentions futures conduisent à ne pas répéter les objectifs et agissent en inhibiteurs. Toutefois, la répétition est possible en lien avec :
  - le manque d'habiletés à refreiner les étapes ;
  - la représentation que l'agression constitue une option positive, et qu'ils changent leurs objectifs pour une approche et cherchent à acquérir les modalités ;
  - le renforcement par le succès de l'agression et les satisfactions, pour les personnes en « approche » de l'agression, développant leurs stratégies et le mode opératoire usité par l'expérience ;

De manière générale, l'apprentissage retiré de l'agression va conduire à une relecture des objectifs de vie futurs et une réinterprétation des événements de vie. Il n'y aurait pas un seul chemin conduisant à la rechute. Il y aurait plutôt kyrielles trajectoires avec des vécus émotionnels propres, selon que l'individu s'oriente vers la rechute ou au contraire tente d'y faire face (Ward, et al., 1995 ; Ward & Hudson, 1996 ; Ward & Hudson, 1998 ; Ward, et al., 1998). Le sujet n'aurait pas nécessairement de déficits émotionnels, il faudrait plutôt considérer qu'il puisse s'orienter volontairement vers l'infraction dans un but de plaisir immédiat (ex. la pédophilie, Bickley & Beech, 2003). S'élancer dans un cycle délinquantiel qualifie éventuellement une conscience d'action infractionnelle, avec laquelle les objectifs et moyens fonctionnent sur les deux modalités situationnelles que sont l'évitement et l'approche du stimulus (Ward, et al., 2004).

Le modèle de l'autorégulation analyse le choix du sujet face à ses objectifs finaux une fois que le désir d'infraction a été accepté (Witkiewitz & Marlatt, 2007).

Yates et Kingston (2006) en retirent quatre cheminements contextuo-étiologiques du passage à l'acte :

- le cheminement évitant – passif (ex. déficit d'habiletés du sujet lui permettant de réguler ses envies) ;
- le cheminement évitant – actif (ex. mise en place par le sujet de stratégies inadaptées d'évitement) ;
- le cheminement approche – automatique (ex. entrée dans l'action de manière automatique et impulsivité) ;
- le cheminement approche – explicite (ex. planification des comportements d'action infractionnelle).

Si le sujet rencontre un déficit de sentiment d'auto-efficacité lié aux rechutes constantes, il adaptera possiblement son schéma cognitif vers l'acceptation de la récidive et la planification ou l'évitement propice à celle-ci (Ward, et al., 2004). Dans ces cheminements, l'autorégulation serait de trois types : déficitaire (ex. sujet impulsif en proie à des émotions nuisibles), problématique (ex. sujet avec des dysfonctionnements cognitifs et des incapacités à se maitriser), et efficace (ex. sujet qui parvient à se gérer avec des capacités sociocognitives pertinentes sans pour autant s'extirper du but infractionnel). Depuis sa théorisation, plusieurs études ont validé les hypothèses du modèle. Nous en retenons trois. En 2003, Bickley et Beech ont testé le modèle auprès d'un groupe de 59 auteurs d'infractions sexuelles sur mineurs et affiné les résultats suivant les profils dits d'approche ou d'évitement. Puis en 2005, Webster a confirmé la validité du modèle et les quatre chemins proposés à travers une étude auprès de 25 auteurs d'infraction sexuelle et notamment la nécessité d'un traitement prenant en considération le profil dit d'approche-explicite. Enfin en 2008, Lindsay, Steptoe et Beech ont éprouvé positivement le modèle auprès de 62 auteurs d'infraction sexuelle présentant une déficience mentale, auteurs classés selon l'un des types d'auto-régulation et leur expression active ou passive. Systématiquement, dans ces trois études, le modèle a fourni des analyses efficientes pour des stratégies d'intervention pertinentes.

Pour poursuivre le lien entre l'auto-régulation, la prévention de la rechute et le GLM (Yates & Ward, 2008), nous continuons à titre d'exemple l'application à « Gérard » (Dieu, et al., 2019) :

> « *Il n'est pas tout de comprendre la logique de l'acte en réponse aux besoins de vie, il en va de saisir les mécanismes en situation. Dans ce contexte plutôt qu'un autre, qu'est-ce qui conduit Gérard à passer à l'acte ou non ? Le GLMiste que vous êtes ne se reconnaît que peu dans le modèle de la prévention de la récidive. Un processus telle une chaine dont les maillons sont déjà soudés, les décisions anodines du quotidien, la planification de l'acte, le principe des chutes et de la rechute, les émotions négatives... non. Pour vous, il n'y a pas une*

*seule voie pour l'acte, mais différentes trajectoires, des vécus émotionnels particuliers à chacun, et surtout tous ne se montrent pas actifs et en recherche de la récidive. Au contraire, certains tentent d'y faire face. En bon GLMiste, vous observez avec Gérard sa posture, plutôt en évitement ou plutôt en recherche-approche de l'acte ; et dans cette posture, Gérard se montre-t-il actif ou passif ? Si Gérard tente d'éviter activement l'objet à risque sans parvenir à s'en défaire, sa posture demeure très différente de celle de Simon qui s'approche volontiers des éléments à risque tout en restant passif en situation. Le raisonnement s'esquisse autour des mécanismes d'auto-régulation de Gérard et Simon. Dans un processus en dix phases allant des événements de vie aux intentions futures et ajustements possibles, si Gérard passe à l'acte en tentant pourtant d'éviter l'objet-problème pour lui, soit il lui manquait les ressources pour se réguler (cas de passivité), soit il lui manquait des stratégies efficaces à activer en situation (cas d'activité). Si comme Simon, Gérard passe à l'acte dans une posture d'approche de l'objet-problème, soit il agit de manière automatique et ne contrôle pas l'action (cas de passivité), soit il accède au contrôle et planifie les comportements (cas d'activité).* »

Les limites du modèle relèvent de précisions à fournir à la fois sur le plan clinique que le plan théorique. Par exemple, la première étape du processus évoque l'épreuve d'un événement de vie négatif, sans pour autant le circonscrire ou saisir parfois la complexité du « négatif ». De même que le large spectre des émotions négatives, proposé en un tout par le modèle, mais pouvant être jugé positivement par les sujets eux-mêmes. Même observation pour l'aspect motivationnel, puisque pour le modèle de l'autorégulation la motivation s'extirpe de la monochromie sexuelle soulevée dans la prévention de la rechute, sans se définir ou être étayée par une analyse différentielle. Enfin, la différenciation approche vs. évitement du modèle glisse dans la théorie vers l'évitement recherché par les infracteurs, tandis que les épreuves empiriques mettent essentiellement en avant l'utilisation de l'approche. Une grande partie des précisions à apporter s'expliquent quant à l'origine de la population de base du modèle, les abuseurs sexuels sur enfants. De même que la prévention de la rechute transfère l'analyse de l'addiction du produit à l'étude de l'infraction sexuelle sur l'humain, l'autorégulation pose la question des théorisations de l'abus sexuel sur enfant à l'abus sexuel global, voire le passage à l'acte en général.

***La théorie intégrée de l'agression sexuelle (ITSO)***

Ward et Gannon (2006) élaborent une modélisation étiologique du passage à l'acte sexuel suivant les principes de l'apprentissage social (Bandura, 1989), la théorie intégrative « ITSO », qui sera révisée dix ans plus tard (Ward & Beech, 2016). Dans sa version d'origine, la théorie dite ITSO propose un modèle multifactoriel d'unification bio-psycho-sociale des grandes théories étiologiques infractionnelles. Trois approches se voient ainsi tentées d'être coordonnées. En premier lieu, les théories biologiques qui comprennent le bagage génétique du sujet et son développement cérébral intervenant par la suite sur les circonstances infractionnelles ; sur le passage à l'acte délictueux. En deuxième lieu, les théories neuropsychologiques qui envisagent l'aspect cognitif et neuropsychologique des capacités du sujet à identifier, interpréter et répondre aux informations sociales. En troisième lieu, les théories écologiques qui interagissent avec les valeurs personnelles du sujet et de son environnement global.

Selon Coco et Corneille (2009), la théorie ITSO nous propose d'observer autrement le délit sexuel, qui « *apparaît à travers la confluence de facteurs proximaux et distaux qui interagissent de façon dynamique. Les prédispositions génétiques et l'apprentissage social possèdent un impact significatif sur le développement des structures cérébrales chez un individu. Ils sont à l'origine de la construction des trois systèmes neuropsychologiques imbriqués, lesquels fondent le fonctionnement psychologique de l'individu. Ce dernier peut donc être compromis de diverses manières et amener l'individu à éprouver des difficultés pour fonctionner adéquatement ou à développer les manifestations cliniques à l'origine du délit sexuel [...]. Le délit sexuel agit, en retour, pour maintenir ou limiter les vulnérabilités à travers son impact sur l'environnement et sur le fonctionnement psychologique...* ». Les multiples interactions entre les trois grands facteurs conditionnant l'infraction finale doivent être interrogés, travaillés et rééquilibrés. Pour cela, il faudrait agir sur les mécanismes psychologiques régulateurs du fonctionnement général du sujet, comme les déficits d'intimité et d'habiletés sociales, les scripts sexuels, la mauvaise régulation émotionnelle, les distorsions cognitives. Ces problématiques se dynamisent dans une stratégie étiologique de cinq « *chemins* » (mécanismes dysfonctionnels multiples, scripts sexuels « déviants », déficits d'intimité, dysrégulation émotionnelle, cognitions antisociales).

Plus précisément, dans la version révisée de l'ITSO (Ward & Beech, 2016), le rôle de l'évolution dans le développement du cerveau est précisé et propose une interaction possible entre les déterminants du développement cérébral et le fonctionnement neurobiologique d'une part, avec les facteurs distaux et proximaux des questions environnementales et contextuelles d'autre part.

L'interaction se produit via trois systèmes en action du fonctionnement neuropsychologique, la perception du système de mémoire, la gestion du système émotionnel et motivationnel et la sélection des actions appropriées (système de contrôle). Le passage à l'acte est alors le témoin clinique des problèmes de régulation émotionnelle et comportementale basés sur les besoins en lien avec l'intimité et le contrôle, les intérêts sexuels envisagés et les cognitions facilitatrices de l'agression. Reprenons l'exemple de Gérard (Dieu, et al., 2019) :

> « *L'auto-régulation du sujet en situation est largement dépendante des choix de vie (besoins fondamentaux du plan de vie) ainsi que du fonctionnement plus global de l'individu. De quoi Gérard est-il constitué ? Il est une construction biologique, un corps et un cerveau homo sapiens bien particulier en situation. Il est aussi une construction psychologique, une manière particulière d'interpréter et de penser le monde. Il est enfin une construction sociale-environnementale, acteur et spectateur d'un environnement avec lequel il doit composer des valeurs personnelles. Les trois familles de constructions bio-psycho-sociales qui façonnent Gérard regroupent un grand ensemble de facteurs facilitant ou non le parcours délinquantiel. En tant que nouveau GLMiste, vous lisez l'agression d'une manière dite multifactorielle et intégrative, appelée « ITSO ». Comment aider Gérard à percevoir que tel moyen, dans cette situation, ne sera pas approprié pour atteindre tel besoin prioritaire ? Vous l'accompagnerez d'une part dans le saisissement des mécanismes psychologiques régulateurs de son fonctionnement général, et donc dans le chemin utilisé et l'auto-régulation possible. Vous soutiendrez d'autre part ses objectifs de vie et l'équilibre de son plan de vie ou bien l'accessibilité prosociale à certains besoins fondamentaux.* »

### *L'achèvement des programmes de traitement et le modèle multifactoriel du « readiness » des auteurs (MORM)*

Selon la littérature, l'achèvement d'un programme de traitement par l'auteur d'infraction diminue le risque de récidive (Polaschek, 2012, cité par Sturgess, et al., 2016). Cependant, la réadaptation d'un délinquant passe par l'engagement et la complétion du traitement de ce dernier. Ce que nous appelons « non-complétion » consiste alors en un arrêt anticipé du traitement (Howells & Day, 2007).

Le faible engagement dans le traitement se caractérise notamment par les données suivantes : faible assiduité, présence au traitement mais n'apportant qu'une faible contribution, engagement dans des activités inappropriées ou comportement perturbateur, mauvaise coopération avec les facilitateurs de traitement, et/ou défaut d'accomplir diverses tâches, y compris les devoirs à la maison (Sturgess et al., 2016). L'inachèvement d'un programme correspond à son arrêt prématuré (par exemple, l'expulsion en raison d'un comportement inapproprié, l'expulsion administrative en raison du transfèrement ou encore la libération du délinquant, cf. Wormith & Olver, 2002). Toutefois, la non-complétion peut aussi être mue par des éléments positifs ou encore des événements de vie particuliers (McMurran & Theodosy, 2007). Selon l'infraction commise, les taux d'abandon de programmes se distinguent ; ils s'élèvent à 86% pour les délinquants sexuels (Larochelle, et al., 2011) et jusqu'à 34% pour les délinquants violents (Hornsveld, 2005, cité par Sturgess et al., 2016).

En 2001, Dowden et Serins ont observé l'effet de l'abandon du suivi sur le taux de récidive comparativement à une intervention complétée, mais aussi à l'absence de suivi. A l'aide d'une méta-analyse basée sur 17 études pour près de 20.000 sujets McMurran et Theodosy observent en 2007 les effets de la non-complétion d'un programme (2385 personnes) par rapport à l'absence totale d'accompagnement (9434 personnes) et la complétion totale d'un programme (7774 personnes). Il y aurait une augmentation significative du risque de récidive en l'absence de complétion ($d$=−0.16), plus encore en milieu ouvert ($d$=−0.23) qu'en milieu fermé ($d$=−0.15). Les raisons sont variées : vulnérabilités mises à jour sans apprentissages de gestion, absences de ressources, stress et isolement, baisse du sentiment d'efficacité personnelle… De plus, la non complétion peut amplifier les problématiques de la personne en renforçant ses attitudes antisociales (McMurran & Theodosi, 2007). Au-delà des délinquants eux-mêmes, cet inachèvement des programmes de traitement peut directement toucher le personnel soignant des institutions, notamment par une réduction des effectifs ou une augmentation de violence des patients. L'atteinte du moral du personnel est une caractéristique importante dans la prise en charge des délinquants, avec notamment l'alliance thérapeutique qui s'en trouve altérée (Sturgess et al., 2016). McMurran et Theodosi (2007) établissent un lien entre non-complétion et risque de récidive.

Il est donc essentiel de rendre le changement accessible au délinquant (Nunes, et al., 2007, Olver, et al., 2011) pour qu'il *s'engage* et *maintienne son engagement* dans le traitement et vers le changement (cf. Readiness to change framework, Burrowes & Needs, 2009).

L'accessibilité au traitement se traduit par la présence de caractéristiques internes et externes à la personne liées au contexte de l'intervention (Howell & Day, 2002, in Ward, et al., 2004). Plusieurs modèles théoriques ont été conçus ou mobilisés pour guider les méthodes de traitement afin d'augmenter l'engagement et donc la finalisation du traitement (ex. le modèle transthéorique du changement de Prochaska et DiClemente en 1983 ou encore la théorie de l'auto-détermination de Deci et Ryan en 2008). Les approches se sont précisées sur l'engagement jusqu'à dégager des réponses plus spécifiques. Par exemple, le *readiness for change framework* (Burrowes & Needs, 2009) remet en question la modélisation en stades de la motivation au changement de Prochaska et DiClemente (1983), conceptualisant que le changement adopte diverses formes parfois éloignées des stades. Sont également conceptualisés le modèle dit intégral de la motivation au changement et de l'engagement dans le traitement (Drieschner et al., 2004) ainsi que le *readiness to treatment* (Serin & Kennedy, 1997 ; Serin, 1998 ; Serin, et al., 2010). Le « readiness » est l'approche actuellement la plus intégrative de l'engagement (Ward et al., 2004 ; McMurran & Ward, 2010 ; Mossière & Serin, 2014), en proposant de s'intéresser à la fois à l'auteur, à l'accompagnement et au contexte de l'accompagnement. Il s'agit d'une analyse factorielle dynamique de l'engagement dans l'accompagnement du risque de récidive qui prend en considération les besoins, valeurs et aspirations personnelles du délinquant accompagné (McMurran & Ward, 2010 ; Mossière & Serin, 2014).

Afin de répondre à la négligence de l'impératif du principe de réceptivité dans la pratique clinique (Sturgess et al., 2016), Ward et ses collaborateurs (2004) proposent le modèle de disposition au traitement à facteurs multiples (MORM). Il s'agit de ne plus considérer les délinquants comme des résistants, récalcitrants, intraitables ou encore opposants, mais plutôt comme des personnes suivies dans un contexte donné suivant des modalités particulières conformes ou non à leurs besoins et capacités propres. La conjonction des trois éléments (personne, accompagnement, contexte) permet-elle alors de disposer au mieux l'individu pour son traitement ? L'état de préparation au traitement (*readiness*) se définit donc comme la présence de caractéristiques (états ou dispositions) chez le patient ou dans la situation thérapeutique. Ils sont susceptibles de favoriser l'engagement dans la thérapie et en conséquence, potentiellement améliorer le changement comportemental. Le modèle suggère que l'état de préparation au traitement est le résultat de la présence de divers facteurs internes et externes dépendants d'une personne et de son environnement et de la façon dont ils interagissent pour influencer l'engagement (Ward, et al., 2004 ; Sturgess et al., 2016). Les facteurs de préparation internes et externes sont supposés avoir une relation directe avec l'engagement et la performance au traitement.

Les individus prêts pour le changement auront un meilleur engagement et une pérennité dans le traitement. Pour travailler avec des personnes « résistantes » ou « difficiles », il est ainsi important d'identifier toutes les conditions internes et externes requises pour le traitement. Ce modèle MORM permet ainsi d'identifier le cadre conceptuel afin d'identifier les facteurs nécessaires pour s'engager dans un programme de traitement. Une meilleure compréhension de l'état de préparation des délinquants au changement améliorerait notre capacité à évaluer et à engager une telle préparation. Les facteurs externes (cf. détails en NBP, facteurs traduits par Corneille et Henrard, 2017[2]) -ou les conditions de préparation externes- regroupent les circonstances, la localisation, les opportunités, les ressources, le soutien et les facteurs liés au programme. Les délinquants dépendent d'une motivation externe à travers le soutien de leur famille, l'encouragement du personnel et l'impact de l'alliance thérapeutique (Sturgess et al., 2016).

En plus des facteurs externes, les conditions de préparation interne regroupent les facteurs cognitifs, affectifs, comportementaux et d'identité personnelle et sociale (cf. détails en NBP, facteurs traduits par Corneille et Henrard, 2017[3]).

---

[2] Contexte : La contrainte, le stade de la peine, l'environnement de vie, le sentiment de sécurité au sein du traitement ;
Localisation : Lieu de dispense, un environnement de travail calme et adapté au suivi, les difficultés d'accès du lieu de dispense, l'éloignement familial, le changement d'unité en cours de traitement ;
Opportunité : La disponibilité du traitement, la diversité des propositions, l'exclusion du traitement, l'évènement précipitant ;
Ressources : Les ressources allouées au suivi, les professionnels, les locaux, l'institution ;
Supports : Support du personnel, de l'intervenant, des proches, des pairs délinquants et membres du groupe, le stigma de la maladie mentale ;
Traitement : L'applicabilité des acquisitions, la qualité de l'accompagnement, la motivation et l'expérience des intervenants, l'attitude et la qualité des intervenants, la sécurité du programme, l'orientation dans le traitement, la temporalité de l'accompagnement et de la personne.

[3] Facteurs cognitifs : le sentiment d'efficacité-personnelle, les pensées et attitudes, les perceptions relatives au suivi , la perception relative aux intervenants, la perception des autres membres du groupe, les attentes et préconceptions relatives au suivi, les expériences antérieures avec un suivi, la résistance, les pensées et croyances liées aux changements personnels, la psychopathie, le désaccord avec les règles, les pensées, attitudes et croyances liées à l'infraction, le déni ou la minimisation des comportements transgressifs ;
Facteurs affectifs : Les ressentis négatifs à l'égard du suivi ou provoqués par celui-ci, les capacités de régulation émotionnelle, la détresse psychologique et émotionnelle, l'impulsivité, les traits évitant, les troubles de la personnalité, les émotions liées à l'infraction et au fait d'être infracteur ;
Facteurs motivationnels et identitaires : La conscientisation des besoins d'intervention et de changement, les objectifs personnels, le désir de parvenir à se comporter de manière prosociale et d'être intégré socialement, la reconnaissance du besoin d'aide dans l'atteinte des objectifs personnels, le locus de contrôle interne, les bénéfices directs, le choix perçu d'entrer dans l'accompagnement et entre diverses modalités de suivi, la perception des apports effectifs et potentiels du traitement, le rapport à l'aide et à l'assistance, la pertinence et la capacité du traitement dans la réponse qu'il peut apporter aux besoins, la fierté liée à la complétion de l'accompagnement, le caractère intrinsèque de la motivation être dans le traitement, les

Les attentes des délinquants sont un critère essentiel dans le traitement. Cela fait référence à ce qui est attendu en thérapie et aux résultats probables (Garfield, 1994, cité par Ward et al., 2004). L'auto-efficacité est une auto-évaluation de la mesure dans laquelle on peut effectuer des actions pour faire face à une situation. Bandura et Locke (2003) ont soutenu que l'auto-efficacité perçue était liée à une motivation et à une augmentation de performances (cité par Ward et al., 2004). Dans ce contexte, un faible niveau d'auto-efficacité chez les délinquants est associé à une performance de traitement plus faible. Dans un autre contexte, il est possible que les délinquants soient motivés à s'engager, mais que le traitement mis en place ne soit pas adapté. Cela est susceptible de réduire l'impact d'auto-efficacité pour la réalisation de changement (Sturgess et al., 2016). Concernant les facteurs affectifs, les individus peuvent présenter une déficience de l'autorégulation comportementale ou émotionnelle. Cette dernière peut être associée à des émotions positives ou négatives et à l'utilisation de stratégies inefficaces pour atteindre des objectifs. Concernant les facteurs comportementaux, trois types influencent la disponibilité opérationnelle. Ces éléments peuvent être considérés comme se produisant dans une séquence temporelle.

Tout d'abord, la personne doit évaluer son comportement actuel comme un problème. Ensuite, elle doit chercher de l'aide pour le comportement problématique. Enfin, le délinquant doit avoir des compétences lui permettant de participer au processus thérapeutique. La communication de base et les compétences sociales sont également des facteurs comportementaux nécessaires dans le traitement pour entrer dans la thérapie et non à acquérir au cours du traitement (Ward et al., 2004). La volonté se réfère à la formation d'une intention de poursuivre un certain objectif, le développement et la mise en œuvre d'un plan pour atteindre cet objectif (Ward et al., 2004). Plusieurs caractéristiques sont essentielles à cette volonté telle que la motivation, la prise de décision ou encore le locus interne.

Le facteur subjectif de l'identité personnelle est un élément essentiel, quoique négligé, pour la préparation au traitement. Les activités quotidiennes sont axées sur la réalisation de besoins humains de base via des objectifs et en cherchant à réaliser ces besoins de façon spécifique, il s'agit de construire une identité personnelle.

---

bénéfices ou dommages secondaires, l'engagement dans le suivi, l'influence du défaut d'engagement d'autrui, le choix perçu et le contrôle sur la participation au suivi ;
Facteurs identitaires : Les facteurs en lien avec l'identité, les caractéristiques sociodémographiques, le diagnostic psychiatrique ;
Facteurs comportementaux : les difficultés de compliance au traitement psychiatrique, la capacité à parler ouvertement des éléments de vie difficiles, les capacités intellectuelles, le faible niveau d'éducation, les compétences sociales de base telles que les capacités de communication, les compétences nécessaires à la participation au traitement, les difficultés de concentrations et mnésiques, la capacité à réfléchir les choses.

Les pondérations ou les priorités attribuées à des besoins primaires spécifiques sont constitutives de l'identité personnelle d'un individu et énoncent le style de vie recherchée et par conséquent, le genre de personne qu'il souhaiterait être. L'identité personnelle d'un délinquant reflète ses valeurs fondamentales et sa façon de les réaliser dans les contextes particuliers de sa vie. Ces contextes impliquent nécessairement l'ethnicité, le genre, la classe et l'âge (Ward et al., 2004). Il est nécessaire d'évaluer correctement les objectifs afin de prévenir l'achèvement du traitement. Par conséquent, la planification du traitement doit tenir compte de la situation de la personne dans le cadre des étapes de changement pour s'assurer que la réceptivité est en adéquation (Sturgess et al., 2016).

En se basant sur une étude de plus de 1200 délinquants aux Pays-Bas, Beijersbergen et al. (2015) ont mis en avant que le respect et l'équité bénéficiés ou non durant l'incarcération seraient corrélés à la récidive. Une approche centrée sur la personne plutôt que sur le délit serait alors déterminante. Pour rendre le changement accessible à la personne (Burrowes & Needs, 2009), les modalités d'accompagnement doivent trouver une juste congruence entre le sujet, le traitement et le contexte d'intervention (Ward et al., 2004). L'évaluation des indicateurs d'appréciation de l'engagement s'effectue de manière évaluative critériée (cf. exemple d'échelles en notes de bas de page[4]) ou de manière clinique avec des indicateurs à suivre (ex. présence, participation, dévoilement du délinquant au programme et complétion des exercices hors séance, cf. Holdworth, et al., 2014). Un niveau de *readiness* élevé chez les individus renvoie à un engagement notable dans l'accompagnement, et en conséquence une assiduité, participation active, complétion des exercices et finalisation du programme (Ward et al., 2004). Pour garantir l'efficience de l'orientation de l'individu et la sélection des interventions adéquates, les travaux de Day et al. (2009) conduisent à croiser l'évaluation du risque de récidive et la *readiness* antérieure du sujet au suivi.

[4] Echelles à titre d'exemple : Loza-Fanous Self-Efficacy Questionnaire (SEQ – Loza-Fanous, 2004), Therapy satisfaction (Oei et Green, 2004), Corrections Victoria Treatment Readiness Questionnary (CVTRQ) (Casey, Day, Howells et Ward en 2007), Treatment Engagement Scale (TES – Casey et al. 2007), Treatment Engagement Rating (TER) scale (Drieschner et Boomsma, 2008), Personnal Concerns Inventory (PCI) (Sellen et al., 2009), Working Alliance Inventory – Short Version for Offenders (Tatman et Love, 2010).

Cette analyse croisée permet d'éviter les biais de sélection des professionnels envers les délinquants, biais qui augmentent la résistance à l'engagement, tels que la sélection automatique des auteurs ayant l'air motivé ou encore rendre obligatoire la participation à un programme (McMurran,2002 ; Parhar, et al., 2008 ; McMurran & Ward, 2010).

Il existerait plusieurs stratégies pour augmenter la disposition de l'auteur. Les entretiens GLM basés sur les besoins d'accompagnement par la personne, sur les aspirations et les valeurs sont pertinents (McMurran & Ward, 2010). Les entretiens motivationnels engagent et maintiennent la motivation et l'engagement (McMurran, 2009), tout comme les entretiens temporels du modèle TIM-E basés sur les perspectives futures des personnes (Dieu, 2019). Des pré-traitements peuvent aussi être mis en place à des fins d'engagement de la personne dans des programmes qui répondront à des besoins criminogènes par la suite. Les pré-traitement sont des interventions informatives, d'exposition indirecte (ex. séquences vidéo du programme proposé), ou encore d'exposition directe (ex. simulation d'accompagnement) (Ogrodniczuk, et al., 2005). Puis, après un pré-traitement, en cas de direction future vers un programme d'intervention, de nouvelles stratégies sont à utiliser pour favoriser le maintien d'engagement de la personne. Il est par exemple recommandé de mettre en place des contrats de courte durée ou encore de coconstruire de manière collaborative les objectifs et modalités de l'accompagnement (Ogrodniczuk et al., 2005).

Si l'engagement dépend de facteurs internes, externes et contextuels, il est possible de cibler une intervention sur chacun des grands facteurs de l'engagement : *des actions sur les facteurs internes* (ex. les techniques de prises de décision, de restructurations cognitives, reconnaissances et gestions des émotions, les systèmes d'entraide et de mentorat par des pairs), *actions sur les facteurs de l'accompagnement* (ex. suivis fondés sur les besoins et caractéristiques de la personne, attitudes institutionnelles et professionnelles positives envers les personnes), *actions sur les facteurs contextuels* (ex. développer un travail sur le contexte d'administration ainsi que sur le contexte de vie de la personne) (Day, et al., 2010). Ajoutons que l'implication dans le traitement dépend de la satisfaction du délinquant par rapport à ce traitement, dépendant elle-même de l'implication du professionnel accompagnant (Levenson et al., 2010).

Pour résumer, l'engagement de l'auteur d'infraction est directement corrélé à la réduction du risque de récidive. Nous observons que la dynamique factorielle impacte l'engagement dans l'accompagnement permettant lui-même une optimisation de l'efficience du traitement. Aussi, dans le cadre d'un accompagnement pertinent des facteurs criminogènes, la *readiness* participe de la réduction du risque et taux de récidive.

Un faible niveau de *readiness* évalué est corrélé à un plus fort risque d'abandon de l'accompagnement lui-même corrélé à un accroissement du risque de récidive et une aggravation qualitative des infractions. A l'inverse un bon niveau de *readiness* implique des résultats efficients et, en association avec un accompagnement ciblé sur les besoins criminogènes, une réduction du risque et taux de récidive. Il faudra porter une attention particulière à la simple endurance, qui va permettre de ne pas récidiver mais enlève toute dignité à la personne, toute qualité de vie (différence entre construire une nouvelle vie et simplement exister).

**Références**

Andrews, D., Bonta, J., Hoge, R.D. (1990). Classification for effective rehabilitation: Rediscovering psychology. Criminal Justice and Behavior, 17: 19-52.

Andrews, D., Bonta, J., Wormith JS. (2004). The Level of Service/Case Management Inventory (LS/CMI). Toronto: Multi-Health Systems.

Andrews, D., Bonta, J., Wormith JS. (2011). The Risk-Need-Responsivity (RNR) model: Does adding the Good Lives Model contribute to effective crime prevention? Criminal Justice and Behavior, 38: 735-755.

Andrews, D., & Bonta, J. (2010). The psychology of criminal conduct. Elsevier.

Andrews, D., & Dowden, C. (2007). The risk-needs-responsivity model of assessment and human service in prevention and corrections: Crime prevention jurisprudence. Canadian Journal of Criminology and Criminal Justice, 48(4): 439–464.

Antoine, P., Poinsot, R., Congard, A. (2007). Evaluer le bien-être subjectif : la place des émotions dans les psychothérapies positives. Journal de Thérapie Comportementale et Cognitive, 17, 4, 170-180.

Bandura, A. (1989). Regulation of cognitive processes through perceived self-efficacy. Developmental Psycology, 25: 729-735.

Baratta, A. (2011). Évaluation et prise en charge des délinquants et criminels sexuels. Paris : Institut pour la justice.

Barnao, M., Robertson, P., & Ward, T. (2010). Good Lives Model Applied to a Forensic Population. Psychiatry, Psychology and Law, 17(2): 202-217.

Barnao, M., & Ward, T. (2015). Sailing uncharted seas without a compass: A review of interventions in forensic mental health. Aggression and Violent Behavior, 22, 77–86.

Barnao, M., Ward, T., & Robertson, P. (2016). The good lives model: A new paradigm for forensic mental health. Psychiatry, Psychology and Law, 23(2): 288-301.

Barnett, G.D., Mandeville-Norden, R., Rakestrow, J. (2014). The Good Lives Model or Relapse Prevention: What Works Better in Facilitating Change ? Sexual abuse: A Journal of Research and Treatment, 26, 1: 3-33.

Beck, A. (1976). Cognitive therapy and emotional disorders. New York, International Universities Press.

Beijersbergen, K. A., Dirkzwager, A. J. E., Eichelsheim, V. I., Van der Laan, P. H., Nieuwbeerta, P. (2015). Procedural justice, anger, and prisoners' misconduct: A longitudinal study. Criminal Justice and Behavior, 42(2): 196–218.

Bernard, M., Zimmerman, G., Favez, N. (2011). Quelle place pour la psychologie positive dans le champ de la psychothérapie ? Perspectives théoriques et empiriques. Pratiques Psychologiques, 17(4): 301-313.

Bickley, J.A., & Beech, A. (2003). Implications for Treatment of Sexual Offenders of the Ward and Hudson Model of Relapse. Sexual Abuse A Journal of Research and Treatment, 15(2): 121-134.

Bonta, J., & Andrews, D. (2007). Modèle d'évaluation et de réadaptation des délinquants fondé sur les principes du risque, des besoins et de la réceptivité. Sa Majesté la Reine du Chef du Canada.

Bonta, J., Bourgon, G., Rugge, T., Scott, T-L., Yessine, AK., Gutierrez, L., Li, J. (2010). L'Initiative de formation stratégique en surveillance communautaire : les principes du risque, des besoins et de la réceptivité dans le monde réel. Sécurité publique Canada. 2010-1. Retiré sur : https://www.securitepublique.gc.ca/cnt/rsrcs/pblctns/rsk-nd-rspnsvty/index-fr.aspx

Bourgon, G., Gutierrez, L., Ashton, J. (2012). Recherche sur les questions correctionnelles : Rapport pour spécialistes. De gestionnaire de cas à agent du changement : l'évolution des mesures efficaces à l'égard de la surveillance dans la collectivité. Sécurité publique Canada. 2012-01. Retiré sur : https://www.securitepublique.gc.ca/cnt/rsrcs/pblctns/2012-01-cmc/2012-01-cmc-fra.pdf

Burrowes, N., & Needs, A. (2009). Time to Contemplate Change? A Framework for Assessing Readiness to Change with Offenders. Aggression and Violent Behavior: A Review Journal, 14(1): 39-49.

Coco, G., & Corneille, S. (2009). Quand la justice restaurative rencontre le Good Lives Model de réhabilitation des délinquants sexuels : fondements, articulations et applications. Psychiatrie et violence, 9(1).

Corneille, S., & Devillers, B. (2017). Quand le Good Lives Model rencontre les travailleurs psychosociaux : une invitation à un changement de posture professionnelle. Service social, 63, 1, 12–28.

Corneille, S., & Henrard, N. (2017). Le Good Lives Model : un modèle alternatif au modèle de prévention de la récidive. In Erwan Dieu, „Les Innovations Criminologiques", Paris, L'Harmattan.

Cortoni, F., & Lafortune, D. (2009). Le traitement correctionnel fondé sur des données probantes : Une recension. Criminologie, 42: 61–90.

Craissati, J. (2015). Should worry about sex offenders who deny their offences? Probation Journal, 62: 395-405.

Day, A., & Howells, K. (2002). Psychological treatments for rehabilitating offenders: Evidence-based practice comes of age. Australian Psychologist, 37(1): 39-47.

Day, A., Howells, K., Casey, S., Ward, T., Chambers, J. C., Birgden, A. (2009). Assessing treatment readiness in violent offenders. Journal of Interpersonal Violence, 24(4): 618-635.

Day, A., Casey, S., Ward, T., Howells, K., Vess, J. (2010). Transitions to better lives: Offender readiness and rehabilitation. Taylor et Francis.

Deci, E.L., & Ryan, R.M. (2008). Self-determination theory : A macrotheory of human motivation, development, and health. Canadian Psychology/Psychologie Canadienne, 49(3) : 182-185.

Dieu, E., & Hirschelmann, A. (2018). Trois réflexions pour situer l'analyse psycho-criminologique sérielle française. Annales Médico-Psychologiques, 176 : 586–590.

Dieu, E., Dubois, M., Sorel, O. (2014). Etapes du processus criminogène, de la théorie à la pratique. Les annales médicopsychologiques, 172(5) : 333-338.

Dieu, E., & Sorel, O. (2015). La synergie des dynamiques qualitatives et quantitatives du crime dans la théorie du processus criminogène. Annales Médico-Psychologiques, 173 : 504-510.

Dieu, E. (dir). (2017). Les innovations criminologiques. L'Harmattan.

Dieu, E., Vandevoorde, J., Hirschelmann, A. (2017). La Justice restaurative : ni soigner, ni réprimer ? Le cas Louis, multirécidiviste ni « dangereux » ni « malade ». L'Encéphale. 43(3): 283-291.

Dieu, E., Sorel, O., & Bouchard, J-P. (2019). Place de la psychothérapie intégrative dans la prise en charge des problématiques de radicalisation. Annales Médico-Psychologiques, 177(5) : 483-488.

Dieu, E. (2019). Que faire des modèles de la désistance dans l'accompagnement des auteurs d'infraction ? Revue Internationale de Criminologie et de Police Technique et Scientifique, LXXII(2) : 170-190

Dieu, E., Issen, E., & Sorel, O. (2019). « S'essayer au Modèle « Good Lives » (GLM) dans l'accompagnement psychosocial des infracteurs ? Illustration du suivi entre vous, nouveau GLMiste, et Gérard MENVUSA, nouveau délinquant. » In Combalbert, N., & Rothé, S. Incarcération, vulnérabilités et interventions sociales. L'Harmattan.

Drieschner, K. H., & Boomsma, A. (2008). The Treatment Engagement Rating scale (TER) for forensic outpatient treatment: Description, psychometric properties, and norms. Psychology, Crime et Law, 14(4) : 299-315.

Dubourg, E. (2016). Les instruments d'évaluation des risques de récidive, du jugement professionnel non structuré aux outils actuariels. In La prévention des récidives : Évaluation, suivis, partenariats, L'évaluation des personnes placées sous main de justice. Criminocorpus. Retiré sur : http://criminocorpus.revues.org/3186

Farrall, S., Hunter, B., Sharpe, G., Calverley, A. (2014). Criminal Careers in Transition. The Social Context of Desistance from Crime. Oxford: Oxford University Press.

Fava, G. (1999). Well-being therapy : Conceptual and technical issues. Psychotherapy and Psychosomatics, 68: 171-179.

Fordyce, MW. (1977). Development of a program to increase personal happiness. Journal of Counselling Psychology, 24: 511-520.

Fredrickson, B.L. (2001). The Role of Positive Emotion in Positive Psychology: The Broaden-and-Build Theory of Positive Emotion. American Psychologist, 56(3): 218-226.

Gable, SL., & Haidt, J. (2005). What (and Why) is Positive Psychology ? Review of General Psychology, 9: 103-110.

Gannon, T.A., & Ward, T. (2014). Where has all the psychology gone?: A critical review of evidence-based psychological practice in correctional settings. Aggression and Violent Behavior, 19(4): 435-446.

Garland, EL., & Howard, MO. (2013). A transdiagnostic perspective on cognitive, affective, and neurobiological processes underlying human suffering. Research in Social Work Practice, 24: 142-151.

Gautron, V., & Dubourg, E. (2015). La rationalisation des outils et méthodes d'évaluation : de l'approche clinique au jugement actuariel. In Savoirs, politiques et pratiques de l'exécution des peines en France au XXesiècle, Communications, Criminocorpus. Rétiré sur : http://criminocorpus.revues.org/2916

Giovannangeli, D., Cornet, J-P., Mormont, C. (2000). Étude comparative dans les 15 pays de l'Union Européenne : les méthodes et les techniques d'évaluation de la dangerosité et du risque de récidive des personnes présumées ou avérées délinquants sexuels. Université de Liège.

Guay, J-P., & Lafortune, D. (2015). L'évaluation du risque de récidive et l'intervention basée sur les données probantes : les conditions nécessaires à l'implantation de méthodes structurées d'évaluation et d'intervention efficaces. Pratiques psychologiques, 21(3) : 293-303.

Harkins, L., Flak, VE., Beech, AR., Woodhams, J. (2012). Evaluation of a community-based sex offender treatment program using a good lives model approach. Sex Abuse, 24(6) : 519-543.

Hirschelmann, A., Lafortune, D., Guay, J-P., Dieu, E., Ventéjoux, A., Brault, A. (2016). PREVA : un programme d'évaluation des PPSMJ fondé sur les principes du risque, des besoins et de la réceptivité. Recherche-action soutenue par le GIP « Mission Droit et Justice », 2014-2016.

Holdsworth, E., Bowen, E., Brown, S., Howat, D. (2014). Offender engagement in group programs and associations with offender characteristics and treatment factors: A review. Agression and violent behavior, 19(2): 102-121.

Howells, K., & Day, A. (2007). Readiness for treatment in high risk offenders with personality disorders. Psychology, Crime et Law, 13(1): 47-56.

Howells, K., & Day, A. (2002). Readiness for anger management: Clinical and theoretical issues. Clinical. Psychology Review, 23: 319–337.

Lalande, P. (2006). Punir ou réhabiliter les contrevenants? Du 'Nothing Works' au 'What Works' Montée, déclin et retour de l'idéal de réhabilitation). In La sévérité pénale à l'heure du populisme. Québec : ministère de la Sécurité publique, Gouvernement du Québec, p.30-77.

Larochelle, S., Diguer, L., Laverdiere, O., Greenman, P.S. (2011). Predictors of psychological treatment noncompletion among sexual offenders. Clin Psychol Rev, 31(4): 554-562.

Levenson, J. S., Prescott, D. S., et D'Amora, D. A. (2010). Sex offender treatment: Consumer satisfaction and engagement in therapy. International Journal of Offender Therapy and Comparative Criminology, 54(3): 307-326.

Lilienfeld, SO. (2014). The Research Domain Criteria (RDoC): An analysis of methodological and conceptual challenges. Behaviour Research and Therapy, 62: 129-139.

Lindsay, W.R., Steptoe, L., Beech, A. (2008). The Ward and Hudson Pathways Model of the sexual offense process applied to offenders with intellectual disability. Sexual Abuse A Journal of Research and Treatment, 20(4): 379-392.

Lindsay, W.R., Ward, T., Morgan, T., Wilson, I. (2007). Self-regulation of sex offending, future pathways and the Good Lives Model: Applications and problems. Journal of Sexual Aggression, 13: 37-50.

Lipton, D.S., Martinson, R., Wilks, J. (1975). The effectiveness of correctional treatment: a survey of treatment evaluation studies. New York: Praeger.

Looman, J., & Abracen, J. (2013). The Risk Need Responsivity Model of offender rehabilitation: Is there really a need for a paradigm shift? International Journal of Behavioral Consultation and Therapy, 8(3-4): 30-36.

Martinson, R. (1974). Whats Works?, Questions and answers about prison reform. The Public Interest, 35: 22-54.

Maruna, S. (2001). Making Good. How Ex-Convicts Reform and Rebuild their Lives. American Psychological Association.

Mary, P. (2001). Pénalité et gestion risque ; vers une justice "actuarielle" en Europe. Déviance et société, 25(1) : 33-51.

McGrath, R., Cumming, G., Burchard, B., Zeoli, S., Ellerby, L. (2010) Current Practices and Emerging Trends in Sexual Abuser Management: The Safer Society 2009 North American Survey. Brandon, Vermont: Safer Society Press.

McMurran, M., & Theodosi, E. (2007). 'Is treatment non-completion associated with increased reconviction over no treatment?', Psychology, Crime and Law, 13(4): 333 – 343

McMurran, M., & McCulloch, A. (2007). Why don't offenders complete treatment? Prisoners'reasons for non-completion of a cognitive skills programme. Psychology, Crime and Law, 13(4): 345-354.

McMurran, M., & Ward, T. (2010). Treatment readiness, treatment engagement and behaviour change. Criminal Behaviour and Mental Health, 20(2): 75-85.

McMurran, M. (2009), Motivational interviewing with offenders: A systematic review. Legal and Criminological Psychology, 14: 83–100

McMurran, M. (2002). Motivation to change: selection criterion or treatment need?. Motivating offenders to change: A guide to enhancing engagement in therapy, 3-13.

Monahan, J. (1981). Predicting violent behavior: An assessment of the clinical techniques. Beverly Hills (CA): Sage.

Mossière, A., & Serin, R. (2014). A critique of models and measures of treatment readiness in offenders. Aggression and violent behavior, 19(4), 383-389.

Nunes, K., Hanson, R.K., Firestone, P., Moulden, H.M., Greenberg, D.M., Bradford, J.M. (2007). Denial predicts recidivism for some sexual offenders. Sexual Abuse: a journal of research and treatment, 9(2): 91-105.

Ogrodniczuk, J.S., Joyce, A.S., Piper, W.E. (2005). Strategies for reducing patient-initiated premature termination of psychotherapy. Harvard review of psychiatry, 13(2), 57-70.

Olver, ME., Stockdale KC., Wormith, JS. (2011). A meta-analysis of predictors of offender treatment attrition and its relationship to recidivism. Journal of Consulting and Clinical Psychology, 79(1): 6–21.

Palaric, R. (2014). Cliniques des auteurs d'agressions sexuelles au carrefour des débats contemporains : analyse psychocriminologique intégrative des perspectives psychodynamique et cognitivo-comportementale appliquées aux modalités de prise en charge thérapeutique. Thèse de doctorat en Psychologie sous la direction de V. Moulin, Centre Interdisciplinaire d'Analyse des Processus Humains et Sociaux, Université Rennes 2.

Parhar, K.K., Wormith, J.S., Derkzen, D.M., Beauregard, A.M. (2008). Offender coercion in treatment a meta-analysis of effectiveness. Criminal Justice and Behavior, 35(9): 1109-1135.

Peterson, C. (2000). The future of optimism. American Psychologist, 55(1): 44-55.

Pithers, W.D., Marques, J.K., Gibat, G.G., Marlatt, G.A. (198S). Relapse prevention with sexual aggressives. In J. G. Greer and I. R. Stuart (Eds.), The Sexual Aggressor. New York: Van Nostrand Reinhold.

Polaschek, D.L.L. (2012). An appraisal of the risk–need–responsivity (RNR) model of offender rehabilitation and its application in correctional treatment. Legal and Criminological Psychology, 17: 1-17.

Polaschek, DLL. (2017). Protective factors, correctional treatment and desistance. Aggression and Violent Behavior, 32: 64-70.

Prochaska, J.O., & DiClemente, C.C. (1983). Stages and processes of self-change of smoking : Toward an integrative model of change. Journal of Consulting and Clinical Psychology, 5: 390-395.

Prochaska, J.O., Norcross, J.C., Guadagnoli, E., DiClemente, C.C. (1984). Factor structure of the Levels of Attribution and Change (LAC) Scale in samples of psychotherapists and smokers. Journal of Clinical Psychology, 40(2): 519-528.

Prochaska, J.O., Velicer, W.F., DiClemente, C.C., Fava, J. (1988). Measuring processes of change: Applications to the cessation of smoking. Journal of Consulting and Clinical Psychology, 56: 520-528.

Proulx, J., & Lafortune, D. (2003). La diversité des agresseurs sexuels : implications théoriques et pratiques. Traité de criminologie empirique (3 éd.). Montréal: Les Presses de l'Université de Montréal.

Regourd Laizeau, M. (2017). La psychologie positive : changement de paradigme ou nouvelle psychologie ?. Le Journal des psychologues, 346, (4): 22-26.

Ryff, C.D., & Essex, M.J. (1992). The interpretation of life experience and well-being: the sample case of relocation. Psychology and Aging, 7(4): 507-517.

Seligman, MEP., Parks, AC. & Steen, T. (2004). A balanced psychology and a full life. The Royal Society, Philosophical Transactions: Biological Sciences, 359: 1379-1381

Serin, R.C., & Kennedy, S. (1997). Treatment readiness and responsivity: Contributing to effective correctional programming. (Research Report. R-54). Ottawa: Correctional Services of Canada.

Serin, R.C., Kennedy, S., Mailloux, D.L., Hanby, L.J. (2010). The Origins of Treatment Readiness. In Day A, Casey S, Ward T, Howells K, et Vess J (Eds). Transition to Better Lives. Willan Publishing, p. 12-26.

Serin, R.C. (1998). Treatment responsivity, intervention, and reintegration: A conceptual model. Forum on Corrections Research, 10(8): 29-32.

Shankland, R. (2014). La psychologie positive-2e éd. Dunod.

Sturgess, D., Woodhams, J., Tonkin, M. (2016). Treatment Engagement From the Perspective of the Offender: Reasons for Noncompletion and Completion of Treatment— A Systematic Review. International Journal of Offender Therapy and Comparative Criminology, 60(16): 1873-1896.

Ward, T., & Beech, A. (2015). Dynamic risk factors: A theoretical dead-end? Psychology, Crime & Law, 21: 100-113.

Ward, T., & Beech, A. (2006). An integrated theory of sexual offending. Aggression and Violent Behavior. 11(1): 44-63.

Ward, T., & Beech, A. (2016). The Integrated Theory of Sexual Offending–Revised. The Wiley Handbook on the Theories, Assessment and Treatment of Sexual Offending.

Ward, T., & Brown, M. (2004). The Good Lives Model and conceptual issues in offender rehabilitation. Psychology, Crime & Law, 10: 243-257.

Ward, T., & Fortune, CA. (2016). From dynamic risk factors to causal processes: A methodological framework. Psychology, Crime & Law, 22: 190-202.

Ward, T., & Gannon, T.A. (2006). Rehabilitation, etiology, and self-regulation : The comprehensive good lives model of treatment for sexual offenders. Aggression and Violent Behavior, 11: 77-94.

Ward, T., & Hudson, S. M. (1996). Relapse prevention: A critical analysis.Sexual Abuse: A Journal of Research and Treatment, 8(3): 177-200.

Ward, T., & Hudson, S.M. (1998). A model of the relapse process in sexual offenders.Journal of Interpersonal Violence, 13: 700-725

Ward, T., & Marshall, W.L. (2004). Good lives, aetiology and the rehabilitation of sex offenders: A bridging theory. Journal of Sexual Aggression, 10(2): 153-169.

Ward, T., & Maruna, S. (2007). Rehabilitation : Beyond the risk assessment paradigm, Londres, Routledge.

Ward, T., & Stewart, CA. (2003). The treatment of sex offenders: Risk management and the Good Lives Model. Professional Psychology: Research and Practice, 34: 353-360.

Ward, T., Day, A., Howells, K., Birgden, A. (2004). The multifactor offender readiness model. Aggression and Violent Behavior, 9: 645-673.

Ward, T., & Fortune, C-A. (2017). The Role of Dynamic Risk Factors in the Explanation of Offending. Aggression and Violent Behavior, in press.

Ward, T., & Stewart, C. (2003). The treatment of sex offenders: Risk management and the Good Lives Model. Professional Psychology: Research and Practice, 34: 353-360.

Ward, T., & Stewart, C. (2003). Criminogenic needs and human needs: A theoretical model. Psychology, Crime and Law, 9(2), 125-143.

Ward, T., Melser, J., Yates, P.M. (2007). Reconstructing the Risk–Needs–Responsivity model: A theoretical elaboration and evaluation. Agression and Violent Behavior, 12: 208-228.

Ward, T., Purvis, M., Devilly, G. (2004). Relapse prevention: Theory and Practice. In McIvor G, et Kemshall H. (Eds.) Research highlights in social work – sex offenders: Managing the risk. San Francisco, CA: Jessica Kingsle.

Ward, T., Yates, P.M., Willis, G.M. (2012). The Good Lives Model and the Risk Need Responsivity Model: A critical response to Andrews, Bonta & Wormith (2011). Criminal Justice and Behavior, 39(1): 94-110.

Ward, T. (2007). On a clear day you can see forever: Integrating values and skills in sex offender treatment. Journal of sexual aggression, 13(3): 187-201.

Ward, T. (2016). Dynamic risk factors: Scientific kinds or predictive constructs? Psychology, Crime, & Law, 22.

Ward, T., Louden, K., Hudson, S.M., Marshall, W.L. (1995). A descriptive model of the offense chain for child molesters.Journal of Interpersonal Violence, 10: 452-472

Ward, T., Hudson, S.M., Keenan, T. (1998). A self-regulating model of the sexual offense process.Sexual Abuse: A Journal of Research and Treatment, 10: 141-157

Ward, T., Mann, R., Gannon, T.A. (2007). The Good Lives Model of rehabilitation : Clinical implications, Aggression and Violent Behavior. 12(1): 87-107.

Ward, T. (2017). Prediction and Agency: The Role of Protective factors in Correctional Rehabilitation and Desistance. RUNNING HEAD: Protective factors.

Ward, T., Vess, J., Collie, R., Gannon, T.A. (2006). Risk management or goods promotion: The relationship between approach and avoidance goals in treatment for sex offenders. Aggression and Violent Behavior, 11(4): 378-393.

Webster, S.D. (2005). Pathways to Sexual Offense Recidivism Following Treatment: An Examination of the Ward and Hudson Self-Regulation Model of Relapse. Journal of Interpersonal Violence, 20(10): 1175-1196.

Willis, GM., & Ward, T. (2011) Striving for a good life : The good lives model applied to released child molesters, Journal of Sexual Aggression, 17(3): 290-303.

Willis, G.M., Yates, P.M., Gannon, T.A., Ward, T. (2013). How to Integrate the Good Lives Model Into Treatment Programs for Sexual Offending: An Introduction and Overview. Sexual Abuse: Journal of Research and Treatment, 25(2): 123-142.

Willis, G.M., Ward, T., Levenson, J.S. (2014). The Good Lives Model: An evaluation of GLM operationalization in North American treatment programs. Sexual abuse: A Journal of Research and Treatment, 26(1): 58-81.

Wilson, R.J., & Yates, P.M. (2009). Effective interventions and the Good Lives Model : Maximizing treatment gains for sexual offenders. Aggression and Violent Behavior, 14: 157-161.

Witkiewitz, K., & Marlatt, GA. (2007). Therapist's guide to evidence-based relapse prevention. Elsevier. pp.222

Wormith, J.S., & Olver, M.E. (2002). Offender treatment attrition and its relationship with risk, responsivity, and recidivism. Criminal Justice and Behavior, 29(4): 447-471.

Yates, P., & Kingston, D. (2006). The self-regulation model of sexual offending: the relationship between offence pathway and static and dynamic sexual offense risk. Sex abuse, 18: 259-270.

Yates, P., & Ward, T. (2008). Good lives, self-regulation, and risk management: An integrated model of sexual offender assessment and treatment. Sexual Abuse in Australia and New Zealand, 1(1): 2-19.

Zimmerman, B.J. (1990). Self-Regulated Learning and Academic Achievement: An Overview. Educational Psychologist, 25(1): 3-17.

Zimmerman, B.J. (1998). Academic studying and the development of personal skill: A self-regulatory perspective. Educational Psychologist, 33(2-3): 73–86.

Zimmerman, B.J. (2002). Becoming a Self-Regulated Learner: An Overview. Theory Into Practice, 41(2): 64-70.

Zimmerman, B.J., & Martinez-Pons, M. (1986). Development of a Structured Interview for Assessing Student Use of Self-Regulated Learning Strategies. American Educational Research Journal, 23: 614-628.

Zimmerman, B.J., & Martinez-Pons, M. (1988). Construct validation of a strategy model of student self-regulated learning. Journal of Educational Psychology, 80(3) : 284–290.

# Chapitre 2 : Les modèles de la désistance et la question temporelle TIM-E en lien avec le GLM

Dr Erwan DIEU et Juliette LIEVENS

L'accompagnement des auteurs d'infraction connait dans la francophonie de profonds changements avec l'intégration du modèle de prévention de la récidive et des pratiques d'intervention cognitivo-comportementale et motivationnelle. Pour les professionnels des pratiques d'intervention, les modèles de la désistance restent encore peu connus ou mobilisés dans l'accompagnement. Les modèles de la désistance tentent chacun de théoriser tant le maintien des comportements prosociaux chez un auteur d'infraction que la trajectoire non linéaire dans le temps de sortie de délinquance. Si les besoins primaires fondamentaux des auteurs d'infraction et les éléments positifs de leur vie semblent souvent secondaires vis-à-vis des facteurs de risque de récidive et des besoins criminogènes, des liens forts peuvent s'établir entre les besoins prioritaires des sujets, les facteurs de protection et la désistance afin de guider l'accompagnement. L'objet du chapitre est de présenter aux professionnels de l'accompagnement les modèles de la désistance et de l'approche de la temporalité en complémentarité du Good Lives Model, de questionner la prise en considération des facteurs positifs dits de protection dans le suivi des auteurs d'infraction, et le lien possible entre certains modèles de la désistance, les facteurs positifs et éventuellement d'autres modèles connexes permettant la sortie progressive du cheminement délinquantiel et le maintien des comportements prosociaux. Il s'agira au sein du Chapitre 3 de mettre en application ces différents modèles, un GLM applicable dans la temporalité (TIM-E) en lien avec le processus de désistance.

## 1. La désistance et la question des facteurs positifs

### *La ou les désistances ? L'approche individualiste de la perspective psycho-criminologique*

Notre souhait est ici d'interroger l'introduction des modèles de la désistance et de l'opérationnalisation des facteurs de protection contre la récidive dans un contexte d'appropriation de l'intervention quant aux risques. L'approche des données dites probantes « *What Works ?* » face à la récidive (Andrews & Bonta, 2010) vient de l'international et s'intègre en France (Dieu & Hirschelmann, 2018).

Si la notion de facteurs de protection s'étend largement, par exemple dans des contextes psycho-victimologiques ou de santé mentale -cf. Smith, et al., 2017 ; Smith-Darden, et al., 2017-, nous nous limiterons dans ce chapitre au cadre de la prévention de la récidive (cf. facteurs dits de protection - De Vogel, et al., 2011) et de la sortie de la délinquance (cf. éléments dits de désistance - Farrall, et al., 2014). L'accompagnement des auteurs d'infraction connait dans la francophonie de profonds changements avec l'intégration des principes *Risque-Besoins-Réceptivité* dits « RBR » issus du « What works ». De nouvelles modalités intègrent des types de prise en charge réhabilitative telles que les interventions cognitivo-comportementales d'une part, motivationnelles d'autre part. Pour ces interventions, comme la grande majorité des pratiques en général, les éléments positifs de la trajectoire (McNeill, 2009, 2010 ; McNeill et al., 2009) restent encore peu connus ou mobilisés dans l'accompagnement.

Davantage encore que les facteurs de protection, les besoins primaires fondamentaux des auteurs d'infraction et les éléments positifs de leur vie semblent souvent secondaires vis-à-vis des facteurs de risque de récidive et des besoins criminogènes (Yates, et al., 2010 ; Ward, et al., 2012 ; Willis, et al., 2013, 2014). Pourtant, des liens forts pourraient s'établir entre les besoins prioritaires des sujets, les facteurs de protection et la désistance afin de guider l'accompagnement (Ward, et al., 2014). Dans cette optique, l'objet de notre chapitre est de questionner la prise en considération dans l'accompagnement des théories de la désistance. L'opérationnalisation d'un suivi s'orientant vers la maintenance des éléments positifs nous conduit à réfléchir quant à l'opportunité d'interventions centrées sur les facteurs positifs de protection dans le suivi des auteurs d'infraction jusqu'à la sortie progressive du cheminement délinquantiel. Les facteurs positifs dits de protection (face à la récidive) diminueraient la probabilité de (re)commettre une infraction, en modérant ou compensant des éléments de vulnérabilité chez le sujet (Guay & de Vries, 2017). Pour cela nous présenterons dans un premier temps les modèles de la désistance. Dans un deuxième temps, nous envisagerons l'agencement possible entre les modèles de la désistance et l'accompagnement via la prise-en-compte des facteurs de protection. Des liens avec d'autres modèles de criminologie positive, le GLM évidemment - en poursuite du chapitre 1, mais surtout le Modèle de l'Identité Temporelle (TIM-E). Le chapitre sera l'occasion d'une discussion à partir des dernières réflexions sur le thème, reprenant et poursuivant la réflexion de Ward (2017) à propos des distances entre les concepts, des prédictions quant aux facteurs de protection et de la place de l'*agency*.

Les théories de la désistance exigent à penser, non plus ce qui conduit au crime ou ce qui l'empêche, mais ce qui conduit à la pérennité des éléments prosociaux jusque dans les situations difficiles. En proposant des alternatives aux sanctions et interventions, les orientations positives obligent à requestionner les éléments constitutifs de la notion de « crime ». Les modèles de la « désistance » proposent de manière rétrospective une analyse holistique ou individualiste du parcours de la personne dans son environnement social. Plusieurs courants de recherche coexistent et se montrent en dissension sur la désistance en témoignant des regards différents sur ce qui constitue l'arrêt en soi ou le processus menant à l'arrêt des infractions dans la trajectoire d'un individu, d'un point de vue sociologique ou psychologique (McNeill, 2010 ; McNeill, et al., 2009). L'analyse phénoménologique de la désistance par Maruna (2001, 2004) évoque un « processus », il s'entend comme la dynamique des mécanismes supportant dans la durée des comportements sans infraction. En réponse à la théorie de l'étiquetage de la délinquance de Lemert (1951), Maruna (2004) propose deux strates au processus de désistance sous la forme d'une théorie de l'étiquetage de la désistance. Lorsque la déviance primaire de Lemert (1951) signifiait une rencontre initiale avec l'infraction, la désistance primaire caractérise la fin de la trajectoire criminelle, c'est-à-dire la rencontre du sujet avec une période sans infraction. La déviance secondaire de Lemert (1951) renvoyait au processus identitaire, à l'internalisation du label « déviant » dans un renforcement interactionnel avec la réaction sociale. La désistance secondaire suit la même logique phénoménologique. La désistance n'y serait pas uniquement la fin de la production des comportements délinquantiels, mais le réaménagement identitaire (les rôles sociaux) en lien avec l'arrêt des actions infractionnelles (Maruna, 2004). L'analyse de Maruna présente de nombreux avantages pour une lecture psychologique du processus de désistance. Elle émet notamment des hypothèses subjectives au parcours, la réorganisation de la lecture de sa vie, du rôle social en jeu, et un va-et-vient entre l'identité délinquante et non-délinquante.

Toutefois, cette analyse contient deux limites largement soulevées (Laub & Sampson, 2001 ; Bushway & Paternoster, 2012). La première limite concerne la circonscription de ce qui constitue la « désistance », qui serait un processus en deux étapes. La dénomination « désistance » pour les deux strates du processus n'aide pas à cibler clairement ce qui constitue ou fait désistance de manière générale : à quel moment notamment pouvons-nous dissocier les deux types de désistance ? Elles participent certes d'un processus global, semblent interdépendantes, toutefois elles détiennent chacune une définition bien particulière laissant penser à des variables indépendantes. Si les deux étapes réfèrent à la désistance (primaire ou secondaire), ont-elles la même valeur, sont-elles exclusives, etc ?

La limite est particulièrement ténue à analyser dans les cas de réitération polymorphique : Monsieur Jean FINIPAS cesse de braquer mais continue de consommer, qu'en déduire quant à son évolution entre désistance primaire et désistance secondaire ? La désistance secondaire interroge aussi le poids des rôles sociaux et des étiquettes portées. L'hypothèse sous-tendue devient rapidement une condition lourde de sens dans le parcours : un infracteur ne pourrait-il pas devenir un réel désistant s'il n'a pas connu en lui une réorganisation identitaire ? Une hypothèse que Bottoms et al. (2004) réfutent, et, à l'instar de Laub et Sampson (2001), insistent sur le processus de désistance en tant que cause de l'arrêt de la délinquance plutôt que son constat ou sa conséquence.

Si l'approche phénoménologique adoptée par Maruna depuis son travail en 2001 rencontre des limites éventuelles, elle répond en revanche à de nombreuses interrogations légitimes dans le cadre psycho-criminologique. L'hypothèse identitaire envisage la tension et la révision entre les rôles liés ou non à la délinquance, avec le renforcement et le maintien des rôles non-délinquants. Ainsi, l'approche identitaire de la désistance secondaire s'éloigne de la perspective, pourtant déjà progressiste, de la désistance comme un processus de désengagement de la délinquance. Derrière le regard phénoménologique, il y a l'analyse du maintien des aspects prosociaux et la relecture du rôle social à travers des comportements spécifiques qui signent une trajectoire révisée. Le maintien (des éléments positifs) n'est pas à confondre avec l'arrêt (des éléments négatifs). Il s'agirait soit de deux processus différents *-donc deux variables indépendantes*, soit d'un même processus lu de deux manières *-deux variables dépendantes d'une même variable indépendante*. Pour les analystes du maintien, le processus de désistance est identitaire et se voit provoqué par les comportements. Tandis que pour les analystes de l'arrêt (ou désengagement, désistement, point tournant), le processus sous-tend les comportements et produit son influence en amont de la fin des actes infractionnels.

Le processus de maintien se cristallise alors sur la persistance dans la vie des comportements prosociaux plus que sur l'arrêt des comportements antisociaux ; ou sous la plume de Maruna « *l'étude de la continuité plutôt que du changement* » (2001 : 27). L'approche de Maruna soulève une question forte aux analystes de l'arrêt et de la désistance comme processus sous-tendant l'arrêt : à partir de quand estimons-nous l'arrêt ? A penser l'arrêt, le point tournant, en dehors de toute démarche identitaire de retour sur soi ou de processus entre deux mouvements possibles, il y aurait *de facto* à tout moment des arrêts (Maruna, 2001). L'approche individualiste, phénoménologique ou du choix rationnel, analyse la désistance en tant que tension dans la durée entre les comportements prosociaux et antisociaux.

Bushway et al. (2001) proposent de conceptualiser la « désistance » en tant que « quantité » plutôt qu'en tant que « qualité » des rôles sociaux dans la tension délinquant / non-délinquant. Il y aurait un processus encourageant la production des actions conventionnelles plutôt que criminelles, une baisse de l'occurrence des secondes sans pour autant que les unes excluent les autres en toute situation (Maruna & Roy, 2007).

Toutefois, si ces approches se positionnent sur la question psychologiquement ténue du « point tournant » (évènement de résiliation de la trajectoire criminelle) en y substituant un processus plus général, elles ne semblent pas remettre en question la notion de « permanence » de la désistance. La perspective d'une désistance (primaire) serait le constat de l'arrêt de la trajectoire infractionnelle (Piquero, et al., 2013). Même si Maruna semble dubitatif quant aux mécanismes de la désistance, le pourquoi cela fait désistance chez la personne, l'hypothèse de la permanence de la désistance n'est pas rejetée (Maruna, 2001 : 22). Le point tournant de la trajectoire ne s'explique pas plus selon Maruna que la rupture d'un travail conventionnel au quotidien par une personne (2001), en cela que le mouvement de rupture et le retour identitaire n'y sont pas expliqués. La dynamique personnelle de la rupture reste aléatoire. Pour reprendre l'image de Maruna, délinquer le matin fait-il de nous un désistant l'après-midi ? Si plusieurs auteurs ont depuis longtemps proposé une datation judiciaire possible de la désistance rompant avec la trajectoire infractionnelle (Warr, 1998), le problème semble tout autant théorique que méthodologique et financier (exigence de recherches longitudinales couteuses).

***Les facteurs de désistance : parler de l'environnement ou de l'identité ? Le questionnement autour du paradigme de la désistance***

En procédant à une stigmatisation de l'identité d'un individu passant à l'acte, la société délivre à ce dernier un « biais de négativité » limité à son passé d'infraction, dont les possibilités sociétales et sociales d'émancipation se font rares (Lemert, 1951). Cet effet de stigmatisation limite chez le sujet l'auto-attribution d'une estime de soi, condition positive centrale d'entrée dans la désistance. Se basant sur la « théorie de l'effet Pygmalion » de Rosenthal et Jacobson (1968), Maruna (2004) et Manura et Lebel (2010) estiment que l'engagement dans la désistance se favorise non seulement par le soutien de l'entourage, mais aussi celui de la société. Maruna et Lebel (2012) supposent qu'un renforcement positif de l'entourage et de la société oriente la direction du sujet vers la désistance (eg. délivrance de certificats de bonne conduite). Effectivement, l'exclusion subie et/ou ressentie par le sujet dans le cadre affectif stigmatise le sujet, tandis que le soutien de ses proches renforce une identité positive et la motivation au changement.

Cette possibilité ne s'envisage que dans l'hypothèse de l'existence d'une interaction entre la personne et son environnement (Farrall & Bowling, 1999), une interaction qui porte sur la personnalité du sujet et son interprétation du monde avant d'engendrer chez lui des relations proactives. Le niveau de socialisation est évolutif, c'est un construit de l'identité sociale. Il est classiquement représenté comme le fruit d'un cheminement en deux phases. Il y aurait la phase primaire de transmission des valeurs par la sphère familiale, puis la phase secondaire de diversification des sources de socialisation dans l'établissement réflexive de nouvelles valeurs personnelles. Les responsabilités assumées de la parentalité (Mohammed, 2012) comme l'engagement conjugal (Rönkä, et al., 2002 ; Kensey, 2012) révèlent que derrière le contrôle social informel (Laub & Sampson, 1993) ce sont bien les valeurs positives associées aux événements de vie qui contrecarrent la trajectoire délinquantielle. Les fréquentations de pairs prosociaux soutiennent directement ou indirectement le processus de désistance du sujet ; ils l'attirent par effet centrifuge à valoriser les avantages d'une vie conventionnelle, les opportunités positives de la norme, et ainsi à déployer une énergie orientée vers le changement. Des éléments externes soutiennent également la désistance, tels que la disposition d'un emploi stable, la reprise d'étude, l'insertion dans des pratiques associatives régulières et soutenantes ou encore la spiritualité. Toutefois, l'impact des éléments externes semblent soumis au niveau de valeurs et d'intérêts portés par le sujet.

Pour synthétiser, les facteurs de désistance préalables à l'arrêt de la délinquance sont dynamiques (McNeill, 2006), objectifs (eg. environnementaux) et subjectifs (eg. psychologiques). Ils concernent la maturité psycho-sociale du sujet, les évènements positifs de sa vie (eg. mise en couple, valeur donnée à la parentalité), le renforcement du capital humain (eg. les capacités interactionnelles de communication non violente, la régulation des émotions), ainsi que le développement du capital social (eg. mécanismes d'intégration sociale). La jonction entre les aspects positifs psychologiques internes et environnementaux externes reste la disposition au changement et la motivation du sujet (Miller & Rollnick, 2013). Dans leur étude sur les prisons nord-irlandaises, Owers et al. (2011) rapportent différents facteurs de désistance à promouvoir dans les pratiques correctionnelles :

i) favoriser la maturation psycho-sociale, notamment à travers les relations sociales positives (eg. familiales, conjugales parentales) ;
ii) soutenir la sobriété du sujet et la distance avec l'alcool et les drogues, régulièrement présents dans les passages à l'acte ;
iii) travailler « l'employabilité » du sujet, ses capacités d'engagement et d'investissement sociaux ;
iv) inciter l'espoir et la motivation nécessaire à la sortie du processus délinquantiel ;

v) défaire l'identité criminelle que le sujet s'attribue pour une image de soi positive ;

vi) laisser une chance « de donner », se mettre en action et reprendre le contrôle, qu'ils aient des buts et objectifs à réaliser ;

vii) attribuer une place sociale positive insérée dans un groupe soutenant leurs capacités individuelles.

Weaver et McNeill (2010) suggèrent que différents principes guident la justice pénale afin d'envisager la désistance de celui qui est condamné : favoriser les approches informelles, établir des relations positives à la fois personnelles et professionnelles, respecter l'individualité, reconnaître l'importance du contexte social du sujet et ce à quoi il accorde de l'intérêt. Tandis que les travaux d'orientation réhabilitative d'Andrews et Bonta (2010) mettent en exergue les huit grandes familles de facteurs de risque de la récidive, les facteurs positifs de désistance seraient tout autant pertinents à prendre en compte dans l'analyse de la trajectoire du sujet. Comme nous avons pu le voir, quatre chemins théoriques sont possibles pour lire les éléments de désistance via deux grandes voies : l'analyse sociale de la théorie du contrôle social (Laub & Sampson, 2003) et de l'interactionnisme symbolique (Giordano, et al., 2002, 2007), la lecture individualiste de la phénoménologie (Maruna, 2004) et de la théorie du choix rationnel (Paternoster, et al., 2015).

Les éléments essentiels seront ainsi plutôt les activités routinières, les modèles sociaux et les liens affectifs, la reconstruction biographique et le changement identitaire. Pour les approches individualistes, le remaniement identitaire participe largement du processus désistantiel, lorsque les analyses sociales ne le perçoivent pas nécessaire, ou du moins non causal. Il y a donc une différence fondamentale entre l'approche sociale-holistique de la désistance et l'approche individualiste-psychologique de la désistance. Conformément à la proposition de McNeill (2009), la désistance se trace dans le temps sous la forme d'un processus non linéaire de renoncement psychologique et social du sujet, au terme duquel celui-ci cesse de commettre des infractions (cf. également Owers, et al. en 2011).

Certes, le concept de la désistance est depuis longtemps interrogé via l'étude du cheminement personnel dans les types de délinquance (trajectoire limitée-désistante ou persistance) (Stouthamer-Loeber, et al., 2004). La principale limite revient à la considération monovariée du cheminement du sujet et de ses valeurs.

En dehors des approches identitaires phénoménologiques, les facteurs de désistance ne sont interrogés que selon une conception d'exclusivité de l'investissement cognitif et émotionnel du sujet : la trajectoire tend soit vers la délinquance, soit vers l'intégration des conventions sociales. Si le sujet s'engage vers la trajectoire délinquantielle, le chemin inverse revient à se défaire de cette acquisition pour envisager d'infléchir la trajectoire vers les comportements prosociaux. Pourtant en 2002, Born pointa la complexité du processus et l'existence d'un double fonctionnement possible. Il observa que les sujets parvenaient bien à s'engager dans une vie affective et professionnelle prosociale, sans pour autant abandonner l'ensemble de leurs conduites illicites (eg. consommation de stupéfiants). Cette observation place au centre de la désistance la clinique compréhensive et existentialiste. Les conduites apprises par le sujet dès son plus jeune âge (Moffitt, 2002) ne lui proposent pas de choisir entre deux voies, l'une délinquante et l'autre non, mais de se créer un réseau de valeurs définissant une identité complexe qui cumulera le trajet délinquantiel et le trajet non délinquantiel. D'un point de vue clinique, le sujet négocie en permanence ses forces et vulnérabilités, axiomes existentiels qui se jouent et rejouent dans des situations multiples, ayant ou non attrait au processus infractionnel. Afin de le soutenir au mieux durant l'accompagnement, le professionnel doit être attentif au degré d'attention porté par le sujet aux points tournants potentiels dans sa vie, aux éléments protecteurs. Cela signifie pour le professionnel de prendre en considération un ensemble de facteurs qui conditionnent le degré d'implication, allant d'une a-motivation à une motivation interne pleine provoquant l'*agency* (Deci & Ryan, 1985 ; King, 2013). Nous y reviendrons par la suite.

Les différentes études de Maruna (2001) identifient trois grandes perspectives théoriques : le lien entre l'âge et la criminalité, les aspects sociaux entourant la vie du sujet, les facteurs internes tels que l'identité, l'estime de soi et la motivation du sujet. Dans un premier temps, il rejoint les travaux de Glueck et Glueck (1937) concernant les effets du temps et des changements physiques (neuropsychologiques et biologiques) sur l'arrêt de la délinquance. Dans sa deuxième conception de la désistance, il souligne l'importance de la monographie sociale du sujet, soit son histoire et ses constructions de vie et les liens avec l'entourage. En ayant des expériences relationnelles et des objectifs sociétaux à atteindre, le sujet s'implique davantage dans la réalisation de ces objectifs. Maruna (2001) ajoute que pour entrer dans la désistance, les sujets établissent un projet d'identité cohérente. La désistance traduit alors un mouvement identitaire chez le sujet sur une longue période (Farrall & Maruna, 2004).

Toutefois, la lecture identitaire marunienne de la désistance n'envisage pas le changement qualitatif de l'identité du sujet de délinquant à non délinquant. De fait, le changement identitaire n'est pas causalité de la désistance (Maruna, 2001, 2004). Bien que la théorie de Lemert (1951) soit une inspiration forte dans les strates « primaire-secondaire » et la distinction entre le comportement et la labellisation, Maruna ne différencie pas dans l'évolution des sujets une phase délinquante d'une phase conventionnelle, voire d'une carrière antisociale vers une trajectoire prosociale. Les auteurs d'infraction sont en soi aussi des sujets conventionnels qui interprètent au quotidien la portée de leurs actes et le sens de leur vie. En soi, se désister pour Maruna n'est pas un travail de restructuration cognitive, c'est la relecture par le sujet du sens de ses actes dans une trajectoire dont les valeurs fondamentales ne changent que peu (Maruna & Roy, 2007). L'être ne change pas, les actions se révisent via l'interprétation actuelle du sujet à propos de l'objectif initialement visé par les comportements. L'opinion positive que les individus se font de leur identité actuelle, par exemple « *je sais que je suis quelqu'un de bien* », devient une lecture qui introduit de la cohérence au parcours de vie (Maruna & Roy, 2007). La compréhension du parcours via le faisceau identitaire est chargée de sens envers les actes délinquants du passé à réconcilier avec les valeurs du présent.

Si Laub et Sampson, Giordano et ses collaborateurs, et d'autres sont des sources explicites de réflexion pour Maruna, l'approche phénoménologique développée rejoint davantage les principes théoriques du GLM de Ward (Ward & Maruna, 2007). En effet, comme nous l'avons déjà souligné, Laub et Sampson (2003) estiment que la perspective identitaire n'est pas nécessaire pour qu'il y ait désistance, initiée et corrélée avec les points tournants et l'investissement dans les rôles prosociaux qui en découlent. Le travail identitaire ne s'effectue selon eux, si toutefois il doit s'effectuer, que longtemps après et en conséquence de l'influence des rôles sociaux conventionnels. L'approche de la transformation de Giordano et al. rejoint cette hypothèse : les points tournants sont des déclencheurs du processus de transformation cognitive (2002) et de transformation affective (2007). La disposition au changement et l'ouverture cognitive précèdent la rencontre avec des points tournants dans la vie du sujet. Les transformations cognitives et affective diverses que le sujet traverse, de la restructuration de pensées et d'interprétation des émotions à la révision identitaire d'un soi-conventionnel de substitution, découleraient des rôles sociaux investis et des points tournants. Plus récemment et nous l'avons déjà citée, une autre lecture de la désistance a été envisagée, celle de la « Théorie Identitaire de la Désistance » (ITD) de Paternoster et Bushway (2009).

A la suite de leur théorisation de 2009, ils ont étudié empiriquement les modèles de la désistance (Bushway & Paternoster, 2012) et ont proposé de nouvelles pistes de lecture de la trajectoire de vie (Bushway & Paternoster, 2013) pour finalement renforcer leur propre modèle (Paternoster, et al., 2015). Il y a bien sûr un terrain d'entente entre l'ITD et d'autres théories de la désistance, mais des divergences apparaissent, une lecture qui propose d'envisager la réflexion liée au choix rationnel face aux situations-problèmes. Pour l'ITD, l'approche de la trajectoire de vie via les points tournants envisagée par Laub et Sampson (2003) n'est pas suffisante en soi pour expliquer le processus de désistance, voire les points tournants ne seraient pas nécessaires. Par rapport à la théorie de la transformation cognitive de Giordano et al. (2002), la théorie de l'identité IDT part de l'hypothèse qu'une disposition personnelle à la désistance pré-existe aux points tournants, éléments de rupture de la trajectoire délinquantielle liés et investis à la suite d'une ouverture cognitive du sujet. Si le processus de désistance reste bien ici en amont de l'arrêt des comportements infractionnels, le travail identitaire serait la cause et non la conséquence des points tournants et des rôles sociaux conventionnels investis.

A l'instar de la théorie de la transformation cognitive et affective (Giordano, et al., 2002, 2007) et de la phénoménologie de Maruna (2001), la désistance selon l'IDT se trace dans un trajet personnel impliquant des réaménagements psychologiques (de transformation ou d'interprétation). L'IDT prend appui sur la théorie du choix rationnel : à chaque situation un calcul coût-bénéfice s'opère. Si les situations sont toujours envisagées spécifiquement, le bénéfice dépassant subjectivement le coût lors d'une infraction selon l'auteur, l'identité ne s'envisagera pas en dehors de la délinquance. Toutefois, si les situations se relient entre elles en termes de coûts, le regard du sujet sur soi varie considérablement et provoque un processus de changement (Paternoster & Bushway, 2009 ; Paternoster, et al., 2015) : l'ensemble des coûts et des échecs se compense-t-il par les bénéfices de situations ponctuelles ? La fermeture de perspectives futures de vie équivaut-elle aux quelques bénéfices situationnels ? Le processus se déclencherait alors lorsque la personne se confronte à une image d'elle qu'elle redoute ("feared self" -cf. Paternoster et Bushway, 2009-), un *soi attractif* qui ne viendra jamais (versant *manque à gagner*) ou un *soi aversif* qui se présente (versant *perte*). Cet élément rejoint les hypothèses des perspectives temporelles chez les sujets du Modèle de l'Identité Temporelle TIM-E (cf. par la suite du chapitre, Dieu, 2016). Mais l'entrée dans le processus de désistance n'est pas sa maintenance jusqu'à la fin des comportements répréhensibles.

Pour qu'il y ait continuité du processus, le sujet cultive des aspirations prosociales visibles dans les comportements, augmentant les chances d'opportunité sociale et de saisissement de points tournants ainsi que les bénéfices perçus et l'adhésion dans les actions (eg. emploi, relations affectives, pairs, parentalité). L'image positive développée serait liée à un chemin vers un *soi possible* fortement désiré. Selon l'IDT, l'activation du processus de changement et l'image de soi soutiennent la nouvelle identité prosociale en émergence et éloignent les désirs et/ou bénéfices perçus des actes et styles de vie non conventionnels (exemple cité du style de vie festif évoqué par Shover en 1996).

## 2. L'agencement entre la désistance et l'accompagnement

### *Apprécier les ressources positives pertinentes : la prise en considération des facteurs de protection du sujet*

Tous les sujets rencontrant dans leur vie des facteurs de risque pathogènes et criminogènes ne commettent évidemment pas des passages à l'acte infractionnel. Cette réalité sociale fonctionne comme une sorte d'énigme criminologique : si les facteurs de risque favorisent l'action délinquantielle, quels sont les facteurs qui la retiennent ? Les facteurs positifs, dits de protection (face au passage à l'acte), tentent de répondre à cette énigme persistante. Ces facteurs positifs de la vie des sujets diminueraient la probabilité de (re)commettre une infraction, en modérant ou compensant des éléments de vulnérabilité. Bien que les facteurs de protection ne rencontrent pas de consensus scientifique, De Vogel et al. (2011) les considèrent sous la forme de caractéristiques propres à un sujet, à son milieu ou à sa situation, qui viennent précisément diminuer le risque infractionnel.

Trois courants expliquent l'impact positif de ces facteurs sur le sujet en situation de vulnérabilité. Le premier courant envisage les facteurs de protection et de risque comme des variables dépendantes exclusives et disjonctives, c'est-à-dire que le sujet manifesterait des protections dès lors qu'il ne rencontrerait pas de facteur de risque. Le deuxième courant les théorise en tant que variables dépendantes à l'extrémité d'une même variable indépendante et processuelle. Les facteurs de protection seraient dans ce cas des apprentissages ou capacités positives opposées à des facteurs de risque concernant une même problématique (eg. famille harmonieuse vs. famille dysfonctionnelle). Nous pourrions aussi estimer, par exemple, que ce sont les effets compensatoires des facteurs positifs sur le risque de récidive qui font d'eux des éléments de protection.

Le dernier courant estime que les facteurs de protection et de risque de délinquance sont des variables indépendantes. Ils envisagent que deux facteurs, de protection et de risque, puissent être rencontrés en même temps chez un sujet pour une même problématique. Toujours selon De Vogel et al. (2011), les facteurs de protection se définissent plus largement comme des éléments divers qui fléchissent la trajectoire délinquantielle en influençant directement ou indirectement les comportements du sujet au quotidien. Ils indiquent des protections internes (eg. l'intelligence, l'empathie ou le contrôle de soi), externes (eg. réseaux sociaux ou relations intimes) ou motivationnelles (eg. travail, loisirs, gestion financière, attitude envers l'autorité ou buts dans la vie). La jonction entre les aspects positifs psychologiques internes et environnementaux externes reste la disposition au changement, la motivation jusqu'à l'*agency* du sujet. A l'instar des facteurs de protection, les facteurs de désistance s'envisagent sous un angle interne, externe ou motivationnel.

Les facteurs semblent clairs et éclairant, pourtant dans leur récent article de 2017, Dickens et O'Shea mettent en avant la large sous-utilisation des facteurs de protection et de leurs analyses dans les interventions professionnelles ; bien que les notions soient acquises et les outils utilisés (ici SAVRY, START-AV et MEGA). L'utilisation seule des outils d'évaluation des facteurs de protection pose le souci méthodologique évoqué précédemment, relevé par la théorie comportementale de Jessor (2014), selon l'hypothèse que les facteurs de risque et de protection sont directement liés et les protecteurs essentiellement des modérateurs de l'occurrence des éléments à risque. La faible fidélité inter-juges et le manque de maitrise de certaines notions jugées trop psychologiques influencent également la mobilisation réduite des facteurs de protection durant le traitement. Enfin, si de nombreux termes et concepts semblent s'associer dans le champ de la psychologie (et criminologie) positive, ces notions n'approchent pas de la même façon leur objet, voire visent parfois des objets différents. L'hétérogénéité des concepts avait déjà été soulevée par Ward (2016) et Ward et Beech (2015) et de fait les limites engendrées, comme le manque de spécificité des facteurs en question qui correspondraient davantage à des objets normatifs que des catégorisations scientifiques. Plus récemment, Ward (2017) a tenté de différencier la prédiction initiale de l'agression associée aux travaux de Farrington (2016), la protection face à la récidive proposée par De Vries Robbè et Willis (2016), et les visées de traitement de Thornton (2013), jusqu'à modéliser son propre modèle « PAMP » (Predictive Agency Model of Protective factors) autour de la prédiction de l'*agency* et des capacités d'auto-régulation des sujets influant sur les dynamiques des facteurs de protection (et de risque) (Heffernan & Ward, 2017).

Dans son modèle PAMP, Ward s'attache notamment à la subjectivité des sujets et à ses limites dans la prise-en-considération d'une modélisation globale (eg. l'influence des processus émotionnels en situation) et à clarifier et contourner les problèmes liés à la prédiction des comportements infractionnels (prédiction difficile liée à la rencontre de facteurs internes et externes). Toutefois, de nombreuses limites existent tant dans la stabilisation statistique des facteurs de protection que dans la conceptualisation du modèle de la désistance en lien avec l'exercice des facteurs protecteurs ; par exemple, en différenciant des types de délinquance et un cheminement personnel (ou continuité/persistance) du sujet vers le passage à l'acte.

Selon nous, deux stratégies se démarquent ici et rejoignent les réflexions autour de la désistance. La première stratégie est identitaire, axée sur l'analyse de ce qui permet le développement d'une image de soi positive, ou au mieux de mettre à distance l'étiquette délinquantielle. Récemment, Moore et Folk (2017) ont proposé une analyse autour du processus d'internalisation (des stéréotypes liés) du *self-stigma* « criminel » chez les infracteurs (nous dirons simplement stigmate), et les conséquences négatives sur le plan psychologique et comportemental. La question était de savoir quels sont les auteurs démontrant un risque ou une protection face à l'expérience du stigmate, ainsi que les conséquences multiples issues de cette expérience. Sur les 111 auteurs masculins étudiés, Moore et Folk ont listé plusieurs facteurs à risque de développement du stigmate (eg. caractéristiques antisociales, ou encore les symptômes de santé mentale qui seraient corrélés à trois des quatre éléments d'intégration du stigmate que sont la perception, l'association des stéréotypes, l'internalisation et l'anticipation -du stigmate).

Toutefois et en lien avec la problématique de notre chapitre, ils ont démontré que l'estime de soi est un facteur de protection face à l'internalisation et l'anticipation du stigmate. En parallèle de cette première stratégie identitaire, une seconde stratégie opérationnelle est possible, basée sur les compétences et ressources à acquérir et/ou développer afin d'atteindre adéquatement ses besoins primaires et ne pas récidiver. Cette seconde stratégie trouve un appui dans les résultats de De Vries et Willis (2016). Alors que peu d'écrits existent sur l'application clinique des facteurs de protection, tant des modalités d'évaluation que d'intervention, les auteurs ont souhaité proposer des illustrations du travail clinique centré sur les forces du sujet. Après avoir recensé les différents outils d'évaluation des facteurs de protection (adultes, jeunes, populations spécifiques, violences sexuelles et violences en général), De Vries et Willis proposent de contrebalancer l'intervention centrée sur le risque ou les déficits en soulevant deux modalités positives et concrètes pour le sujet et son intervenant : (i) l'établissement d'objectifs de traitement personnalisés visant l'acquisition de compétences et ressources et (ii) l'évaluation régulière des progrès durant l'accompagnement.

Deux années auparavant, dans une étude consacrée aux jeunes infracteurs, De Vries et al. (2015) préconisaient déjà un accompagnement centré sur l'acquisition des forces, tel que soulevé par le GLM, plutôt que l'intervention sur les déficits des traitements plus classiques de la prévention de la récidive. Si le contexte d'intervention est déterminant quant au lien avec la prévention du risque, les deux stratégies (identitaire et opérationnelle) présentées ici dessinent une autre manière de penser l'intervention. De plus, ces deux stratégies se complètent dans un processus global proche des deux strates, primaire et secondaire, évoquées par Maruna (2001). Cette proposition interroge directement les liens entre désistance et réhabilitation. Le modèle de la désistance est à dissocier des modèles de prévention de la récidive (protocoles individualisés), toutefois séparer ces modèles du réhabilitatif et de la désistance parait incongru en vue des bénéfices possibles pour ces sujets eux-mêmes.

Même si la recherche des facteurs de protection du risque de récidive n'est qu'à ses commencements et les résultats encore limités, que les outils sont peu nombreux et récents, plusieurs instruments existent afin de mesurer les facteurs de protection pour aboutir sur un jugement professionnel structuré. Dans son format initial, « Structured Assessment of Protective Factors » (dit SAPROF) est une évaluation pluridisciplinaire partagée entre plusieurs personnels soignants (ex : psychiatre, psychologue, infirmier) au sein de la même institution. Il s'agit de l'outil qui porte le plus d'attention en termes de validation statistique. Actuellement, le lien effectif probant entre les *facteurs de protection* « SAPROF » et la *diminution du risque de récidive* reste soumis à contradiction. Au sein du modèle TIM-E (Dieu, 2019 -cf. par la suite), il est proposé au professionnel d'accompagner l'évolution de trois dimensions : les éléments de disposition au changement (DFCC interne et externe), les ressources positives pertinentes du sujet (RPP personnelle et contextuelle), les vulnérabilités criminogènes (VC historique et dynamiques). Les éléments liés aux ressources positives (facteurs de protection) et aux dispositions de changement (cf. MORM par la suite) sont donc séparés. S'interroger à propos des ressources positives *contextuelles*, c'est questionner les éléments sociaux moteurs et l'ouverture du sujet à leur égard. Aussi, il s'agit tant des appuis sociaux positifs, du soutien professionnel, thérapeutique et social, que l'ouverture et l'engagement du sujet vers autrui. Pour l'individu, toutes les ressources n'ont pas la même valeur en termes de stabilité de vie.

Les ressources positives liées au contexte ne sont pas autant protectrices face à la récidive que les ressources internes dites personnelles. Les ressources contextuelles sont davantage considérées comme des variables « modératrices » face à une problématique ou famille de problématiques pouvant conduire à la récidive. Les ressources positives *personnelles* regroupent les éléments internes du sujet pouvant le soutenir dans le but d'une trajectoire désistancielle.

Les ressources positives internes sont à la fois les éléments cognitifs (eg. la théorie de l'esprit, les ressources intellectuelles et distorsions –capacité à prendre en compte et à discerner les informations en situation) et les éléments psychosociaux (eg. les habiletés sociales, la capacité à développer et planifier un projet). Plus que « modératrices », les ressources positives personnelles sont parfois considérées comme des variables « compensatrices » pour le sujet face à une problématique ou famille de problématiques pouvant conduire à la récidive.

### *Accompagner le processus identitaire : agency, maintenance et Plan de vie*

Les approches individualistes (psychologiques) trouvent un point commun : l'*agency* (Bandura, 2006). En amont ou en aval des points tournants, des transformations comportementales ou cognitives ou identitaires, qu'importe, l'*agency* semble toujours nécessaire au processus de désistance. King (2013) et Paternoster et al. (2015) placent même l'*agency* comme concept central du processus de changement dans le cadre de la désistance. L'*agency* s'envisage ici comme un méta-concept articulé autour des propriétés de l'intentionnalité, de la prévoyance, de la réflexivité et du pouvoir ; c'est-à-dire lorsque les sujets mettent en place des stratégies d'action intentionnelle afin de parvenir à des objectifs visés. Envisager la désistance comme un processus en lien avec l'*agency* bâtit un lien avec trois autres regards théoriques, i) les étapes du changement et des rechutes éventuelles, ii) les facteurs de protection (contre la récidive) des sujets, iii) les perspectives temporelles-futures.

Si nous prenons en compte le processus de désistance comme un process constant de maintien du comportement social, et donc de rechute éventuelle, le modèle transthéorique de la disposition au changement de Prochaska et al. (1992) se présente tel un point de convergence, holistique et individualisable, traversant le temps du court terme au long terme, comportemental, cognitif et identitaire. Dans ce modèle fortement opérationnel, le professionnel est invité à identifier le processus d'ouverture cognitive chez le sujet à travers un cycle de répétition à différentes phases que la personne traverse avant de mettre fin au comportement problématique. La première phase, dite de pré-contemplation, représente l'état du sujet qui ne prend pas conscience de sa problématique, qui se focalise sur les bénéfices secondaires de son état.

La deuxième phase, dite de contemplation, correspond au moment où le sujet commence à percevoir les préjudices liés à son comportement. Il manifeste alors une certaine ambivalence avec la prise de conscience d'un changement qui est nécessaire sans pour autant parvenir à ce changement. La troisième phase, dite de préparation (ou détermination), invite le sujet à quitter son ambivalence pour une position active, avec la mise en place d'actes concrets pour résoudre la problématique initiale.

La quatrième phase, dite d'action, signifie que le sujet met en œuvre des résolutions à travers des démarches concrètes. Au sein de cette phase, le sujet peut poursuivre son action en consolidant cette nouvelle trajectoire de vie (phase de maintien) ou chuter (phase de rechute) dans ses consolidations. Ces rechutes s'envisagent comme une possibilité logique (non désirée) dans la construction du changement.

L'approche modélisée des facteurs de protection (contre la récidive) (MacDonald, 2016) avec l'*agency* (PAM) (Ward, 2017) envisage l'étude psychopathologique des éléments positifs et de leur investissement par le sujet permettant de résister aux comportements infractionnels. Ici aussi, le regard vers soi est prégnant (Laws & Ward, 2011) et l'hypothèse se pose de l'*agency* comme lien entre les facteurs de protection et la désistance. Enfin, les perspectives futures sont directement évoquées par Paternoster et Bushway (2009) et surtout par King (2013). En se basant sur le travail d'Emirbayer et Mische (1998), il est proposé que la désistance implique chez le sujet la projection d'une identité future alternative, un soi substitutif, et que c'est un aspect de l'*agency* dans le processus de désistance. Les futurs possibles du sujet sont déterminés par les opportunités sociales encore disponibles et réalisables. La prévoyance au sein de l'*agency* est le facteur directement en lien avec les perspectives futures, la capacité à se déterminer des buts concrets et réalistes, des représentations mentales de ceux-ci, et plus largement des plans de vie et des moyens d'accès. Le principe du modèle réhabilitatif G.L.M. s'avère particulièrement proche *in fine* des possibilités de désistance, lorsqu'il vise la promotion des besoins fondamentaux pour garantir la qualité de vie des auteurs d'infraction d'une manière socialement respectable (Yates, et al., 2010). Il s'agit toutefois de percevoir la désistance non pas en tant que finalité mais comme un processus actif, une dynamique dans la trajectoire en cours (Laws & Ward, 2011). Sous la forme d'un processus non linéaire, l'arrêt des passages à l'acte est un long court de renoncements et de désinvestissement identitaire du cheminement délinquantiel. Dans cette philosophie pratique, le désistement s'envisage tout autant en fonction des besoins fondamentaux du sujet, de ses valeurs et de son plan de vie que de ses directions possibles et ses soutiens.

Le GLM propose un modèle alternatif de lecture du « risque » en invitant à recentrer notre appréhension théorique et pratique du délinquant sur sa qualité de vie et ses besoins personnels davantage que sur ses besoins criminogènes (cf. Chapitre 1 de l'ouvrage pour plus détails sur le GLM). Il s'écarte résolument des pratiques prescriptives tout en répondant à une exigence et une rigueur scientifique (Ward & Brown, 2004 ; Gannon & Ward, 2014). Le GLM quête dans une approche individualisée ce qui constitue pour chacun une qualité de vie, faisant de la lutte contre la récidive un but secondaire à l'épanouissement personnel (Ward, et al., 2007 ; Ward & Fortune, 2016 ; Barnett, et al., 2014). Ainsi, le besoin ne renvoie plus ici au risque et à l'objet visé par l'intervention comme pour le RBR, mais à la manifestation de valeurs fondamentales positives et aux moyens d'y répondre. Il se concentre sur ce que la personne veut pour elle-même dans sa vie en suggérant de construire concrètement *avec* la personne un Plan de vie (Good Life Plan) et un accompagnement axé sur l'acquisition de compétences pour l'atteindre (Barnao, et al., 2016). La sortie de la délinquance dépend d'un processus de maturation psychosociale de l'individu au sein duquel le Plan de vie soutient le remaniement d'une identité positive s'écartant de l'identité délinquantielle (Ward & Maruna 2007).

Cette perspective invite à un remaniement profond de la posture dans l'accompagnement du sujet qui devient un égal que l'on accompagne sur ce en quoi il nous est semblable, les valeurs fondamentales. L'intervention « sur-mesure » respecte profondément les besoins du sujet et ses dispositions propres vis-à-vis du traitement. A cet effet, le MORM (« modèle multifactoriel de disposition au traitement », Ward, et al., 2004) (cf. Chapitre 1 de l'ouvrage) propose un abord complexe et positif de la question de l'engagement qui dépend selon lui tout autant du sujet, de l'intervention et du contexte dans lequel elle s'inscrit. Réfutant l'hypothèse du sujet « récalcitrant » ou « intraitable », le MORM déplace le curseur de responsabilité vers l'intervenant et l'institution dans l'adéquation réussie entre le sujet et l'accompagnement.

## 3. La prise en considération nouvelle de la projection temporelle : le Modèle de l'Identité Temporelle (TIM-E)

### *La projection temporelle en psychologie*

La capacité de voyager mentalement dans le temps, de revivre des évènements passés et de pré-expérimenter des évènements hypothétiques qui doivent se produire, est l'une des plus grandes capacités de l'être humain. Au cours des deux dernières décennies, un travail important a mis en lumière la pensée orientée vers l'avenir (Roepke & Seligman, 2016). Cependant, pendant de nombreuses années, la pensée prospective a été relativement négligée dans le domaine de la psychologie clinique et le poids de l'étiologie a été la plupart du temps mis sur le passé. Les premières approches psychanalytiques ont mis l'accent sur le passé comme cause principale de la pathologie actuelle (Roepke & Seligman, 2016). Le voyage mental dans le temps, qu'il soit passé ou futur, implique de façon cruciale la notion d'expérience du soi dans le temps ou ce que Tulving appelle la conscience « autonoétique ». Cela se traduit par « *le genre de conscience qui médite la conscience d'un individu ou son existence et son identité dans le temps subjectif allant du passé personnel à travers le présent jusqu'à l'avenir personnel* » (Tulving, 1985, p.1, cité par D'Argembeau & Van der Linden, 2006).

Le voyage mental dans le temps permet des comportements aussi importants que l'apprentissage, la planification, la coordination avec les autres et la poursuite des objectifs. Il aide également les individus à répondre à des besoins psychologiques importants. Par exemple, le voyage temporel mental aide à la création d'un sentiment stable d'identité personnelle et permet aux personnes de tirer le confort psychologique des moments positifs dans le passé (Vess et al., 2018). Les processus mentaux qui sous-tendent le voyage mental temporel jouent également un rôle important dans la construction du sens de la vie, un aspect central du bien-être psychologique. En particulier, lorsque les individus sont invités à simuler des événements passés et futurs, ils ont tendance à simuler des épisodes hautement significatifs qui, à leur tour, augmentent la perception globale que la vie est significative dans son ensemble (Vess et al., 2018). Des recherches antérieures indiquent que les simulations impliquant des paramètres familiers (par exemple, la maison) ont une qualité subjective plus élevée que les simulations impliquant des paramètres non familiers (par exemple, le pôle Nord). Cet effet est attribué au fait que la simulation d'événements se produisant dans des contextes familiers s'appuie sur des informations plus riches stockées dans la mémoire (Szpunar & McDermott, 2008, cité par Vess et al., 2018).

La simulation d'évènements futurs auto-déclarés, c'est-à-dire la pensée future épisodique, est une facette du voyage dans le temps mental. Un système de mémoire adapté au souvenir des événements personnels sous-tend la conscience que les individus ont d'eux-mêmes à travers le temps et leur permet de revivre subjectivement des souvenirs personnels et de pré-expérimenter des épisodes futurs imaginaires qui n'ont pas encore eu lieu (Wheeler, et al., 1997, cité par Vess et al., 2018). Les informations stockées en mémoire contribuent directement à la qualité subjective des futures simulations épisodiques. La simulation d'évènements futurs s'inspire des souvenirs du passé. Ces simulations peuvent être des évènements futurs proches (par exemple dans la semaine, le mois, l'année) ou des évènements futurs distaux (par exemple dans plusieurs années). Szpunar et McDermott (2008) évaluent la qualité subjective de ces projections. Les simulations d'évènements proches ont une qualité subjective supérieure aux simulations d'évènements distaux. Les évènements étaient plus vifs, plus détaillés et plus susceptibles de favoriser le sentiment de « vivre » l'épisode simulé (cité par Vess et al., 2018).

Le fait d'être en mesure de subjectivement « pré-expérimenter » les événements personnels futurs dans notre esprit rend également la vie plus significative. Le sens dans la vie est conceptualisé comme le degré auquel les gens perçoivent que leurs vies ont une cohérence, un but et une signification (Vess et al., 2018). Dans une étude, il a été constaté que la fréquence des réflexions auto déclarées sur le passé et l'avenir prédisait positivement le sens de la vie, alors que le fait de se concentrer sur le présent n'avait aucun rapport avec le sens (Vess et al., 2018). Waytz et ses collègues ont également démontré que le fait de demander aux personnes de se souvenir d'un événement passé et d'imaginer un événement futur de façon détaillée avait plus de sens que le fait de demander aux participants de se souvenir d'une expérience passée et d'imaginer un événement futur de façon globale (cité par Vess et al., 2018). Le fait d'imaginer un épisode futur se figure généralement de façon positive. Cela confirme l'opinion selon laquelle la plupart des gens ont un parti pris optimiste pour l'avenir, comme par exemple, vivre des expériences positives (avoir un emploi, posséder une maison) et ainsi d'être moins susceptible de connaître des événements négatifs (licenciement, divorce) (D'Argembeau & Van der Linden, 2006).

L'étude de Vess et al. (2018) évalue la simulation d'évènements du futur dans des contextes familiers. Plusieurs résultats découlent de cette étude. La visualisation des événements futurs dans des contextes familiers (par opposition à ceux qui ne le sont pas) augmente la qualité de la visualisation subjective, ce qui, à son tour, améliore la signification de la vie. Cette visualisation augmente également la continuité de soi, qui englobe des sentiments de connexion aux soi passés.

En outre, le fait d'imaginer des événements futurs dans des contextes familiers montre que les individus se sentent plus connectés à leur passé. En remontant dans le temps, nous pouvons nous souvenir d'un événement avec beaucoup de détails, par exemple en « voyant » dans notre esprit l'endroit où l'événement a eu lieu, les personnes et les objets présents, se souvenant de ce que nous pensions pendant cet événement, ce que nous avons ressenti, et ainsi de suite. Ces détails nous donnent l'expérience subjective de revivre mentalement un événement passé. Cette capacité représente la mémoire épisodique. Le voyage mental dans le passé et dans le futur utilise des mécanismes neuronaux similaires. Les souvenirs d'événements passés sont des représentations mentales transitoires construites à partir de détails perceptifs sensoriels spécifiques, ainsi que des connaissances sémantiques plus générales (D'Argembeau & Van der Linden, 2006).

Imaginer à plusieurs reprises des expériences futures quotidiennes spécifiques comme des interactions interpersonnelles composées de personnes, de lieux et d'objets familiers, augmente la vraisemblance subjective de la réalité des expériences simulées (Schacter, 2012). La valeur adaptative des simulations futures est également soutenue par des recherches qui ont établi qu'elles peuvent contribuer au bien-être psychologique. Cependant, les biais de positivité qui caractérisent la pensée future, sont liés à un certain nombre de processus adaptatifs, y compris le bien-être émotionnel, la formation de liens sociaux, la productivité au travail et faire face au stress efficacement (Schacter, 2012). Lors de simulations mentales futures, les évènements simulés positifs sont davantage détaillés et mieux retenus que les évènements simulés négatifs (Schacter, 2012). En outre, de futures simulations peuvent améliorer le bien-être psychologique

Comparée à la pensée verbale, l'imagerie mentale a un effet puissant sur l'émotion. Ainsi, les images mentales peuvent être une forme particulièrement puissante de pensée future (Blackwell et al., 2013). La capacité de recombiner de manière flexible des éléments de l'expérience passée en simulations d'événements futurs nouveaux est un processus adaptatif. Rubin et Siegler (2004) ont constaté que les personnes qui, habituellement, répriment l'expression de leurs émotions déclarent avoir une moins bonne mémoire pour les conversations et se souviennent moins bien des épisodes de régulation des émotions (comparativement aux individus ayant une répression des émotions plus faible). Dès lors, l'expérience subjective associée au souvenir des événements passés est affectée par les différences individuelles dans le traitement des émotions, et en particulier par la tendance à réguler les émotions au moyen de la suppression (cité par D'Argembeau & Van der Linden, 2006).

Par conséquent, les différences individuelles de suppression affectent non seulement la phénoménologie de la mémoire pour les événements passés mais aussi celle du futur. Par ailleurs, les émotions sont directement liées à l'imagerie visuelle. Une image visuelle plus vivante (description des lieux, modalités sensorielles, informations contextuelles) évoque des événements plus importants et plus intenses et un ressenti d'émotions plus fort (D'Argembeau & Van der Linden, 2006). En outre, une autre des fonctions de l'imagerie visuelle est de représenter des informations sur les objectifs personnels. Les images mentales sont dérivées des buts (Conway, et al., 2004). Par conséquent, il est possible que les individus capables de former des images visuelles vives aient plus d'informations sur les objectifs disponibles lorsqu'ils représentent des événements futurs (par rapport aux individus avec des images moins vives), construisant ainsi des événements perçus comme plus importants (D'Argembeau & Van der Linden, 2006). En revanche, cette relation entre les différences individuelles dans l'imagerie visuelle et l'importance personnelle et émotionnelle des événements n'a pas été observée pour les événements passés.

L'imagerie mentale a différentes fonctions distinctes. Elle représente le « langage » des objectifs. Objectifs liés à l'avenir (par exemple, anxiété sociale) ou objectifs emprisonnés dans le passé (par exemple, stress post traumatique). Dans les deux cas, lorsque l'image mentale est présente dans l'esprit de la personne, l'information de l'objectif devient disponible et peut influencer l'état actuel (Conway, et al., 2004). Dans la thérapie des AICS, le traitement passe par l'identification d'objectifs et la mise en place de comportements adaptés, directement liés aux buts émis. Le fait de simuler des évènements futurs permet d'augmenter la mémoire prospective ou la probabilité de réaliser les actions prévues dans l'avenir. Ces intentions de mise en œuvre favorisent les performances de la mémoire prospective ultérieure en augmentant la probabilité que lorsque le contexte futur est rencontré, l'action prévue sera déclenchée.

La planification autobiographique repose sur la tâche de la tour de Londres (test de planification et d'organisation) associée à une tâche visuelle. Le but est de concevoir des plans afin d'atteindre des objectifs précis dans son avenir personnel. Par exemple, pour l'absence de dettes, il s'agit d'imaginer des comportements pour atteindre ce but, comme par exemple avoir un travail et économiser de l'argent. La planification autobiographique intègre également des obstacles. Il s'agit alors de trouver des obstacles à surmonter à l'aide de la mise en place de comportements, grâce à des étapes et un plan personnel cohérent. Cette tâche mobilise différents réseaux neuronaux et principalement de traitement exécutif (Schacter, 2012).

D'Argembeau et Mathy (2011) ont souligné le lien étroit qui existe entre les simulations et le traitement axé sur les buts, en signalant que lorsque les gens simulaient des événements futurs, les participants aux objectifs personnels facilitaient l'accès aux détails épisodiques. Ces observations ont amené les auteurs à conclure que la connaissance des objectifs personnels joue un rôle important dans la construction des pensées futures épisodiques (cité par Schacter, 2012). La capacité d'imaginer de façon vivante des événements positifs futurs est négativement liée à la dépression et à l'anxiété (Morina, et al., 2011, cité par Vess et al., 2018) et est positivement liée à l'optimisme (Vess et al., 2018). Bentz et al. (2004, 2009) ont démontré que considérer les résultats positifs d'événements alternatifs plutôt que de se concentrer sur une seule expérience future, est bénéfique pour les jugements pessimistes de l'avenir. En outre, la capacité de s'engager activement dans une imagerie mentale prospective positive est favorablement associée à l'optimisme (la tendance générale dispositionnelle vers des espérances positives sur le futur), une caractéristique qui a des liens étroits avec le bien-être psychologique (cité par Boland, et al., 2018). L'optimisme est associé à une gamme d'avantages non seulement pour le bien-être général, mais aussi pour la santé mentale et physique (Blackwell et al., 2013). Chez les personnes optimistes, les images positives de futur sont non seulement plus vives, mais également associées à un sentiment de haute probabilité de se produire dans un proche avenir et de « pré-expérience » de l'événement imaginé (c'est-à-dire le présent). En conséquence, il existe une relation solide entre la vivacité de l'imagerie positive et l'optimisme, indiquant que plus une personne imagine une réussite future, plus elle est optimiste (Blackwell et al., 2013).

Le lien entre imagerie positive et optimisme peut être compris dans un cadre de sciences cognitives et en référence au rôle hypothétique de la simulation mentale dans la réflexion et la planification du futur, en conjonction avec le rôle de la valence émotionnelle. Comme l'imagerie mentale a un lien particulièrement fort avec l'émotion, les cognitions sur l'avenir, qui prennent une forme d'imagerie, peuvent avoir un impact particulièrement fort sur le ton affectif du futur perçu. L'accessibilité relative et la clarté des images mentales positives et négatives auront un impact différentiel sur les attentes d'un individu pour l'avenir. Les images positives du futur peuvent donc conduire à un optimisme accru. Autrement dit, si une personne est actuellement incapable d'imaginer un avenir positif, alors la simple réduction de la vivacité de ses images mentales négatives de l'avenir aura probablement un impact limité, et c'est plutôt leur imagerie positive de l'avenir qui doit être stimulée (Blackwell et al., 2013). La recherche a montré que les pensées futures épisodiques sont construites de manière générative et cohérente avec les souvenirs épisodiques, en commençant par des connaissances sémantiques plus abstraites et en progressant vers des détails épisodiques spécifiques.

Par conséquent, les mêmes processus qui sont proposés pour perturber la récupération de mémoires épisodiques spécifiques peuvent également perturber la simulation d'événements futurs épisodiques (Hallford, et al., 2018). Il est donc important de prendre en compte la psychopathologie de la personne dans le cadre de simulation mentale dans le temps, par exemple lorsqu'il s'agit de symptômes dépressifs ou de stress post traumatique. Il peut alors s'avérer intéressant de travailler, avec la personne souffrant de troubles psychopathologiques, l'amélioration de la pensée épisodique future. Cette amélioration est directement liée à la capacité à retarder la gratification immédiate en faveur de récompenses plus importantes et à plus long terme à une prise de décision plus adaptative (par exemple, une réduction d'alcool chez les personnes alcoolo-dépendantes) (Hallford et al., 2018). Pour résumer, la capacité à simuler les futurs possibles évolue en raison de ses avantages adaptatifs. Plusieurs séries de processus importants la composent, tels que la planification, la résolution de problèmes et l'adaptation, la régulation des états émotionnels et le comportement motivé par les objectifs. S'engager dans une projection future est associé à des attentes plus positives d'évènements futurs et influence les motivations et résultats comportementaux de façon adaptative (Hallford et al., 2018). Cette simulation peut entraîner des bienfaits positifs pour la personne et surtout la mise en place de comportements adaptés afin de parvenir à ses objectifs.

### *Application pratique du Modèle de l'Identité Temporelle TIM-E comme application de la temporalité : la liaison du Plan de Vie et de la Projection temporelle en prenant en considération les facteurs de protection et de désistance*

Le TIM-E questionne la façon dont les sujets se définissent à travers les voyages mentaux dans le temps. Il repose sur la combinaison de trois facteurs : la construction mentale de soi, la disposition fondamentale aux projets et la réalisation mentale de ces derniers. Le modèle de « l'Identité Temporelle » appliqué via « l'Entretien Temporel » part du constat que sans projet, sans but, sans vision de son avenir et de croyances en ses capacités propres, il ne peut y avoir de disposition effective dans le temps à changer. La proposition de TIM-E futur correspond à cette volonté d'investiguer les perspectives d'avenir avec le sujet et ses changements. Elle est destinée à l'application d'un choix large d'accompagnements auprès des auteurs d'infraction, l'évaluation et l'appréciation des vulnérabilités, la réhabilitation dans le champ de l'insertion et probation et le soin psychothérapeutique sous contrainte ou volontaire. Les « Entretiens Temporels » permettent au sujet de projeter son identité dans le temps par-delà ses difficultés actuelles ou anticipées.

Selon le modèle TIM-E, la disposition du sujet à se projeter dans le futur correspond à trois grandes questions, regroupant au total cinq investissements « temporels » potentiels. En premier lieu, comment le sujet s'envisage-t-il dans le temps ? Il s'agit d'étudier l'orientation vers le futur et la présence de projets personnels (projection future) et l'orientation vers le présent ou l'absence d'orientation vers le futur (présentisme et fixation passé/présent). Autre questionnement, à quel point le sujet envisage-t-il son projet temporel ? Pour y répondre, c'est la capacité à planifier la réalisation de projets personnels (concrétisation et flexibilité cognitive). Et enfin, comment le sujet s'envisage-t-il dans son projet temporel ? C'est-à-dire étudier la croyance que le destin détermine le futur (locus de contrôle externe) et l'impression d'avoir du contrôle sur son futur (locus de contrôle interne). Les sphères sont ainsi questionnées dans le temps afin d'en évaluer plusieurs caractéristiques : la définition des valeurs de la personne, l'investissement (passé/présent/futur) et les moyens pour y parvenir. L'utilisation de la méthode s'inscrit dans l'analyse des trajectoires, le processus de construction du Plan de vie et de l'Identité. Ces éléments s'inscrivent dans le temps, de manière non linéaire, en quête d'une meilleure qualité de vie. Les personnes ne cherchent pas seulement à entrer dans un processus de désistance ou d'acceptance, mais désirent surtout atteindre une vie favorable, restaurer le lien social rompu et développer une identité de soi cohérente pour atteindre un bien-être psychologique. La révision identitaire, issue ou non d'une transformation des pensées et des émotions, soutient le processus de changement du Plan de vie des sujets à la suite d'une prise de conscience qui conduit à redéfinir son passé, à revoir sa vie actuelle et à concevoir différemment son avenir.

Le travail sur les projections temporelles et l'identité de la personne pose la question de la signification. La cohérence de la personne peut dépendre du sens de la vie. La signification personnelle du « sens de la vie » repose sur trois composantes : (1) cognitive, qui consiste à donner un sens à ses expériences de vie, (2) motivationnelle, c'est-à-dire la poursuite et la réalisation d'objectifs et (3) affective, qui concerne les sentiments de satisfaction dans l'accomplissement et le bonheur accompagnant l'atteinte des objectifs (Martela & Steger, 2016). Ces trois éléments permettent à la personne de donner une signification à la vie et une cohérence. Le sens de la vie peut être résumé comme émergeant d'un réseau de connexions, d'interprétations, d'aspirations et d'évaluations. Ces connexions rendent les expériences de la vie compréhensives, orientent les efforts vers le futur et enfin donnent l'impression que la vie compte et vaut la peine d'être vécue (Martela & Steger, 2016). Avoir un but dans la vie se distingue de la définition du « sens de la vie ». Cela représente la planification, l'anticipation, la programmation de perspectives futures et la poursuite d'objectifs concrets.

Ces objectifs orientés vers l'avenir permettent de donner une direction de vie et contribuent à donner davantage de signification personnelle à sa propre vie. Une personne peut avoir de multiples buts dans la vie. Le fait de consacrer du temps et des efforts à les entreprendre et à les réaliser permet à un individu d'avoir une meilleure estime de soi et des émotions plus positives (Martela & Steger, 2016). Le concept de « signification de vie » peut être défini comme une évaluation de la valeur de la vie dans son ensemble. Ce sentiment d'avoir une vie digne d'être vécue est une notion indépendante de la valeur du bonheur ou à d'autres expériences similaires (Martela & Steger, 2016). Dans ces études de cas, comme de manière générale, il est nécessaire de prendre en compte les facteurs de protection (Guay & de Vries Robbé, 2017) et de désistance chez les individus dans la délinquance (Maruna & Lebel, 2003 ; McNeill, 2009 ; McNeill, et al., 2012 ; Gobbels et al., 2012). Comprendre en détail le processus de désistance est susceptible de fournir des connaissances précieuses pour les procédures d'évaluation du risque et d'informer le personnel de santé et de justice sur la meilleure façon de procéder avec les délinquants (Gobbels, et al., 2012). Une théorie propose des hypothèses pertinentes en lien avec le comportement de désistance : la théorie intégrée de la désistance des agressions sexuelles (« Theory of Desistance from Sex Offending » –ITDSO).

L'ITDSO décrit ce processus en quatre phases : (1) élan décisif (désistance initiale – « decisive momentum »), (2) réhabilitation (promotion de la désistance – « réhabilitation »), (3) réinsertion (maintien de la désistance – « re-entry »), et (4) réintégration (maintien réussi de la désistance sur une longue période de temps – « normalcy/reintegration »). L'évaluation des facteurs de désistance repose sur le processus décisionnel et motivationnel, c'est-à-dire que l'individu est déterminé à abandonner le crime. Cela renvoie à la théorie de la transformation cognitive de Giordano (2002), qui soutient que, pour que l'individu abandonne la délinquance, il doit imaginer un soi conventionnel et avoir une perception différente des infractions qu'il commet. Cela inclut des changements, à la fois au niveau social, mais aussi cognitif et de l'identité personnelle. La désistance n'est possible qu'à la suite d'une prise de conscience qui conduit à redéfinir son passé, à revoir sa vie actuelle et à concevoir différemment son avenir (Glowacz & Born, 2017 ; Blatier, 2014). Les facteurs de désistance se caractérisent par la maturité psychosociale, l'âge, les évènements positifs de la vie (mariage, naissance), le renforcement du capital humain (gestion des émotions) et le développement du capital social (Maruna, 2001). Afin d'adopter un comportement de désistance il est nécessaire d'avoir des changements au niveau social mais également cognitifs et de l'ordre de l'identité personnelle.

Le Modèle de l'Identité Temporelle TIM-E (Dieu, 2016, 2017) est en continuité du postulat du GLM (Ward & Brown, 2004) selon lequel le sujet n'a pas pour unique objectif la sortie de ses problématiques mais vise également la définition d'un plan de vie en adéquation avec ses besoins fondamentaux. Le TIM-E propose de franchir une étape supplémentaire en faisant des perspectives futures le cœur de l'intervention et la signature et concrétisation d'une identité en remaniement. Projeter le sujet dans cet avenir positif où les problématiques sont dépassées et où ses besoins ont trouvé un étayage prosocial et épanouissant donne corps à l'identité cohérente en devenir et dépasse ainsi la question de la prévention de la rechute ou de la récidive. Ce voyage mental dans le temps (ou chronésthésie) fait émerger les constantes que sont les valeurs fondamentales et le sens que leur attribue le sujet, afin de dépasser les difficultés et problématiques actuelles pour percevoir les nouveaux étayages (ou besoins instrumentaux) possibles. L'écart entre ce futur désormais concret et le présent, les différences et les carences ou compléments, indiquent les compétences à acquérir pour le sujet dans sa poursuite du Plan de vie futur générateur d'épanouissement et d'engagement dans l'accompagnement.

Les entretiens temporels (ET, cf. Dieu, et al., 2019) du TIM-E sont des techniques cognitivo-comportementales et émotionnelles spécifiques de projection de l'identité tournées vers le futur. Les temporalités passé et présent sont systématiquement investies émotionnellement sous forme d'identité incarnée et reliées au futur du sujet. Dans l'accompagnement thérapeutique ou réhabilitatif en général, le futur se résume en une variable liée à la « réalisation » (eg. construction, planification). En plus de la « réalisation », TIM-E approfondit le futur des sujets sous les champs de la « construction (mentale) » (eg. de soi, des autres, du temps) et de la « disposition » (confiance en soi, sentiment d'auto-efficacité, cognitions sociales). Sans explorer ces deux champs fondamentaux de la subjectivation en plus de la « disposition », le sujet ne peut s'investir pleinement avec ce qui fait de lui une individualité.

Il s'agit des trois principes « CDR » (construction, disposition, réalisation). Cette pratique favorisant l'écoute active, le partage et l'alliance relationnelle favorise l'engagement du sujet dans son accompagnement mais également dans son processus désistanciel en ce qu'il définit le soi attractif, le met en interaction, offre au sujet un aperçu de l'identité cohérente visée et démontre l'intérêt de laisser derrière soi l'identité délinquante. De plus, travailler ensemble à la réalisation d'aspirations personnelles facilite le travail réhabilitatif puis de réinsertion en accroissant la disposition du sujet (Day, et al., 2010 ; McMurran & Ward, 2010). Ainsi, TIM-E vise l'adéquation entre évaluation efficace des problématiques criminogènes et accompagnement positif centré sur l'identité du sujet.

Il soutient pleinement les théories de la « désistance » (Dieu, 2019), c'est-à-dire l'arrêt des passages à l'acte comme un processus non linéaire (de renoncement -au crime- et de maintien -au prosocial-) qui s'inscrit dans le temps, processus de désinvestissement identitaire du cheminement délinquantiel.

## Conclusion/discussion

Les théories de la désistance nécessitent de requestionner les pratiques d'intervention à l'égard des auteurs d'infraction. Outre la lecture générale des éléments à risque dans les modèles habituels de l'intervention auprès des auteurs d'infraction, la différence profonde entre le réhabilitatif et la désistance réside dans l'approche *a posteriori* d'observation des parcours de désistance et de l'approche *a priori* des interventions psychoéducatives centrées sur des facteurs probants (notamment de protection). Les deux approches, intervention positive et désistancielle, semblent pour autant fortement corrélées. En effet, il ne peut y avoir de désistance sans déclenchement de facteurs de protection durant la trajectoire d'une part, et il ne peut y avoir de facteurs de protection sans objectif et constat d'une désistance durant la trajectoire. Si les modèles de désistance ne sont pas aujourd'hui un modèle uniforme d'une part, de traitement d'autre part, les modèles d'intervention gagnent à les respecter comme principes fondamentaux d'un accompagnement centré tant sur les forces du sujet que sur son identité.

*Ce chapitre est une réécriture de notre article, avec l'aimable autorisation de la revue que nous remercions : Dieu, E. (2019). Que faire des modèles de la désistance dans l'accompagnement des auteurs d'infraction ? Revue Internationale de Criminologie et de Police Technique et Scientifique, LXXII(2) : 170-190.*

**Références**

Andrews, D., & Bonta, J. (2010). The Psychology of Criminal Conduct (5e éd.). New Providence : LexisNexis.

Bandura, A. (2006). Toward a psychology of human agency. Perspectives on Psychological Science, 1: 164–180.

Barnao, M., Ward, T., Robertson, P. (2016). The good lives model: A new paradigm for forensic mental health. Psychiatry, Psychology and Law, 23(2): 288-301.

Barnett, G.D., Mandeville-Norden, R., Rakestrow, J. (2014). The Good Lives Model or Relapse Prevention: What Works Better in Facilitating Change ? Sexual abuse: A Journal of Research and Treatment, 26(1): 3-33.

Bentz, B.G., Mahaffey, S.L., Adami, A.M., Romig, D.M., Muenke, R.C., Barfield, S.G., Teer, J.R., DeOrnellas, K. (2009). Debiasing of Pessimistic Judgments Associated with Anxiety: A Test of the Availability Heuristic. Journal of Psychopathology and Behavioral Assessment, 31: 20-26.

Bentz, B.G., Williamson, D.A., Franks, S.F. (2004). Debiasing of Pessimistic Judgments Associated with Anxiety. Journal of Psychopathology and Behavioral Assessment, 26: 173-180.

Blackwell, SE., Rius-Ottenheim, N., Schulte-van Maaren, YW., Carlier, IV., Middelkoop, VD., Zitman, FG., Spinhoven, P., Holmes, EA., Giltay, EJ. (2013). Optimism and mental imagery: A possible cognitive marker to promote well-being ? Psychiatry Research, 206(1): 56 – 61.

Blatier, C. (2014). Les personnalités criminelles. Dunod.

Boland, J., Riggs, KJ., et Anderson, RJ. (2018). A brighter future : The effect of positive episodic simulation on future predictions in non-depressed, moderately dysphoric & highly dysphoric individuals. Behaviour Research and Therapy, 100 : 7-16.

Born, M. (2002). Continuité de la délinquance entre l'adolescence et l'âge adulte. Criminologie, 35(1): 53-67.

Bottoms, A., Shapland, J., Costello, A., Muir, G. (2004). Towards desistance: the theorical underpinnings for an empirical study. The Howard Journal of Criminal Justice, 43(4): 368-389.

Bushway, S., & Paternoster, R. (2012). Understanding desistance: theory testing with formal empirical models. In J. MacDonald (Ed.), Measuring crime and criminality: advances in criminological theory (Vol. 17). New Brunswick: Transaction Publishers.

Bushway, S., & Paternoster, R. (2013). Desistance from crime: a review and ideas for moving forward. In C.L. Gibson et M.D. Krohn (Eds.). Handbook of life-course criminology. New York: Springer. p.213–231.

Bushway, S., Piquero, A., Briody, L., Cauffman, E., Mazerolle, P. (2001). An Empirical Framework for Studying Desistance as a Process. Criminology, 39(2): 491-516.

Conway, M., Meares, K., Standart, S. (2004) Images and goals. Memory, 12(4): 525-531.

D'Argembeau, A., & Van der Linden, M. (2006). Individual differences in the phenomenology of mental time travel : The effect of vivid visual imagery and emotion regulation strategies. Consciousness and Cognition, 15: 342–350.

D'Argembeau, A., & Mathy, A. (2011). Tracking the construction of episodic future thoughts. J Exp Psychol Gen., 140(2): 258-71.

Day, A., Casey, S., Ward, T., Howells, K., Vess, J. (2010). Transitions to better lives: Offender readiness and rehabilitation. Cullompton, UK: Willan Publishing.

De Vogel, V., De Vries Robbé, M., De Ruiter, C., Bouman, Y. (2011). Assessing Protective factors in forensic Psychiatric Practice: introducing the SAPROF. International Journal of Forensic Mental Health, 10(3): 171-177

De Vries Robbé, M., & Willis, G. (2016). Assessment of protective factors in clinical practice. Aggression and Violent Behavior. In press.

De Vries Robbé, M., Mann, R. E., Maruna, S., & Thornton, D. (2015). An exploration of protective factors supporting desistance from sexual offending.Sexual abuse: a journal of research and treatment, 27: 16-33.

Deci, E.L., & Ryan, R.M. (1985). Intrinsic motivation and self-determination in human behaviour. New York: Plenum.

Dickens, G.L., & O'Shea, L.E. (2017). Protective factors in risk assessment schemes for adolescents in mental health and criminal justice populations: a systematic review and meta-analysis of their predictive efficacy. Adolescent Res Rev. In press.

Dieu, E. (2019). Que faire des modèles de la désistance dans l'accompagnement des auteurs d'infraction ? Revue Internationale de Criminologie et de Police Technique et Scientifique, in press.

Dieu, E. (dir). (2017). Les innovations criminologiques. L'Harmattan.

Dieu, E. (2016). « Du modèle temporaliste TIME au protocole PRATIC : l'effectivité du GLM ». Conférence orale plénière, GOOD LIVES MODEL, Première rencontres internationales francophones, Tournai, Belgique.

Dieu, E., & Hirschelmann, A. (2018). Trois réflexions pour situer l'analyse psycho-criminologique sérielle française. Annales Médico-Psychologiques, 176(6) : 586-590.

Dieu, E., Sorel, O., Bouchard, J-P. (2019). Place de la psychothérapie intégrative dans la prise en charge des problématiques de radicalisation. AmePsy, 177(5): 483-488.

Emirbayer, M., & Mische, A. (1998). What is agency? American Journal of Sociology, 103: 962–1023.

Farrall, S., & Maruna, S. (2004). Desistance-focused criminal justice policy research. Howard Journal of Criminal Justice, 43: 358–367.

Farrall, S., & Bowling, B. (1999). Structuration, human development and desistance from crime. British Journal of Criminology, 39(2): 252-67.

Farrall, S., Hunter, B., Sharpe, G., Calverley, A. (2014). Criminal careers in transition. The social context of desistance from crime. Oxford: University Press.

Farrington, D.P. (2016). Risk, promotive, and protective factors in youth offending: Results from the Cambridge study in delinquent development. Journal of Criminal Justice, 45: 63-70.

Gannon, T.A. & Ward, T. (2014). Where has all the psychology gone, A critical review of evidence-based psychological practice in correctional settings. Aggression and Violent Behavior, 19: 435-446.

Giordano, P.C., Cernkovich, S.A., Rudolph, J. L. (2002). Gender, crime and desistance: toward a theory of cognitive transformation. American Journal of Sociology, 107(4): 990-1064.

Giordano, P., Schroeder, R., Cernkovich, S. (2007). Emotions and crime over the life course: a neo-Meadian perspective on criminal continuity and change. American Journal of Sociology, 112(6) : 1603-1661.

Glowacz, F., & Born, M. (2017). Psychologie de la délinquance. 4e Edition. DeBoeck.

Gobbels, S., Ward, T., Willis, GM. (2012). An integrative theory of desistance from sex offending. Aggression and Violent Behavior, 17(5): 453-462.

Guay, J-P., & de Vries Robbé, M. (2017). L'évaluation des facteurs de protection à l'aide de la SAPROF. Annales Médico-psychologiques, Revue psychiatrique, 175(10) : 894-900.

Hallford, DJ., Austin, DW., Takano, K., Raes, F. (2018). Psychopathology and episodic future thinking: A systematic review and meta-analysis of specificity and episodic detail. Behaviour Research and Therapy, 102: 42-51.

Heffernan, R. & Ward, T. (2017). A comprehensive theory of risk and protective factors. Aggression and Violent Behavior, 37: 129-141.

Jessor, R. (2014). Problem Behavior Theory: A half century of research on adolescent behavior and development. In Lerner, R.M., Petersen, A.C., Silbereisen, R.K., Brooks-Gunn, J. "The developmental science of adolescence: History through autobiography." New York: Psychology Press. p. 239-256.

Kensey, A. (2012). Qui ne récidive pas. In M. Mohammed (dir.), Les sorties de la délinquance. Paris : La Découverte. p. 213-228.

King, S. (2013). Transformative agency and desistance from crime. Criminology and Criminal Justice, 13(3) : 317-335.

Laub, J.H., & Sampson, R.J. (1993). Turning points in the life course: why change matters to the study of crime. Criminology, 31(3): 301-325.

Laub, J.H., & Sampson, R.J. (2001). Understanding desistance from crime. Crime and Justice, 28: 1-69.

Laub, J.H., & Sampson, R.J. (2003). Shared beginnings, divergent lives: delinquent boys to age 70. Cambridge: Harvard University Press.

Laws, D.R., & Ward, T. (2011). Desistance from sexual offending: alternatives to throwing away the keys. New York : Guilford Press.

Lemert, E. M. (1951). Social Pathology. New York: Mcgraw-Hill.

MacDonald, I. (2016). Protective Factors in the Sexual Offending Area: Analysis of the Concept and a Preliminary Mode. Unpublished MSc thesis. Victoria University of Wellington, New Zealand.

Martela, F. & Steger, MF. (2016) The three meanings of meaning in life : Distinguishing coherence, purpose, and significance, The Journal of Positive Psychology, 11(5): 531-545.

Maruna S., & LeBel T.P. (2012). How formers prisoners desist from crime and why it matters for reintegration practice. In P. Mbanzoulou, M. Herzog-Evans, S. Courtine (dir.), Insertion et désistance des personnes placées sous main de justice, Paris: L'Harmattan.

Maruna, S. & LeBel TP. (2003). Welcome home? Examining the « Reentry Court » concept from a strengths-based perspective. Western Criminology Review, 4(2): 91-107

Maruna, S. (2001). Making Good: How ex-convicts reform and rebuild their lives. American Psychological Association: Washington.

Maruna, S. (2004). Desistance and explanatory style: a new direction in the psychology of reform. Journal of Contemporary Criminal Justice, 20: 184–200.

Maruna, S., & LeBel, T. (2010). The desistance paradigm in correctional practice: from programs to lives. In F. McNeill, P. Raynor et C. Trotter (Eds.). Offender Supervision: New Directions in Theory, Research and Practice (p. 65-87). Collumpton : Willan. Repéré à : http://blogs.iriss.org.uk/discoveringdesistance/files/2012/01/Maruna-and-LeBel-Chapter-4.pdf

Maruna, S., & Roy, K. (2007). Amputation or reconstruction? Notes on the concept of "knifing off" and desistance from crime. Journal of Contemporary Criminal Justice, 23: 104–124.

McMurran, M, & Ward, T. (2010). Treatment readiness, treatment engagement and behaviour change. Criminal Behaviour and Mental Health, 20(2): 75-85.

McNeill, F. (2006). A desistance paradigm for offender management. Criminology and criminal Justice, 6(1): 39-62.

McNeill, F. (2009). What Works and What's Just ?. European Journal of Probation, 1(1): 21-40.

McNeill, F. (2010). La désistance: What Works et les peines en milieu ouvert en Ecosse. AJpénal, 9: 376-380.

McNeill, F., Burns N., Halliday S., Hutton, N., Tata, C. (2009). Risk, responsibility and reconfiguration. Punishment & Society, 11(4): 419-442.

McNeill, F., Farrall, S., Lightowler, C., Maruna, S. (2012) Reexamining evidence-based practice in community corrections: beyond 'a confined view' of what works. Justice Research and Policy, 14(1): 35-60.

Miller, W.R. et Rollnick, S. (2013). L'entretien motivationnel Aider la personne à engager le changement (2e éd ; traduit par D.Lecallier et P. Michaud). Paris : InterEditions.

Moffitt, T. E. (2002). Males on the life-course-persistent and adolescence-limited antisocial pathways: Follow-up at age 26 years. Development and Psychopathology, 14(1) : 179– 207

Mohammed, M. (2012). Les sorties de la délinquance. Paris: La Découverte.

Moore, K., & Folk, J.B. (2017). Self-Stigma Among Criminal Offenders : Risk and Protective Factors. DOI : 10.1037/sah0000092

Owers, D.A., Leighton, P., McGrory, C., McNeill, F., Wheatley, P. (2011). Review of the Northern Ireland Prison Service : Conditions, management and oversight of all prisons. Prison Review Team Final Report. Repéré à http://cain.ulst.ac.uk/issues/prison/docs/2011-10-24_Owers.pdf

Paternoster, R., Bachman, R., Bushway, S., Kerrison, E., O'Connell, D. (2015). Human Agency and Explanations of Criminal Desistance: Arguments for a Rational Choice Theory. Journal of Developmental and Life-Course Criminology, 1(3): 209–235.

Paternoster, R., et Bushway, S. (2009). Desistance and the feared self: toward an identity theory of desistance. Journal of Criminal Law and Criminology, 99:1103–1156.

Piquero, A.R., Diamond, B., Jennings, W.G., Reingle, J.M. (2013). Adolescence-limited offending. In Handbook of life-course criminology. Springer New York., p.129-142.

Prochaska, J.O., DiClemente, C.C. Norcross, J.C. (1992). In search of how people change: Applications to addictive behaviors. American Psychologist, 47(9): 1102-1114.

Roepke, AM., Seligman, MEP. (2016). Depression and prospection. British Journal of Clinical Psychology, 55: 23–48

Rönkä, A., Oravala, S., Pulkkinen, L. (2002). « I met this wife of mine and things got onto a better track »: Turning points in risk development. Journal of Adolescence, 25(1): 47–63.

Rubin, D. C., & Siegler, I. C. (2004). Facets of Personality and the Phenomenology of Autobiographical Memory. Applied Cognitive Psychology, 18(7): 913–930.

Schacter, DL. (2012). Adaptive constructive processes and the future of memory. American Psychologist, 67(8): 603-613.

Shover, N. (1996). Great pretenders: pursuits and careers of persistent thieves. Boulder: Westview Press.

Smith, A., Felix, E., Benight, C., Jones, R. (2017). Protective Factors, Coping Appraisals, and Social Barriers Predict Mental Health Following Community Violence: A Prospective Test of Social Cognitive Theory. Journal of Traumatic Stress, 30(3): 245-253.

Smith-Darden, J., Kernsmith, P., Reidy, E., Cortina, K. (2017). In Search of Modifiable Risk and Protective Factors for Teen Dating Violence. Journal of Research on Adolescence, in press.

Stouthamer-Loeber, M., Wei, E., Loeber, R. et Masten, A.S. (2004). Desistance from persistent serious delinquency in the transition to adulthood. Development and Psychopathology, 16(4): 897–918.

Thornton, D. (2013). Implications of our developing understanding of risk and protective factors in the treatment of adult male sexual offenders. International Journal of Behavioral Consultation and Therapy, 8: 62-65.

Vess, M., Hoeldtke, R., Leal, SA., Sanders, CA., Hicks, JA. (2018). The subjective quality of episodic future thought and the experience of meaning in life. The Journal of Positive Psychology, 13(4): 419-428.

Ward, T. (2016). Dynamic risk factors: Scientific kinds or predictive constructs? Psychology, Crime, & Law, 22(1-2): 2-16.

Ward, T. (2017). Prediction and Agency: The Role of Protective factors in Correctional Rehabilitation and Desistance. RUNNING HEAD: Protective factors.

Ward, T., & Beech, A. R. (2015). Dynamic risk factors: A theoretical dead-end? Psychology, Crime & Law, 21: 100-113.

Ward, T., Day, A., Howells, K., Birgden, A. (2004). The multifactor offender readiness model. Aggression and Violent Behavior, 9: 645-673.

Ward, T., & Brown, M. (2004). The good lives model and conceptual issues in offender rehabilitation. Psychology, Crime & Law, 10(3): 243-57.

Ward, T., & Fortune C-A. (2016). From dynamic risk factors to causal processes: a methodological framework. Psychology, Crime & Law, 22(1-2): 190-202.

Ward, T., & Maruna S. (2007). Rehabilitation. Abingdon: Routledge.

Ward, T., Fox, K.J, Garber, M. (2014). Restorative justice, offender rehabilitation and desistance. Restorative Justice, an International Journal, 2(1): 24-42.

Ward, T., Mann, R.E., Gannon, T.A. (2007). The good lives model of offender rehabilitation: clinical implications. Aggression and Violent Behavior, 12: 87–107.

Ward, T., Yates, P.M., Willis G.M. (2012). The Good Lives Model and the Risk Need Responsivity Model: A critical response to Andrews, Bonta et Wormith (2011). Criminal Justice and Behavior, 39(1): 94-110.

Warr, M. (1998). Life Course Transitions and Desistance from Crime. Criminology, 36(2): 183-216.

Weaver, B., & McNeill, F. (2010) Travelling hopefully: Desistance research and probation practice. In J. Brayford, F. Cowe, et J. Deering (Eds), What else works? Creative work with offenders. Cullompton : Willian.

Willis, G.M., Ward, T., Levenson, J.S. (2014). The Good Lives Model: An evaluation of GLM operationalization in North American treatment programs. Sexual abuse: A Journal of Research and Treatment, 26(1): 58-81.

Willis, G.M., Yates, P.M., Gannon, T.A., Ward T. (2013). How to integrate the Good Lives Model into treatment programs for sexual offending. Sexual abuse: A Journal of Research and Treatment, 25(2): 123-142.

Yates, P., Prescott, D., Ward, T. (2010). Applying Good Lives and Self-Regulation Models to sex Offender Treatment: A Practical Guide for Clinicians. Brandon: Safer Society Press.

## Chapitre 3 : L'opérationnalisation du GLM et des réflexions actuelles de Tony Ward

Dr Erwan DIEU et Juliette LIEVENS

### 1. Les Plans de Vie Temporels centrés sur le futur (GLM et TIM-E) dans la prise en charge des Auteurs d'Infraction à Caractère Sexuel

#### *Une nouvelle application de la psychothérapie positive prenant en considération les facteurs de risque et de protection*

La psychologie positive connait aujourd'hui un intérêt certain dans le domaine de la psychothérapie. Diverses méthodes émergent dans la prise en charge thérapeutique pour les différents types de populations. Dès lors, le Good Lives Model (GLM) trouve sa place dans le traitement des délinquants sexuels et permet une nette avancée dans la pratique psychologique. L'application du GLM commence par la cartographie d'une « bonne vie », c'est-à-dire ce que représente la vie idéale selon la personne. Il s'agit alors d'identifier les pondérations accordées aux différents besoins primaires (Willis & Ward, 2011). Dans un premier temps, il est nécessaire de poser des questions détaillées sur l'engagement de la personne dans la vie, ses activités et ses expériences quotidiennes positives. Ensuite, d'identifier les buts et valeurs sous-jacents à travers les actes de la personne. Une fois que l'individu a créé cette conceptualisation de ce qui constitue une « bonne vie », les besoins secondaires orientés vers l'avenir visent à satisfaire socialement les besoins primaires. Les moyens sont formulés et traduits en « plan de vie » dans un programme de traitement.

Le programme est adapté individuellement, afin d'aider au mieux la personne à mettre en application son plan de vie et de répondre simultanément aux besoins criminogènes, à savoir les facteurs causaux liés à la délinquance qui sont variables, comme par exemple les intérêts sexuels déviants et les difficultés de régulation (Willis & Ward, 2011). Ces besoins criminogènes sont considérés comme des obstacles à l'exécution des besoins primaires (Ward et al., 2007). En conséquence, le traitement pourrait inclure le renforcement des capacités et compétences internes et la maximisation des ressources externes et sociales, ainsi que le soutien pour satisfaire les besoins humains primaires de manière socialement acceptable.

Les conditions internes et externes de l'individu permettent de se former une conception de « bonne vie » et de réaliser concrètement cette conceptualisation, c'est-à-dire mettre en place un plan de vie qui donne accès aux besoins primaires par le biais de certains engagements, modes de vie et actions (Ward, 2002). La conception de « bonne vie » est une vision cohérente de ce qui constitue une vie enrichissante, c'est-à-dire bénéfique pour les individus et explique comment le bien-être doit être obtenu. L'accent est mis sur les facteurs qui constituent cette vie enrichissante plutôt que sur les obligations morales que l'individu a envers les autres (Ward, 2002).

Les individus sont considérés comme des sujets actifs, qui cherchent à acquérir des besoins humains fondamentaux (actions, expériences, activités) intrinsèquement bénéfiques pour leur bien-être individuel et recherchés pour eux-mêmes. L'objectif du traitement n'est donc pas de changer le but, mais de cibler les stratégies et méthodes que l'individu utilise pour l'atteindre. Un mode de vie épanouissant est rendu possible par la rencontre des besoins psychologiques et des conditions internes et externes. Les besoins psychologiques se définissent comme les relations, le travail, les activités créatives, l'environnement intellectuel. Les conditions internes se réfèrent aux compétences, croyances, attitudes et valeurs. Les conditions externes se rapportent aux facteurs sociaux, culturels et interpersonnels. La présence d'obstacles internes ou externes entraîne une altération du fonctionnement social et psychologique et donc une vie moins satisfaisante. Le processus de réadaptation repose sur l'identification des obstacles internes et externes qui empêchent la capacité d'un individu à sécuriser et conserver ses besoins de base constitutifs de « bonne vie ». Le traitement thérapeutique repose donc sur la concentration de l'identification des divers obstacles qui empêchent les délinquants de vivre une vie équilibrée et épanouissante et de les outiller avec de nouvelles compétences et croyances adéquates au style de vie (Ward, 2002). La cohérence externe du GLM est mise en évidence par le fait que les besoins primaires s'associent à travers un large éventail de disciplines différentes. Le GLM, grâce à son association entre certains critères du RBR et de la psychologie positive, est susceptible d'accroître l'engagement et la motivation tout en abordant la gestion des risques (Harkins et al., 2012).

Afin d'instiller l'espoir d'un mouvement identitaire, l'intervenant positionne le sujet dans une place qui favorise chez lui l'évolution de ses conditions internes (ex. habiletés, valeurs) et externes (ex. ressources, lien social). Cette approche constructive utilise un langage positif, non stigmatisant, adaptée au Plan de Vie du sujet et focalisé sur l'acquisition des habiletés et l'épanouissement psychosocial du sujet.

Dans la recherche d'un Plan de vie cohérent, les facteurs de risque dynamique (causaux) ont une place importante dans l'analyse du professionnel. En effet, ils sont des indicateurs d'obstacles, limites et carences empêchant l'individu d'atteindre un ou plusieurs besoins primaires (Thornton, 2016 ; Ward, 2016 ; Ward & Beech, 2015 ; Ward & Fortune, 2016). En d'autres termes, ils signalent qu'il y a un problème dans la manière dont l'individu cherche à atteindre un besoin primaire, ils sont donc à prendre en considération pour indiquer des pistes de travail. Néanmoins, il convient pour le professionnel de ne pas se focaliser uniquement sur les risques dans le suivi, surtout essentiel pour la mesure de l'intensité du suivi et les problématiques majeures. Déterminer exclusivement les risques dans le suivi, pourrait renvoyer l'individu aux problématiques et déséquilibres, plutôt qu'aux ressources (ou « forces ») qu'il pourrait façonner et développer pour vivre une vie différente (De Vries Robbé, et al., 2015 ; De Vries Robbé & Willis, 2017 ; Ward, 2017).

Le suivi doit en conséquence viser à aider l'individu à comprendre et contourner les obstacles, puis à renforcer les compétences et ressources nécessaires pour viser des objectifs fondamentaux par des moyens socialement acceptables. Si les risques donnent un éclairage sur les difficultés à surmonter, l'évaluation de besoins permet d'identifier le type de besoins primaires qu'il manque à l'individu pour mener une vie qu'il considère plus épanouissante. Ceci amène le professionnel à mieux appréhender et comprendre, avec l'individu, les conditions internes et externes fondamentales afin de garantir l'accès aux biens primaires. Autrement dit, le réagencement qu'il est nécessaire d'opérer afin d'accéder à un résultat similaire que celui recherché par l'individu, mais de façon efficace et pérenne. Néanmoins, il n'existe pas de modèle de bonne vie absolu, dans la mesure où les besoins primaires visés ainsi que les moyens utilisés, dépendent des préférences, forces et aspirations de l'individu, tout autant que de l'environnement dans lequel il évolue avec ses possibilités et limites.

### *Et donc concrètement, qu'est-ce qu'un Plan de Vie ?*

La recherche et l'accomplissement du bonheur est l'un des objectifs premiers de l'humanité, néanmoins la façon d'y parvenir dépend de chacun. Les auteurs d'infraction ont l'opportunité d'accéder à des conseillers pénitentiaires d'insertion et de probation (ou agent de probation ou intervenants socio-judiciaires suivant les pays), des cliniciens, des professionnels de santé qui ont pour objectif d'augmenter chaque jour leur satisfaction de vie de façon durable et bénéfique.

La définition même du bonheur et les conditions de son émergence sont connus et dépendent du sujet lui-même. En conséquence, le succès ou l'échec d'un modèle tel que le GLM émanent des propres sentiments de la personne interrogée. Toutefois, le bonheur et ce qui en découle de façon générale, semble se prêter à la formation et au développement. Les résultats indiquent que les éléments se rapportant au bonheur nécessitent seulement des changements comportementaux, plus ou moins simples à atteindre (Harkins et al., 2012). Il convient de préciser ici que le GLM fait face à de nombreuses critiques. L'orientation théorique est mise à mal en l'absence de soutien empirique soumis à des statistiques opérées sur de larges échantillons. En justice pénale, souvent limitée en termes de ressources, il est nécessaire de se concentrer sur les facteurs de traitement démontrés empiriquement pour réduire la récidive. En outre, les efforts des professionnels devraient être dirigés vers des problèmes qui ne sont pas directement liés à la récidive, comme par exemple l'estime de soi, directement corrélée à la récidive. Les facteurs de risque sont considérés comme des distorsions voire des omissions dans la mise en place d'un plan de « bonne vie » (Harkins et al., 2012). Dans cette étude, nous examinons de plus près l'application de la psychologie positive, plus précisément du GLM à l'aide d'un outil d'entretien spécifique.

Le GLM modélise un suivi en deux étapes. En premier lieu, il convient d'identifier les besoins, les forces et les risques, qui traduisent et localisent les freins et leviers internes et externes pour l'individu dans l'atteinte d'une vie prosociale épanouissante. En second lieu, le professionnel et l'individu (re)construisent ensemble de manière explicite un plan de bonne vie. Il s'agit de résumer les besoins primaires ainsi que les programmes, dispositifs, modalités de suivi, les démarches et apprentissages envisagés pour outiller efficacement l'individu, afin que la réalisation de ce plan de vie s'opérationnalise et devienne cohérent, riche et significatif pour l'individu. Il ne s'agit donc pas de « ne plus récidiver » mais de permettre à l'individu d'exprimer ce qui est important dans sa vie et d'investir une identité positive en lui ouvrant un champ de possibles vers l'accomplissement de ses buts fondamentaux. L'essentiel du travail d'un suivi basé sur le GLM est donc de permettre la réécriture d'un scénario de vie. Rappelons brièvement les implications thérapeutiques du GLM selon Corneille et Devillers (2017) : (1) la pondération des besoins primaires grâce à l'identification du poids de ces derniers afin de déterminer une vie satisfaisante pour la personne, (2) l'identification des objectifs et valeurs qui soutiennent la délinquance, (3) la formulation des besoins secondaires qui consiste en un travail conjoint entre le délinquant et le thérapeute afin d'identifier les façons socialement acceptables d'atteindre les besoins primaires, et (4) l'élaboration du plan de vie avec un plan d'actions concret qui permet d'avoir accès à une vie plus épanouissante selon des modalités non délinquantes.

## 2. Mise en place du cadre clinique

*Ajustement du contexte, de l'orientation et de la méthode clinique utilisée*

Cette partie développe le matériel clinique mis en place afin d'étendre le champ de la psychologie positive à travers le GLM. Il s'agit d'étudier, à travers plusieurs études de cas, le plan de vie, la cohérence identitaire chez les auteurs d'infraction sexuelle grâce aux projections futures et d'évaluer les ressources disponibles pour y parvenir. L'application a été élaborée au sein de trois entretiens cliniques ici rapportés avec une population délinquante ayant commis des faits de nature sexuelle. Pour établir des Plans de vie GLM, deux supports sont actuellement utilisés en langue française, PACI-O et SPHERES. L'« Inventaire des souhaits et préoccupations personnels à destination des délinquant(e)s » (« PACI-O » a été confectionné en lien avec les recommandations pour le « Good Live Plan » (Ward et al., 2012 ; Willis, et al., 2013). Une adaptation française a été réalisée par le Groupe Antigone de l'Université de Liège en Belgique. Selon Corneille et Henrard (2017) du groupe ANTIGONE, à l'image des outils de la psychologie positive l'inventaire PACI-O vise à une évaluation-quantification GLM des préoccupations, souhaits et objectifs du sujet, tout en le soutenant dans sa réflexion sur ses objectifs de vie, ses besoins fondamentaux et les moyens socialement acceptables à mettre en place afin d'atteindre ses buts.

Pour mener à bien ces objectifs, les outils proposent des entretiens semi-structurés qui explorent différents domaines de vie (en lien avec les besoins fondamentaux GLM), les préoccupations, désirs et objectifs des sujets. Toujours selon Corneille et Henrard (2017), le professionnel doit activement participer aux échanges et envisager avec le sujet les obstacles possibles et les moyens pour les surmonter afin d'atteindre les objectifs essentiels du sujet lui permettant de répondre à des besoins prioritaires humains. Pour garantir une dynamique de travail plus approfondi, sous la forme de jeu, il a pourtant été choisi d'utiliser un autre support, l'outil « SPHERES »[5] (Sa Propre Histoire En Reconstruction : Etre Soi, cf. Dieu, 2013). Une version immersive en Réalité Virtuelle existe également (FRED) et sera présentée dans un autre chapitre. Le support existe en français, anglais, italien et néerlandais.

[5] L'outil SPHERES est également utilisé par l'équipe ANTIGONE, il est inscrit dans les expérimentations européennes 3C2D au sein des détentions françaises, italiennes et belges, ou encore suisses dans le nouveau paradigme « désistance ».

Pour répondre à la question de l'identité de la personne et des projections futures, nous nous sommes alors appuyés sur l'outil « SPHERES » dans le cadre du modèle de l'Identité Temporelle (TIM-E) (Dieu, 2016) et l'application criminologique GLM. L'outil SPHERES repose sur des techniques relationnelles d'entretien prenant pour support un échiquier évolutif afin d'explorer les éléments de vulnérabilités et de ressources du sujet à travers l'évaluation du plan de vie dans le temps et sa capacité à se décentrer. Il s'agit d'un support d'entretiens relatif à l'investissement de la PPSMJ dans les dimensions de la vie correspondant aux besoins primaires. Cet investissement permet de rendre compte de la construction d'une vie cohérente pour le sujet et la société. Les dimensions sont ici nommées sphères de vie et correspondent aux besoins fondamentaux.

Le support répond aux concepts clés du modèle. Les éléments clés se synthétisent ainsi : le GLM est une théorie générale de réadaptation des AICS se basant sur la motivation, l'étiologie et le traitement, qui tient compte non seulement des facteurs de risques mais aussi des besoins humains de la personne (Lindsay et al., 2007). Les études de cas sont issues d'entretiens avec des auteurs d'infraction sexuelle dont chaque problématique est différente, ce qui permet d'enrichir la mise en application clinique. Plusieurs entretiens sont nécessaires dans le fonctionnement de l'outil SPHERES. Le support SPHERES est un média pour développer un « plan de bonne vie ». Ce plan est animé par la personne suivie avec le soutien collaboratif du professionnel. Il y sera comparé le futur souhaité au présent, un Plan de vie présent dont le fonctionnement est impacté par la trajectoire passée. Le sujet fait l'inventaire des préférences, forces et besoins primaires visés, des compétences et ressources qu'il serait nécessaire de lui apporter pour y accéder, ainsi que de l'environnement qui serait le plus judicieux et accessible à cette fin. Les éléments de vulnérabilité et de ressource sont recueillis à l'aide d'une technique d'animation d'entretien spécifique.

Pour cela, elle utilise un plateau d'interaction spatiale. L'entretien animé est constitué de plusieurs phases d'entretien : étape 1 de la constitution du Plan de Vie (« éléments de vie » *du présent* et « fantômes » *présents issus du passé*), étape 2 des stratégies d'évaluation approfondie et d'accompagnement pour renforcer la capacité du sujet à se décentrer et mettre en perspectives son Plan de Vie sur trois pans : la décentration spatiale de personnes, la décentration temporelle, la décentration de besoins primaires (aspirations profondes identitaires et moyens d'accès). Pour la décentration des besoins, les dix sphères de vie sont regroupées en trois dimensions de jeu répartis entre l'épanouissement émotionnel, la réalisation intellectuelle, la relation aux autres.

Les étapes permettent une réelle centration sur les besoins, moyens d'accès et projections du sujet. Le professionnel partage avec le sujet quatre interrogations : les investissements, la cristallisation identitaire, le lien aux problématiques judiciaires et aux forces, l'évolution temporelle. L'investissement de la personne est interrogé, c'est-à-dire à quel point le sujet estime la sphère prioritaire au moment présent dans la détermination de son comportement et quel est le degré de motivation à investir dans cette sphère. Puis, la cristallisation est abordée, c'est-à-dire à quel point les valeurs de la sphère sont importantes dans l'identité de la personne (avant/après les faits/dans le futur) et quelle est la valeur aujourd'hui de cette sphère (stabilité). Ensuite, la proximité de la problématique est sollicitée, c'est-à-dire à quel point les valeurs reflètent ou soutiennent la problématique du sujet. Pour finir la notion du temps est appréciée, c'est-à-dire interroger l'évolution de la sphère concernant les précédentes caractéristiques entre avant et après le passage à l'acte ou tout autre problématique. Cette évolution est questionnée sous l'angle de la perception de l'individu sur lui-même. D'un point de vue psychocriminologique, le « temps » renvoie à la projection ou à l'obstacle d'un futur. Cette projection se caractérise par la confiance que le sujet s'accorde, la maîtrise de son environnement à travers les différentes temporalités et la capacité à planifier et concrétiser ses aspirations éventuelles.

Les caractéristiques du GLM peuvent être identifiées selon trois sources : le passé, le présent et le futur de la personne. S'agissant du passé, cela se traduit par ce à quoi la personne a eu accès, qui a été d'une influence sur sa personnalité et son comportement, et quelles expériences ont été appréciables dans sa vie. Ensuite, le présent représente les compétences développées pendant le traitement de la personne. Pour finir, les aspirations et la projection dans le futur équivalent à l'avenir. Cela tient compte du réalisme et la mesure dans lequel il est envisageable. Les besoins humains tendent à provenir d'aspirations fantasmées et difficiles à réaliser. Dans le contexte actuel, de telles aspirations peuvent être contestées, à travers le développement d'alternatives. L'établissement du Plan Futur renforce les sujets dans l'écoute active, le partage, l'alliance relationnelle, et facilite ainsi le travail de réhabilitation ou de thérapie. Il est important de réussir à projeter la personne dans le futur, à ce qu'elle se sente en adéquation avec son Plan et qu'elle parvienne à s'imaginer dans un futur lointain et proche.

## *Etude de cas : présentation et Plans de vie Temporels*

### *Cas 1 : Christophe*

Christophe est un adolescent de 14 ans orienté pour un suivi psychologique concernant des troubles du comportement sexuel et des accès de violence. Il vit actuellement dans une famille d'accueil avec deux autres enfants placés (Séverine 9 ans et Jean 14 ans) et une fratrie de trois enfants (Pierre 19 ans, Paul 15 ans et Jacques 13 ans). Dans sa famille biologique, des faits de violence et de carence éducative ont été reconnus envers Christophe. Toutefois, il a encore des contacts réguliers avec ses parents, à la fréquence d'une visite le weekend tous les 15 jours. Sa première consultation s'est faite à la suite d'un tragique évènement. D'abord suivi par un autre psychologue, Christophe a accusé ce dernier d'attouchements sexuels. Sur ces accusations, le psychologue a mis fin à ses jours. Christophe était suivi pour des comportements sexuels inadaptés et des accès de violence à l'école. Il avait des comportements masturbatoires déplacés (aux yeux de tous) et dans des endroits inappropriés (chambre des parents d'accueil, éjaculation sur leur lit).

Scolarisé, il avait également des problèmes de comportements notamment de violence verbale (insultes, vocabulaire sexuel déplacé). Son père d'accueil rapporte également un évènement de nature violente. Lors d'un bain donné au chien de la famille, Christophe aurait ébouillanté ce dernier. Ses premières visites chez le psychologue avaient déjà été fructueuses, avec un changement de comportements notamment à l'école, rapportés par la famille d'accueil. C'est donc dans ce cadre que nous rencontrons Christophe. Deux psychologues sont nécessaires à son suivi psychologique à chaque séance, à la suite des accusations perpétrées à l'encontre de son premier psychologue. Durant la première séance avec Christophe, il a été très difficile de nouer le contact avec lui. Très renfermé, il a mis beaucoup de temps à se sentir à l'aise et à communiquer. Les questions d'intérêts pour le GLM sont les définitions des besoins humains, qui ont construit le sens de l'identité personnelle de Christophe. La définition de ses besoins a été construite grâce à son plan de vie présent et futur. S'agissant du passé, Christophe a vécu des violences au sein de sa famille biologique. Il a mis en place des comportements inadaptés de nature sexuelle. Cependant, au cours des entretiens, nous avons choisi de ne pas évoquer ses passages à l'acte (masturbation dans la chambre des parents d'accueil). L'approche GLM ne consiste pas à évaluer la réceptivité de la personne afin de lui administrer un type de traitement particulier. Pour ce qui est du présent, nous avons évoqué avec Christophe les efforts qu'ils avaient déjà fournis avec le premier psychologue, racontés par son père d'accueil.

Néanmoins, certains comportements problématiques persistaient chez Christophe, notamment les comportements masturbatoires inadaptés et les accès de violence verbale à l'école.

Dans son plan de vie présent, la famille de Christophe est particulièrement importante pour lui, tant sa famille biologique, que sa famille d'accueil. En plus d'y consacrer du temps, il y accorde également beaucoup d'importance. Les membres de sa famille jouent un rôle important dans sa construction personnelle. L'avis de chacun compte pour lui. Du point du vue de Christophe, tout ce qui a trait à la sexualité, problématique ou non, est considéré comme négatif. Elle est vue comme quelque chose de mal et dégradant. Le personnel de justice auquel il a pu être confronté au cours de son parcours est vu comme un groupe de personnes avec un minima d'importance et une valeur assez négative. Christophe ne prend pas en compte leur utilité dans son parcours. Dans son plan de vie, un besoin fondamental important est la notion de plaisir, traduite à travers les activités qu'il peut avoir, comme par exemple jouer aux jeux vidéo, aux sorties avec ses amis, aux vacances… Ces activités représentent une valeur importante et ont un impact positif sur lui. L'école est vue comme utilitaire afin d'accéder à son projet professionnel. En effet Christophe souhaite intégrer un CAP mécanique.

A travers ce plan de vie nous pouvons constater que Christophe a une bonne vision globale de ce que représente sa vie aujourd'hui et qu'il est ancré dans la réalité. Cependant, il ne fait pas la différence entre ce qui est bon pour lui et ne l'est pas. Notamment pour ce qui est de la sexualité, il a en a une vision assez négative, de même que pour le personnel de justice, qui sont perçus comme inutiles dans son histoire d'aujourd'hui. Concernant son plan de vie futur, Christophe s'est projeté dans 4 ans. Nous y retrouvons toujours la famille, les amis, les activités à travers la notion de plaisir. A cela viennent s'ajouter le travail, continuité de son projet personnel de devenir mécanicien et une petite amie. La sexualité et le personnel de justice ont disparu. Afin d'arriver à ce plan de vie, Christophe imagine une version du futur. Il soumet l'idée que si sa problématique sexuelle disparait, ainsi que ses comportements préoccupants, sa famille se rapprochera de lui à travers différents comportements (tendresse, soutien…). En outre, il aura davantage confiance en lui afin d'avoir une petite amie. De ce fait, il n'aurait plus besoin du personnel de justice et principalement du psychologue.

Christophe s'appuie beaucoup sur sa famille en termes de ressources, il tient compte de la place importante qu'elle occupe dans ses propres changements de comportements. Dans cette projection, Christophe a su se construire une identité en adéquation avec ses valeurs. Il a su mettre en place et développer des comportements adaptés afin d'accéder à son projet.

Cet axe de travail du GLM a permis une bonne qualité de l'alliance thérapeutique avec Christophe. Nous avons remarqué l'évolution de son intérêt au cours des entretiens et l'investissement qu'il a fourni au cours des séances. Christophe est capable de mettre en place des comportements adaptés à la société d'aujourd'hui, afin de se sentir davantage intégré, dans sa famille d'accueil et également à l'école.

### *Cas 2 : Julien*

Julien est un homme de 36 ans, en obligation de soins, à la suite de consultations pédopornographiques sur internet. En couple depuis 2013, il n'a pas d'enfant et est en recherche d'emploi. Ses parents sont décédés et il n'a plus de contacts avec ses deux frères aînés. A l'âge de 9 ans, il a subi des attouchements sexuels par son cousin. Il se présente comme plutôt solitaire et dit ne pas avoir d'amis, qu'il ne les voit plus. Lors des premiers entretiens, il décrit très peu d'activités et de loisirs (promenade et télévision). Au cours du suivi, il a été obligé de déménager car vivant près d'une école. De plus, il était en attente de jugement. Une injonction de soins psychiatriques a été prononcée. Il explique que la « *première vidéo était un accident* » en 2014 et que par la suite il est « *tombé dans le piège* ». Sa consultation de vidéos et photos était assez régulière, deux à trois fois par semaine avec environ 100.000 fichiers à caractère pédopornographique dans son ordinateur. Il prétend s'être volontairement fait arrêter (« *Heureusement que ça s'arrête* »), car cela nuisait à sa vie affective et sexuelle. Son passé est expliqué comme assez difficile dans les relations aux autres. Sa mère est décrite comme calme, son père abusant de l'alcool et ses frères comme jaloux. Durant toute sa scolarité, il a subi beaucoup de harcèlement (insultes, vols, crachats). Au cours des entretiens, Julien décrit des phases de stress intense. En conséquence, nous avons travaillé avec lui des exercices de cohérence cardiaque. Au fur et à mesure, il décrit moins de pensées négatives et moins d'anxiété.

Nous retrouvons dans son plan de vie, les amis, qui en réalité ne représentent qu'une seule personne, son seul ami en qui il a confiance (Eric). Sa conjointe, Jeanne, qui partage sa vie depuis 4 ans est dépeinte comme très présente « *toujours là pour me soutenir dans les bons comme dans les mauvais moments* ». Il décrit aussi des loisirs, tels que des sorties, qu'il partage avec sa compagne. Cela lui permet de « *voir du monde* », de « *faire les magasins* ». Plusieurs fantômes sont présents dans son plan de vie. Il révèle une souffrance émotionnelle quant à la perte de ses parents. La valeur associée n'est pas négative puisqu'il considère que cette douleur lui permet « *d'avancer* ».

La recherche d'un emploi est également très présente, puisqu'elle occupe la majorité de son temps aujourd'hui. Auparavant, il ne cherchait pas de travail. Aujourd'hui cela l'aide « *à aller de l'avant* » et permet d'augmenter son sentiment d'efficacité personnelle. Le fait de gagner de l'argent représente pour lui un élément essentiel. Julien a le projet de fonder une famille. Il se projette dans 5 années. Il se voit avec un enfant prénommé Mathilda, et se décrit comme un père attentionné et joueur. Il considère que c'est une relation basée sur le bonheur. Il projette d'avoir un emploi, paysagiste, dans lequel il est épanoui. Jeanne, sa conjointe actuelle, fait toujours partie et de sa vie, et leur relation est décrite de la même façon, à savoir fondée sur la confiance. Il dispose également d'un moyen de locomotion, un scooter qui lui permet de se déplacer dans sa vie de tous les jours (travail, loisirs). Cela est propice au sentiment de liberté et il s'en trouve très satisfait. Concernant ses amis, Julien envisage d'en rencontrer de nouveaux via les sorties qu'il fait. Ses loisirs se composent de soirées caritatives et de sorties cinémas. La définition de ses besoins primaires permet à Julien de se recentrer sur lui et de définir ce qu'il considère comme important. Il réussit à être cohérent dans la mise en place de nouveaux comportements.

### *Cas 3 : Elliot*

Elliot est un homme de 43 ans, en injonction de soins dans le cadre d'un suivi socio-judiciaire pour des faits de corruption de mineur et d'atteinte à l'intimité de la vie privée. Également, d'autres faits relatés par la fille de son ancienne compagne, à laquelle il aurait épilé l'entrejambe, sont à ajouter. Sur le plan de son histoire familiale, il dit avoir vécu chez ses parents jusqu'à l'âge de 20 ans environ. Il a un frère, plus jeune de quatre ans, infographiste et publiciste. Il garde de bons souvenirs de son enfance. Étant directeur d'un magasin alimentaire, il déclare avoir été victime d'un accident de travail en 2011 exprimé comme évènement traumatisant. Par la suite, il a été diagnostiqué en état de stress post traumatique. Depuis, il est en arrêt de travail. Son histoire affective est assez dissolue et difficile à restituer. Il a eu plusieurs compagnes avec qui il a eu plusieurs enfants, deux filles et un garçon de trois femmes différentes. L'examen psychiatrique ne révèle pas de troubles mentaux ou psychiatriques. Selon une expertise psychiatrique, il existe au niveau de la personnalité des traits hystériques sous forme d'un pseudo-altruisme et de conduites de séduction à répétition avec des liaisons qui se font et se défont, dont certaines se chevauchent même, le tout aboutissant à des situations d'échec et à des conflits relationnels. Selon une autre expertise, il est émis l'hypothèse d'une perversité grave, avec de grande capacité de manipulation. Au cours des premiers entretiens, Elliot traduit une difficulté à gérer ses émotions, une anxiété permanente et une hypervigilance.

Ce qui découle de son infraction est que « *l'affaire a été salvatrice* ». Avant, il éprouvait une difficulté à se regarder dans le miroir, aujourd'hui il a « *la tête haute* ». Ses besoins fondamentaux sont évalués à l'aide de l'élaboration de son plan de vie actuel. Nous pouvons y retrouver sa famille, répartie selon les membres : ses parents, sa fille Céline, son fils George, sa compagne Iris. Cette dernière a déjà un enfant prénommé Emile. Ces personnes représentent les relations et le fait d'aimer et d'être aimé. Nous y retrouvons également son projet de vie en Guadeloupe, dont sa compagne est originaire. Ils souhaitent dans un futur proche y faire leur vie. Cela représente la liberté, le fait de s'exprimer et de faire ses propres choix.

Le travail, les formations professionnelles, les travaux de maison sont vus comme une forme d'équilibre émotionnel. Ils permettent une forme d'évasion, de développer sa confiance en lui et améliorer l'image de lui-même. Concernant son plan de vie futur, Elliot se projette dans 1 an. Il a pour projet de vivre en Guadeloupe. Nous pouvons ainsi y retrouver beaucoup de loisirs (randonnées, sorties, sport…). S'agissant du travail, ce dernier n'est pas encore précisément déterminé. Il y a toujours la présence de sa fille Céline et une partie de sa famille restée en Métropole. A travers ce plan de vie, il tend à ressentir davantage de plaisir et bien-être à travers la diversité du paysage, le renouveau et le fait de se couper de certaines personnes. Elliot parvient à se construire une nouvelle identité grâce à la projection temporelle. Le déménagement lui permet de vivre une nouvelle vie et de modifier la totalité de son environnement.

### 3. Eléments de protection, de désistance et d'engagement

Nous avons également pu explorer, avec les trois patients, les facteurs de protection et éléments de désistance, facteurs propices à la diminution ou l'arrêt de comportement délinquantiel. Christophe a su s'appuyer sur sa famille comme une ressource de protection et de désistance. Son projet professionnel représente également une source de protection. Le fait de développer ses activités dans lequel il éprouve du plaisir représente un autre facteur de désistance. Dans le cas de Julien, sa compagne représente un facteur de désistance. Elle a su l'accompagner tout au long de son parcours juridique et semble très investie dans leur relation sur le long terme. Également comme facteur de désistance, Julien a su mettre en place un développement personnel à travers la recherche d'emploi et de loisirs. Pour ce qui est d'Elliot, sa fille représente un facteur de désistance. Ils ont une relation très fusionnelle et le déménagement en Guadeloupe représente une séparation déchirante pour les deux. Aussi, la gestion de ses émotions a représenté un facteur de désistance très important dans la vie d'Elliot.

Le but était de s'assurer que Christophe, Julien et Elliot possédaient des ressources internes (compétences, attitudes, croyances) et externes (opportunités, soutiens, accès aux ressources) pour mettre en place un plan de vie issu du GLM. Pour Christophe, les besoins essentiels étaient ceux associés à la famille (biologique et accueil), ses activités représentant le plaisir et son projet professionnel de devenir mécanicien. Ces éléments lui donnent un sentiment de confiance, de soutien et d'accomplissement de soi. Ils lui permettent de se développer socialement et de façon adaptée. Dans la situation de Julien, les besoins fondamentaux étaient associés à sa conjointe, la vie de couple et dans un futur proche de fonder une famille. Le fait de trouver un travail et d'y être épanoui représente pour lui un bien clé dans sa réussite. Il a commencé à se sentir mieux dans sa vie de couple et a décidé de chercher un travail dans lequel il se sentirait entièrement satisfait. S'agissant d'Elliot, il était particulièrement dans la réfutation de son acte. Ses besoins fondamentaux étaient surtout associés à sa famille et le fait de pouvoir prendre un nouveau départ en Guadeloupe. Il a su développer des compétences de gestion des émotions qui lui ont permis de se sentir mieux dans les relations sociales.

Nous avons remarqué que l'utilisation de cette méthode des Plans de Vie avec l'application SPHERES était efficace sur Christophe, Julien et Elliot en termes d'accompagnement de la personne. Ils étaient investis dans la thérapie et les cliniciens n'avaient pas comme premier objectif la diminution du risque de récidive. En outre, nous avons constaté que le fait de se concentrer concrètement sur l'élaboration d'un plan de style de vie plus adaptatif est très intuitif, tant pour les délinquants que pour les thérapeutes. Au départ, Christophe était très hostile et difficile d'accès, tandis que Julien était assez désinvesti et Elliot dans la réfutation de son infraction. Cette technique d'entretien permet d'évaluer la disposition au changement de la personne (interne/externe) ainsi que les ressources positives pertinentes. Ces dernières sont des éléments positifs facilitant l'épanouissement du plan de vie. Pour Christophe, ses objectifs de travail étaient tout d'abord de lui faire prendre conscience de ses comportements actuels inadaptés, afin qu'ils ne soient plus reproduits. Cela a permis d'accéder à son plan de vie futur et par la suite, déterminer des comportements qu'il pourra mettre en place pour parvenir à une vie satisfaisante pour lui. Le but était de lui démontrer qu'une modification de comportement chez lui, amènera à des changements chez les autres, et non l'inverse. A terme, nous conseillons également de la psychoéducation sexuelle, qui pourrait être administrée par le personnel de justice qui le suit régulièrement. En ce qui concerne Julien, en premier lieu, son niveau d'anxiété était assez élevé au début des entretiens. En conséquence, des exercices de cohérence cardiaque lui ont été conseillés, dans le cadre d'une pratique régulière. Cela a pour effet de l'apaiser et d'avoir une meilleure qualité de sommeil.

En second lieu, les objectifs de travail portaient principalement sur les comportements à mettre en place afin d'adopter un système de « bonne vie », notamment en vie de couple, de travail et de développement personnel. Pour Elliot, ses objectifs de travail reposaient sur plusieurs champs d'actions : la gestion émotionnelle, les perspectives futures et de l'identité, et le traitement de l'état de stress post traumatique.

Les composants de base qui sous-tendent généralement le traitement cognitivo-comportemental des délinquants sexuels reposent sur la modification des attitudes et perceptions, l'amélioration des compétences relationnelles, le reconditionnement des habiletés d'adaptation, l'accroissement de l'empathie plus spécifiquement pour la victime, la régulation des émotions et l'identification des voies d'infraction (Marshall, 1999). Nous pouvons noter l'absence de construction de plan de vie passé chez les patients. Le but est de se concentrer sur le plan de vie futur, ce qui permet à la personne de se projeter dans un futur proche et de mettre en place des comportements immédiats. De plus, chaque vignette clinique est étayée par des hypothèses sur ce que constitue un résultat souhaitable et par conséquent, indique une vision du bien-être et de l'accomplissement de soi. Nous ne pouvons pas choisir la vie des individus, mais nous avons été clairs pour ce qui est de la projection future, c'est-à-dire qu'elle devait être réalisable et raisonnable.

Le GLM-temporel (TIM-E) via l'outil SPHERES permet à la personne de se sentir davantage investie dans la prise en charge psychologique. En outre, la personne ne se sent pas « interrogée » ou évaluée. C'est un ressenti souvent présent pour les individus en obligation ou injonction de soins. Les personnes sont plus « libérées » sur leur vie et les éléments qui la composent. Cela facilite le clinicien quant au recueil de données sur la personne et ainsi permettre de mieux adapter ses objectifs et son traitement. Le support donne lieu à un cadre non-officiel et une parole du patient plus libérée. De plus, il permet au clinicien d'améliorer l'alliance thérapeutique, qui est essentielle dans le traitement des auteurs d'infraction. Pour rappel, selon le GLM, les délinquants sexuels recherchent les mêmes objectifs dans la vie que les autres individus, mais choisissent des voies inappropriées (Marshall et al., 2005). Il convient ainsi d'aborder le traitement par la mise en place d'attitudes positives et de valoriser la confiance en soi afin de répondre aux besoins de façon appropriée. C'est de cette façon que nous avons choisi de fonctionner dans notre étude. Nous avons ainsi aidé les patients à se fixer des objectifs qui leur permettent de mener une vie socialement acceptable et satisfaisante. Ils ont pu créer un climat propice à générer le réalisme et l'optimisme quant à leurs perspectives de réussite d'objectifs. Par ce biais, nous avons initié l'amélioration des compétences, l'instigation d'attitudes prosociales et le sentiment d'estime de soi du patient.

Toutefois, toutes ces données n'ont pas été mesurées directement à l'aide d'instruments, afin que le patient ne se sente pas évalué. Néanmoins, toutes ces améliorations dans la vie de la personne ont participé à augmenter la réceptivité dans le traitement et d'adopter un changement de comportements.

Le déficit de sentiment d'auto-efficacité lié aux rechutes (et inversement) facilite le sujet à adapter son schéma cognitif vers l'acceptation de la récidive et la planification ou l'évitement propice à celle-ci (Ward et al., 2004). Nous intégrons ici la planification de l'avenir visant à sécuriser le futur en projetant la personne. Cela passe par le fait d'imaginer le meilleur dans un plan de vie global, afin de déterminer des stratégies adaptées aux besoins fondamentaux qui permettent à l'individu de développer des compétences dans son processus de réinsertion. L'objectif de cette évaluation est de décrire le plan de vie de la personne et les dimensions de vie importantes pour elle, et celles ayant contribué au processus criminogène en raison des valeurs ou des moyens d'investissement rattachés. La nature constructive du GLM avec l'application SPHERES a aidé à dissiper les réticences et à comprendre que l'un des objectifs de leur thérapeute était de s'assurer qu'ils vivaient et vivraient une vie meilleure et moins néfaste. C'est une méthode permettant à la fois une évaluation et un accompagnement de la personne. Le thérapeute aide la personne à définir des objectifs, trouver les ressources à développer, la méthode d'application de ses ressources. Ainsi, à court terme ou à long terme, il peut estimer son évolution et le risque de rechute. Le temps façonne la personnalité, les valeurs et le changement chez les individus. Chez une même personne, les besoins fondamentaux sont généralement identiques au fil du temps. C'est l'équilibre accordé à chacun des besoins qui est modifié au cours du temps. La vie est en constante évolution mais vise la stabilité. Le sens est un outil important pour imposer la stabilité au flux de la vie (Baumeister, 2013). Le voyage temporel mental aide à la création d'un sentiment stable d'identité personnelle et permet aux individus de tirer le confort psychologique des moments positifs dans le passé (Vess et al., 2018).

**Références**

Baumeister, RF., Vohs, KD., Aaker, JL., Garbinsky, EN. (2013). Some Key Differences between a Happy Life and A Meaningful Life. The Journal of Positive Psychology, 8 : 505-516.

Corneille, S., & Henrard, N. (2017). Le Good Lives Model : un modèle alternatif au modèle de prévention de la récidive. In Dieu E. Les Innovations Criminologiques. L'Harmattan, p.89-108.

Corneille, S., & Devillers, B. (2017). Quand le Good Lives Model rencontre les travailleurs psychosociaux : une invitation à un changement de posture professionnelle. Service social, 63(1): 12–28.

De Vries Robbé, M., & Willis, G. (2017). Assessment of protective factors in clinical practice. Aggression and Violent Behavior, 32: 55-63.

De Vries Robbé, M., Mann, R. E., Maruna, S., Thornton, D. (2015). An exploration of protective factors supporting desistance from sexual offending. Sexual abuse: a journal of research and treatment, 27: 16-33.

Dieu, E. (2013). SPHERES : Sa Propre Histoire En Reconstruction : Etre Soi. ARCA. Cf. Dieu, E. (2017). Outils « MC-FLY », « SPHERES », INDICE » ? L'approche globale de l'évaluation et de l'accompagnement au sein des entretiens initiaux, approches méconnues de l'Entretien Temporel et du GLM. In : Dieu, E. (Dir.), Les Innovations Criminologiques. L'Harmattan, Paris, p. 174-209.

Dieu, E. (2016). « Du modèle temporaliste TIM-E au protocole PRATIC : l'effectivité du GLM ». Conférence orale plénière, GOOD LIVES MODEL, Première rencontres internationales francophones, Tournai, Belgique.

Harkins, L., Flak VE., Beech, AR., Woodhams, J. (2012). Evaluation of a community-based sex offender treatment program using a good lives model approach. Sex Abuse, 24(6): 519-543.

Lindsay, W.R., Ward, T., Morgan, T., Wilson, I. (2007). Self-regulation of sex offending, future pathways and the Good Lives Model: Applications and problems. Journal of Sexual Aggression, 13: 37-50.

Marshall, WL. (1999). Current status of North American assessment and treatment programs for sexual offenders. Journal of Interpersonal Violence, 14(3): 221-239.

Marshall, WL., Ward, T., Mann, RE., Moulden, H., Fernandez, YM., Serran, G., Marshall LE. (2005). Working Positively With Sexual Offenders Maximizing the Effectiveness of Treatment. Journal of Interpersonnal Violence, 20(9): 1096-1114.

Thornton, D. (2016). Developing a theory of dynamic risk. Psychology, Crime, & Law, 22: 138-150.

Vess, M., Hoeldtke, R., Leal, SA., Sanders, CA., Hicks, JA. (2018). The subjective quality of episodic future thought and the experience of meaning in life. The Journal of Positive Psychology, 13(4): 419-428.

Ward, T. (2016). Dynamic risk factors: Scientific kinds or predictive constructs? Psychology, Crime, & Law, 22(1-2): 2-16.

Ward, T. (2002). Good lives and the rehabilitation of offenders Promises and problems. Aggression and Violent Behavior, 7: 513-528.

Ward, T. (2017). Prediction and Agency: The Role of Protective factors in Correctional Rehabilitation and Desistance. RUNNING HEAD: Protective factors.

Ward, T., & Beech, A.R. (2015). Dynamic risk factors: A theoretical dead-end? Psychology, Crime & Law, 21: 100-113.

Ward, T., Day, A., Howells, K., Birgden, A. (2004). The multifactor offender readiness model. Aggression and Violent Behavior, 9(6): 645-673.

Ward, T., & Fortune, C-A. (2016). From dynamic risk factors to causal processes: a methodological framework. Psychology, Crime & Law, 22(1-2): 190-202.

Ward, T., Mann, R., Gannon, T.A. (2007). The Good Lives Model of rehabilitation : Clinical implications, Aggression and Violent Behavior, 12(1): 87-107.

Ward, T., Yates, P.M, Willis, G.M. (2012). The Good Lives and the Risk Need Responsivity model : a critical response to Andrews, Bonta & Wormith (2011). Criminal Justice and Behavior, 39(1): 94-110.

Willis G.M., Yates P.M., Gannon T.A., Ward T. (2013). How to integrate the Good Lives Model into treatment programs for sexual offending. Sexual abuse: A Journal of Research and Treatment, 25(2): 123-142.

Willis, GM., & Ward, T. (2011) Striving for a good life : The good lives model applied to released child molesters, Journal of Sexual Aggression, 17(3): 290-303.

## Chapitre 4 : Quand la Justice restaurative rencontre le Good Lives Model : contribution à une criminologie de la confiance

Pr Lode WALGRAVE, Pr Tony WARD et Dr Estelle ZINSSTAG

En quelques décennies, la justice restaurative (JR) a trouvé sa place comme inspiration pour l'innovation des pratiques judiciaires, un enjeu central dans la recherche scientifique, les débats juridiques et socio-éthiques, et un thème omniprésent dans les réformes de la justice dans le monde. Depuis 2001, le Good Lives Model (GLM) gagne en crédibilité en tant que changement constructif dans la façon dont la réhabilitation des individus qui ont commis des crimes est poursuivie (Ward & Maruna, 2007). Ces dernières années ont vu plusieurs publications présentant la JR et le GLM comme des approches complémentaires (Ward, et al., 2014 ; Ward & Langlands, 2009 ; Walgrave, 2008). Dans ce chapitre, nous explorons leur terrain d'entente et leur complémentarité mutuelle, et les considérons comme inclus dans un développement plus large en criminologie. Premièrement, nous rappellerons brièvement les hypothèses de base et les pratiques associées à la JR. Deuxièmement, nous décrirons les hypothèses fondamentales et l'approche de la pratique du GLM. Puis, nous considérerons la nature complémentaire de la JR et du GLM. Enfin, nous situerons la JR et le GLM dans une conception plus large de la criminologie.

### 1. La Justice Restaurative

Dans la philosophie de la Justice restaurative, une infraction est principalement un acte causant de la souffrance et nuisant à la victime, à la vie sociale et à l'individu qui a commis ce délit. Par conséquent, la priorité de n'importe quelle intervention survenant après un délit (au sens général et non pénal) est d'essayer de réparer autant que possible la souffrance et le tort causé par celui-ci. Le plus important, mais non-unique outil pour parvenir à cela est un dialogue ouvert et respectueux parmi les parties prenantes à la suite de l'infraction (Zinsstag & Vanfraechem, 2012; Zinsstag & Keenan, 2017). Les individus sont vus comme des connaissances morales plutôt que comme des étrangers, ils partagent des intérêts communs et un statut moral égal. Les défenseurs de la Justice restaurative croient que, si les bonnes conditions sont remplies, la majorité des victimes et auteurs d'infraction sont disposés et capables d'en venir à un tel dialogue et d'accéder à des résultats satisfaisants.

Selon Walgrave, la Justice restaurative est « une option pour rendre Justice après la survenue du délit, qui est principalement orienté autour de la réparation du préjudice individuel, relationnel et social causé par cette (infr)action » (Walgrave, 2008, p. 21). Zehr et Mika (1998) décrivent trois principes fondamentaux qui sous-tendent les initiatives de justice réparatrice, résonnant avec les idées de base dans cette définition. Premièrement, la conduite criminelle viole les gens et leurs relations entre eux. Une telle violation nuit à tous les intervenants clés du crime—victimes, auteurs d'infraction et communautés—dont les besoins doivent être activement traités par un processus réparateur de quelque sorte. Deuxièmement, les crimes entrainent à la fois des obligations et des responsabilités pour les auteurs d'infraction. L'auteur d'infraction est encouragé, pressé ou obligé de prendre une responsabilité active dans la criminalité et de tenter de réparer le préjudice causé (Braithwaite & Roche, 2001). Cela est différent de ce qui se passe dans la procédure de Justice pénale traditionnelle, où l'auteur d'infraction est découragé à prendre la responsabilité, ou bien il la prend passivement. Il doit donc dans ce cas subir une punition uniquement si sa culpabilité a été démontrée. De plus, la communauté est obligée de soutenir aussi bien la victime que l'auteur d'infraction en ce qui concerne les effets du crime. Troisièmement, le but de la Justice restaurative est de faciliter la cicatrisation de la communauté en réparant les préjudices venant des crimes, plus spécialement, les fractures dans les relations entre victimes, auteurs d'infraction, et la communauté qui se produisent inévitablement après l'agression.

La recherche axée sur les résultats ne conduit pas à des résultats positifs sans ambiguïté (Bonta, et al., 2006 ; Walgrave, 2011 ; Ward, et al., 2014). La satisfaction des victimes participantes et des auteurs d'infraction est une conclusion positive stable. À ce stade, il doit être rappelé que la JR n'est pas un nouveau programme de traitement, et que réduire la récidive n'est donc pas sa préoccupation première. Cependant, plusieurs raisons sont avancées quant au « pourquoi » la pratique de Justice restaurative pourrait aussi avoir un impact positif sur la récidive. L'effet observé est fondamentalement positif, mais variable et pas toujours convaincant. Une des raisons pourrait être la variabilité de la qualité intrinsèque des processus de restauration examinés. Des raisons plus fondamentales sont également avancées, dont une peut être la contradiction profonde entre la JR et la nature orientée sur le risque de la plupart des projets d'évaluation axés sur les résultats dans le domaine de la Justice pénale. Le modèle dominant de réhabilitation dans le domaine correctionnel, modèle Risk-Needs-Responsivity (Risque-Besoins-Réceptivité) (RNR - Bonta & Andrews, 2017) est principalement orienté vers la réduction des risques envers la communauté et seulement secondairement (voire pas du tout) préoccupé par les intérêts fondamentaux de ceux ayant commis des crimes.

Cette préoccupation est aussi évidente dans l'application du modèle à des contextes de Justice restaurative (Bonta, et al., 2006). Tandis que la Justice restaurative voit l'auteur d'infraction comme un agent moral, capable de prendre des options responsables et constructives, l'approche du « *What works* » ne le fait pas. L'approche « *What works* » voit l'auteur d'infraction comme une porteur de risques et un objet passif de l'intervention, une sorte de machine à réparer par un ingénieur externe. L'objectif de correction et de programmes de probation est de remplacer ou de modifier les croyances « criminogènes », les comportements ou les contextes, plutôt que de promouvoir les motivations prosociales par le biais de dialogues ouverts et mutuellement respectueux avec les personnes qui ont été reconnues coupables de crimes.

La Justice restaurative dépouille les conceptions du crime, de criminels et de lutte contre la criminalité de leur caractère exceptionnel. Elle considère ceux qui commettent un crime ni comme un type particulier d'individus dangereux méritant d'être banni, ni comme des mauvaises personnes, mais comme des êtres humains avec leurs propres forces et faiblesses. Ils seraient simplement des humains qui cherchent une bonne vie en harmonie avec leur environnement social, mais qui, par des conditions malheureuses et des choix imparfaits, en viennent à agir comme ils l'ont fait. Fondamentalement, la Justice restaurative a cette approche normalisante pour tous ceux impliqués dans les conséquences de la criminalité et regarde à la fois la victime et l'auteur d'infraction comme des personnes normales et raisonnablement responsables. Elle suppose que, dans de bonnes conditions, les victimes tout comme les auteurs d'infraction seront disposées à essayer de trouver ensemble une solution qui soit acceptable pour toutes les parties, y compris les intérêts de l'ensemble de la collectivité et de la sécurité publique. Elle croit qu'un processus de restauration offrant à l'auteur d'infraction l'opportunité de compenser le mal causé peut être une aide importante dans la quête de réhabilitation de l'auteur d'infraction.

Alors que les « activités principales » de la JR sont de réparer le crime ayant causé un préjudice et de rétablir les relations endommagées, il ouvre également un potentiel important pour la réhabilitation des auteurs d'infraction (Benachour & o ' Brien, 2002 ; Harris et al., 2004 ; Bonta, et al., 2006). Plusieurs facteurs et dynamiques entrent en jeu : 1) la confrontation face à face avec le mal et la souffrance causés, 2) le respect et le soutien de personnes expérimentés durant la rencontre, 3) la chance offerte pour se rattraper et être ré-accepté en tant que citoyen respectueux des lois, 4) la satisfaction ressentie quand les gestes réparateurs ont été réalisés avec succès et sont valorisés par des personnes importantes.

Un élément majeur est cependant qu'une rencontre restaurative bien menée est une opportunité pour l'auteur d'infraction et sa communauté de soins de reconnaître que les choses vont vraiment mal. Ils peuvent être prêts à accepter un suivi psychologique et social. Et voici où le Good Lives Model prend le relais. Comme dans la Justice restaurative, le Good Lives Model fonctionne aussi avec des « camarades de route » qui sont étiquetés « auteurs d'infractions » (Ward & Maruna 2007 : 176), mais il se concentre sur la réhabilitation. La Justice Restaurative se concentre sur l'acte et ses conséquences et crée l'espoir d'une possible réhabilitation chez l'auteur d'infraction. Le Good Lives Model se concentre sur cette voie vers la réhabilitation par un soutien motivant renforçant les capacités.

## 2. Le Good Lives Model

Les praticiens exigent des théories de la réhabilitation, essentiellement des cadres conceptuels, pour les aider à traverser les différents défis et problèmes qui apparaissent lorsqu'ils travaillent avec des auteurs d'infraction (Ward & Maruna, 2007). Idéalement, ces cartes serviront de guides sur les questions urgentes telles que les objectifs de l'intervention, ce qui constitue le risque, quelles sont les causes générales du crime, comment mieux gérer et travailler avec des individus, et comment mieux équilibrer les besoins et les désirs des auteurs d'infraction avec les intérêts de la communauté. Ces dernières années, les approches axées sur les points forts à travailler avec des auteurs d'infraction ont été formulées comme une alternative au très populaire modèle Risk-Needs-Responsivity (Risque-Besoins-Réceptivité) (RNR ; Andrews & Bonta (2010) de la réhabilitation des auteurs d'infraction (cf. Ward, Gannon, & Fortune, 2015 ; Ward & Maruna, 2007). En un mot, le principal objectif des approches de gestion des risques réside dans la détection et la modification des facteurs de risque dynamiques (c'est-à-dire, besoins criminogènes), tandis que les perspectives axées sur les points forts cherchent à créer des compétences chez les auteurs d'infraction et réduire des risques plus indirectement.

Le GLM « commence à partir de l'hypothèse que les auteurs d'infraction sont essentiellement des êtres humains avec des besoins et des aspirations semblables à celles des membres non-auteurs d'infraction de la communauté » (Ward & Maruna, 2007 : p. 24). Il n'y a pas un traitement magique pour réhabiliter l'auteur d'infraction ; la motivation de la personne lui/elle-même est cruciale. Mais sans un espoir réaliste que l'aspiration se réalise, ils ne s'engageront pas dans un effort durable pour surpasser la situation délictueuse. Une aide appropriée peut favoriser cet espoir. C'est pourquoi Ward et Maruna posent la question « qu'est ce qui aide ? » au lieu de « qu'est ce qui fonctionne ? »

Le GLM repose sur le concept d'éthique de la dignité humaine (Ward & Syversen, 2009) et des droits universels de l'Homme, et il met en tant que tel un fort accent sur l'*agency*. Autrement dit, le GLM se préoccupe de la capacité des individus à formuler et sélectionner des objectifs, construire des plans et d'agir librement dans la mise en œuvre de ces plans. Une hypothèse étroitement liée est le postulat de base que les auteurs d'infraction, comme tous les êtres humains, apprécient certains états d'esprit, des caractéristiques personnelles et des expériences, qui sont définies dans le GLM comme des besoins primaires. Les besoins humains primaires (PHGs) sont définis comme des actions, des états des lieux, des caractéristiques, des expériences et des états d'esprit qui sont intrinsèquement bénéfiques aux êtres humains, et qui sont recherchés pour leur propre besoin plutôt que comme un moyen vers une fin plus fondamentale. Cela signifie qu'ils ont une valeur intrinsèque (sont significatifs et précieux en eux-mêmes) et représentent de plus des buts fondamentaux et des finalités du comportement humain.

Après un examen approfondi des recherches psychologiques, sociales, biologiques et anthropologiques, Ward et ses collègues (Purvis, et al., 2013 ; Ward, 2010 ; Ward & Maruna, 2007) ont identifié 11 besoins primaires : *life* (vie) (mode de vie sain et fonctionnement physique optimal, répondant à ses besoins fondamentaux pour la survie) ; *knowledge* (connaissances) (basé sur la façon dont on se sent sur les choses qui sont importantes pour eux) ; *excellence in play* (excellence dans le jeu) (réalisation et maîtrise en matière de loisirs et activités récréatives) ; *excellence in work* (excellence dans le travail) (réalisation et maîtrise en ce qui concerne les activités professionnelles, y compris l'éducation et la formation) ; *excellence in agency* (autonomie, pouvoir personnel et auto-direction) ; *inner peace* (paix intérieure) (être émotionnellement compétent, avoir des compétences de régulation émotionnelle, se référant aussi au désir des gens d'avoir un équilibre émotionnel et d'être à l'abri de la tourmente et de la détresse émotionnelles) ; *relatedness* (relation) (y compris les relations intimes, romantiques et familiales) ; *community* (communauté) (avoir un sens plus large d'appartenance et de connectivité sociale aux groupes ayant des intérêts, valeurs et objectifs partagés) ; *spirituality* (spiritualité) (au sens large de trouver un sens et un but dans la vie) ; *pleasure* (plaisir) (se sentir bien dans l'Ici et Maintenant, l'hédonisme et autosatisfaction saine) ; et *creativity* (créativité) (s'exprimer par le biais de formes alternatives).

Les besoins instrumentaux, ou *besoins secondaires*, fournissent des moyens concrets de sécuriser les besoins primaires et prendre la forme d'objectifs d'approche. Par exemple, terminer un apprentissage pourrait satisfaire les besoins primaires de la connaissance et d'excellence dans le travail, alors que se joindre à une équipe de sports adulte ou club culturel pourrait satisfaire le bien primaire de l'amitié.

Le GLM représente une approche basée sur les points forts à travailler avec des auteurs d'infraction et repose sur l'idée que, pour que les changements à long terme soient réalisables, les auteurs d'infraction doivent avoir la possibilité d'améliorer leurs conditions de vie ; vies qui sont à la fois personnellement significatives et socialement responsables (Ward & Fortune, 2016). Par ailleurs, la meilleure façon de réaliser ces perspectives à long terme est par l'intermédiaire de renforcement des capacités. Autrement dit, si les individus doivent avoir une chance réelle d'abandonner leurs comportements nuisibles, au lieu de vivre des vies saines, prosociales et significatives, alors ils doivent être équipés pour vivre différemment. Le simple fait de leur apprendre à identifier leurs propres facteurs de risque et d'éviter ces scénarios où ils sont susceptibles de se livrer à des comportements antisociaux, est au mieux un pansement pour la « réussite » d'un ordre correctionnel.

Alors que l'objectif central du GLM est de consolider les capacités psychologiques et sociales, il est également important de comprendre qu'il donne également une attention particulière à la réduction des risques. En fait, le GLM plaide pour un double accent sur la *gestion des risques et la promotion des besoins* (Ward, 2010). Autrement dit, l'application du GLM dans la gestion de l'auteur d'infraction a deux buts associés, soit : (1) *monitoring of risk* (surveillance du risque) : gérer le risque affecté à la communauté (gestion des risques) et (2) *engagement* (engagement) : améliorer le bien-être des individus en augmentant les forces et les capacités pour qu'ils soient mieux équipés pour vivre une vie sociable et personnellement significative (promotion des besoins). La prémisse de base du GLM est que, la réhabilitation est un processus évaluatif et de renforcement des capacités, par laquelle le changement exige non seulement le ciblage des « facteurs » isolés, mais aussi la reconstruction holistique du soi (Ward, 2010). Les individus donnent la priorité aux besoins primaires et leur identité personnelle émerge de la façon dont leur besoin primaire le plus investi est traduit en pratiques sociales et vie quotidienne. Le sens émerge de la poursuite de buts valorisants dans des environnements qui les satisfont. L'astuce consiste à s'assurer que la bonne poursuite du sens, du bien-être et du comportement légal.

L'objectif d'intervention correctionnelle selon le GLM est la promotion de besoins primaires, ou des besoins humains qui, une fois remplis, améliorent le bien-être psychologique (Ward & Brown, 2004). En appliquant le GLM, l'évaluation débute par cartographier la conceptualisation de « bonne vie » de l'auteur d'infraction en identifiant la pondération donnée aux divers besoins primaires.

Cela est réalisé grâce au fait de (i) poser des questions de plus en plus détaillées à propos des engagements fondamentaux de l'auteur d'infraction dans la vie et ses activités et expériences quotidiennes valorisées, et (ii) identifier les buts et valeurs sous-jacentes qui étaient évidentes dans les actions liées à l'infraction. Une fois que la conceptualisation de ce qui constitue une bonne vie chez l'auteur d'infraction est comprise, des besoins secondaires tournés vers l'avenir visant à satisfaire d'une manière socialement acceptable les besoins primaires d'un auteur d'infraction sont formulés en collaboration avec l'auteur d'infraction et traduits en un plan de traitement de bonne vie. Le traitement est personnalisé pour aider l'auteur d'infraction à mettre en œuvre son plan d'intervention de bonne vie et à répondre simultanément aux besoins criminogènes qui pourraient bloquer l'accomplissement des besoins. En conséquence, l'intervention pourrait également renforcer les capacités internes, les compétences, maximiser les ressources externes et les soutiens sociaux pour satisfaire les besoins humains primaires de manière socialement acceptable.

Du point de vue du GLM, les risques de récidive sont ici réduits de deux manières. Tout d'abord, l'établissement de capacités internes et externes nécessaires pour atteindre les besoins primaires (ou plus généralement, à mettre en place un plan de bonne vie) de manière socialement acceptable et personnellement épanouissante peuvent *directement* modifier les facteurs de risques dynamiques. Par exemple, acquérir les compétences nécessaires pour devenir mécanicien pourrait favoriser le développement de compétences pour la concentration et la régulation émotionnelle, réduisant ainsi l'impulsivité, un besoin criminogène. Deuxièmement, la réduction du risque peut se produire *indirectement* quand un auteur d'infraction est fortement motivé à travailler dur dans le traitement en raison de son implication dans des projets qui l'engagent personnellement. Par exemple, un individu pourrait travailler dur à surmonter ses problèmes d'alcoolodépendance parce qu'il veut vraiment suivre une formation de mécanicien.

## 3. La Justice Restaurative et le Good Lives Model

Se voir offrir la possibilité de compenser les dommages causés ouvre une fenêtre sur un futur socialement intégré et ainsi être une motivation majeure dans la quête de réhabilitation des auteurs d'infraction. Cependant, pour réussir sa réhabilitation, l'auteur d'infraction doit être aidé (par des « aidants naturels » et par des professionnels), et il/elle a besoin d'un minimum de conditions sociales et de perspectives favorables. La raison principale faisant que les processus restauratifs réduisent moins la récidive que ce qui est théoriquement attendu tient probablement au fait que beaucoup de ces processus ont une vision à court terme.

Ils peuvent aider à déclencher la motivation appropriée chez l'auteur d'infraction, mais ne changent pas les conditions sociales de la vie de l'auteur d'infraction et manquent de stratégie adéquate de suivi (Walgrave, 2011). Le GLM offre un complément parfait pour cela.

Tant dans la JR que dans le GLM, on retrouve une accentuation dans le rétablissement des relations entre les victimes, les auteurs d'infraction et la communauté. Théoriquement, les deux perspectives partagent une approche au niveau de la communauté quant aux graves violations normatives, où une grande place est accordée sur la façon dont les concepts et les principes éthiques sont utilisés dans les communautés pour soutenir et réparer les relations endommagées par le crime. Les liens théoriques entre la JR et le GLM peuvent être vus à travers le prisme d'un ensemble d'idées éthiques et pratiques appelées *moral repair (réparation morale)* (Walker, 2006). Walker (2006) indique que la réparation morale est un moyen de « restaurer ou créer la confiance et l'espoir dans un sens des valeurs et de la responsabilité partagé » (p. 28) à la suite de l'expérience du préjudice intentionnel et injustifié aux mains d'une autre personne ou d'autres personnes. Selon Walker, les six tâches fondamentales constituant une réparation morale aident collectivement les individus au sein d'une communauté à restaurer la confiance en autrui et à avancer de manière constructive et mutuellement respectueuse suite à l'expérience d'une faute grave: (1) Placer la responsabilité sur l'auteur de l'infraction, (2) reconnaitre et aborder le préjudice dont souffre la victime, (3) affirmer l'autorité des normes violées par l'auteur d'infraction et l'engagement de la communauté à leur égard (4) restaurer ou créer de la confiance parmi les victimes dans les normes pertinentes et les pratiques qui les expriment, (5) créer l'espoir que les normes et les personnes responsables qui les soutiennent sont dignes de confiance et (6) établir ou rétablir des relations morales adéquates entre les victimes, les malfaiteurs et la communauté.

Le contexte social et éthique pour ces tâches est la reconnaissance du fait que nous ne pouvons que vivre ensemble. En conséquence, nos comportements et nos choix influencent inévitablement les conditions de vie de nos pairs. Cela crée des droits et responsabilités mutuels, qui sont le fondement de toute éthique sociale. Nous sommes tous dirigés par l'intérêt personnel. Mais nous partageons l'intérêt de vivre dans une communauté au bon fonctionnement respectueux et solidaire. C'est ce que Walgrave a appelé « intérêt commun » (Walgrave, 2008). Putnam parle « d'intérêt personnel bien compris » (Putnam, 2000, p. 135). Nous investissons dans la vie sociale, parce que nous attendons la réciprocité de nos concitoyens, de la communauté et la société que nous vivons.

Braithwaite et Pettit, avancent le concept de « domination » pour exprimer le fait que notre autonomie dépend du respect de nos concitoyens pour nos droits et libertés (Braithwaite & Pettit, 1990). L'investissement dans la vie sociale serait une façon de réaliser son intérêt personnel, cela se concrétise au travers du respect inconditionnel de la dignité humaine, de la solidarité avec ceux qui sont en difficulté et en prenant la responsabilité active de promouvoir ces deux forces (dignité et solidarité) (Walgrave, 2008).

Nous allons maintenant examiner chacune des six tâches et explorer la façon dont la JR et le GLM convergent et/ou se soutiennent mutuellement dans le processus de « réparation morale » et dans le processus de réhabilitation correctionnelle. Alors que nous insistons sur chacune de ces tâches séparément, il deviendra évident qu'elles ne peuvent pas être séparés dans la pratique, car ils sont mutuellement enchevêtrés.

***Placer la responsabilité sur l'auteur d'infraction***

Les individus qui causent de graves dommages à d'autres outrepassent leurs intérêts légitimes à la liberté de mouvement, à la vie privée, à la tranquillité d'esprit, à l'intégrité physique, à la propriété, etc. Cela est susceptible de compromettre l'action des autres et de les priver injustement de besoins et d'expériences précieux. Ceci est inacceptable du point de vue de l'éthique sociale et de la société. Le transgresseur doit être rappelé à l'ordre, et la privation injuste doit être défaite autant que possible. Dans la philosophie de la JR, le transgresseur est invité, incité, ou si nécessaire, obligé de prendre sa responsabilité active à travers des gestes réparateurs qui compensent le préjudice subi. La base normative du GLM est aussi une perspective fondée sur les droits, où les droits et devoirs sont considérés comme des « capsules de protection » pour les caractéristiques de la vie humaine essentiels pour des niveaux adéquats de bien-être et d'engagement vers le vivre ensemble (Freeden, 1990, p. 7).

Les individus qui ont commis des infractions sont donc légitimement tenus responsables. Un avantage du GLM sur le RNR est qu'il conçoit la réhabilitation comme un processus de renforcement de la capacité normative, il n'a aucune difficulté à se conformer à l'éthique (punition, responsabilité, droit, mal, vertu, etc.) ainsi qu'aux valeurs liées au bien-être. L'élément normatif du GLM couvre les problèmes de bien et de mal et leur répond (incluant les sanctions) et les valeurs liées au bien-être telles que la réalisation, le plaisir, l'intimité, le contrôle émotionnel, etc.

### *Reconnaître et traiter le préjudice subi par la victime*

La raison qui fait qu'une conduite est pénalisée par la loi ne repose pas sur un ensemble abstrait d'interdictions et d'obligations. Elle est enracinée dans la recherche pour qualité de la vie sociale. La conduite est interdite par la législation pénale parce qu'elle blesse d'autres personnes et constitue une menace pour la vie sociale. L'intégrité physique est bafouée, la propriété est perdue ou endommagée, les sentiments de sécurité sont bouleversés, la crédibilité de la loi est en jeu. La conséquence logique est que la réponse à de telles conduites devrait reconnaître et traiter le préjudice, la souffrance et les troubles sociaux causés par l'infraction en priorité. C'est bien sûr le cœur du métier de la JR. Le préjudice subi est au centre des débats lors de rencontres en JR. Elle ne fait pas que clarifier ce que les gestes réparateurs devront aborder. Il illustre également les raisons de la loi et de l'application de la loi.

Le GLM voit la réparation morale en un fonctionnement sain de la communauté comme faisant partie intégrante de la possibilité de « bonnes » vies pour tous les individus. Nous dépendons tous les uns des autres dans l'acquisition d'un capital psychologique et social pour poursuivre des vies épanouissantes. Lorsque les crimes ont été commis, cette confiance est violée et les options pour un fonctionnement sain diminuent. Par conséquent, une partie importante de tout programme de réhabilitation (correctionnelle) est de reconnaître les préjudices vécus par les victimes, et par la communauté dans son ensemble. La possibilité de « bonnes » vies requiert la reconnaissance de la coopération et de la bonne volonté des personnes, et cela nécessite le respect des pratiques sociales et leurs normes constitutives.

### *Affirmer l'autorité des normes*

L'accent sur les préjudices subis renforce implicitement l'autorité des normes. L'affirmation de l'autorité des normes contribue de manières différente mais complémentaire dans la JR et le GLM. Du point de vue de JR, l'objectif est de faire respecter les normes sociales et éthiques. En veillant à ce que tous les intervenants clés aient une voix, la dimension personnelle est introduite. Néanmoins, à cette phase du processus de réparation morale, l'accent porte principalement sur les normes, pas les gens. Les faits pertinents de l'infraction sont exposés, la nature de l'acte (actions) est énoncée de manière spécifique et non ambiguë, un plan de réparation est constitué pour les bénéfices des victimes et de la communauté. Le GLM a son objectif principal sur les programmes de réhabilitation et de traitement et n'est pas tellement préoccupé par la tâche d'affirmer l'autorité des normes.

Cependant, certains aspects du traitement tels que la compréhension du processus d'infraction et l'empathie de la victime requièrent la fidélité envers les actions et leurs normes pertinentes. En ce sens, les programmes de réhabilitation abordent à la fois des buts normatifs éthiques et prudentiels.

Une difficulté peut survenir à ce stade pour les partisans de la JR et du GLM. Le problème de la relation duelle dans le domaine de la justice criminelle émerge du chevauchement et de l'expérience subséquente du conflit de rôles entre deux ensembles de normes éthiques : celles associées à la protection communautaire et la justice contre les normes liées au bien-être individuel et à l'autonomie (Ward, 2013). À cet égard, la complémentarité de la JR et du GLM apparaît clairement. La JR peut résoudre le problème en insistant sur les questions de norme sociale et de problèmes judiciaires, tout en incluant la responsabilité mutuelle de toutes les parties prenantes et la valeur de chaque individu. Le GLM complète la JR en raison de son double objectif de réduction des risques et de renforcement du bien-être : un programme d'intervention soigneusement conçu devrait chercher à modifier les facteurs de risque dynamiques (donc valider les normes violées et tenter de s'assurer que cela ne se reproduira pas) *et* aider les individus à atteindre des buts personnellement estimés.

### *Restaurer ou instaurer la confiance dans les normes pertinentes et pratiques*

Une infraction est choquante pour la victime et pour la communauté. Elle crée la méfiance dans le respect des règles juridiques des concitoyens, et elle engendre des doutes sur la capacité des autorités et des institutions pour assurer l'obéissance à la loi. La Justice restaurative, exercée directement ou indirectement sous mandat judiciaire, témoigne de la prise en compte sérieuse de la norme par les autorités et de leur détermination à faire respecter les normes. Les raisons de cette mise en vigueur sont explicitées par l'accent mis sur le préjudice causé à l'infraction et de la souffrance et l'insistance sur la réparation. Cet accent est renforcé dans le processus de JR, où les valeurs fondamentales sont accentuées, telles que le respect mutuel et égale autorité morale au sein d'une communauté. On croit que tout cela contribue considérablement à la restauration de la confiance dans les normes et pratiques sociales

Le GLM empiète plus profondément sur cette tâche à un niveau personnel et de manière complexe. Tout d'abord, à un niveau thérapeutique, il aide les individus à comprendre les valeurs motivantes et associées à leur comportement délictueux et ce faisant, identifie les pratiques sociales pertinentes engagées dans : l'intimité, la restauration de l'agence, la poursuite du plaisir, le lien interpersonnel (par exemple, la délinquance liée aux gangs), etc. La tâche suivante consiste à explorer la disparité entre ces valeurs fondamentales et la façon dont ils ont entrepris de les réaliser jour après jour. Deuxièmement, en ce qui concerne les normes déontologiques, des modules tels que l'empathie et la compréhension du processus d'infraction demandent aux auteurs d'infraction de réfléchir à la nature de leurs actions et le préjudice subi par leurs victimes. Ceci (et autres modules tels que la résolution de problèmes et la mise en place des compétences de l'intimité) devrait les aider à comprendre que chaque individu est en droit de poursuivre sa conception d'une bonne vie. Les normes sociales et éthiques facilitent ce processus en s'assurant qu'ils obtiennent l'accès aux ressources internes et externes nécessaires pour atteindre cet objectif et ne sont également pas indûment obstruées par d'autres. Dans le processus thérapeutique, les normes éthiques et sociales sont validées et jugées essentielle pour un fonctionnement adaptatif personnel et social.

***Créer l'espoir et la confiance***

Dans une perspective de réhabilitation et de désistement, il est crucial de créer de l'espoir pour les individus criminels en les aidant à entrevoir une voie à suivre, peut-être un nouvel emploi, une relation ou le contact avec des groupes socialement valorisés. La JR prend en charge cette possibilité par le biais de sa reconnaissance de la valeur de toutes les parties prenantes et le but de réparer les dommages sociaux et psychologiques créés par le crime. Cette opportunité de compenser les torts infligés peut conduire à une expérience de réussite satisfaisante et motivante pour l'auteur, qui peut ouvrir une fenêtre sur l'espoir d'être (ré)accepté dans la communauté des citoyens conformés aux normes. Il n'y a aucune justification éthique pour une approche de la punition dans le système de justice criminelle qui n'autorise pas une chance de rédemption. Non seulement est-ce susceptible de détruire l'espoir pour les personnes qui ont été emprisonnés, mais cela peut aussi bien créer des failles durables entre eux et le reste de la communauté.

Le GLM est une reprise parfaite des efforts qui ont commencé dans le processus de JR. Son approche de soutien et de renforcement des capacités ajoute aux forces et à la motivation de laisser derrière eux le comportement délictueux et à l'espoir d'être (ré)inclus. La distinction entre l'acceptabilité des besoins primaires et leur poursuite sous la forme d'infraction, est idéalement placée pour créer l'espoir et la confiance en la possibilité d'une vie meilleure. L'un caractérisé par l'acceptation sociale et d'épanouissement personnel. Les auteurs d'infraction qui ont été victimisés eux-mêmes possèdent un double statut d'un point de vue de réparation morale : ils sont légitimement sujets à la censure *et* ont aussi droit à une reconnaissance du préjudice qu'ils ont rencontré, et d'être les bénéficiaires de véritables efforts pour réparer les dommages qui leur ont été infligés. Un sujet préoccupant est que le fait de se concentrer sur le traitement des comportements délictueux et d'ignorer leurs propres problèmes de victimisation ne permettra pas de renforcer ou même d'installer les normes pertinentes.

***Rétablir ou établir des relations***

Dans la section sur le GLM, il a été avancé que tous les êtres humains aspirent à une vie personnellement significative et socialement responsable. De telles vies ne peuvent être en attente sans un réseau de relations sociales constructives. L'apparition d'un évènement délictueux est une menace pour ces relations. L'objet principal de l'espoir que nous avons mentionné dans la section précédente est de les (ré)établir. Cela est susceptible de requérir un travail dans différents réseaux normatifs, chacun associé à des types distincts de valeurs et à leurs pratiques associées. Tout d'abord, dans le domaine *moral*, il faut s'attendre à un certain degré de pardon social, et la communauté est disposée à aider l'auteur d'infraction à ré-entrer dans la sphère sociale en donnant l'opportunité de recommencer. Idéalement, l'auteur d'infraction va exprimer des remords, chercher la rédemption et sera déterminé à devenir un citoyen responsable et productif. Les pratiques de JR ont un rôle important à jouer dans ce domaine. L'apport spécifique du GLM n'est pas clair à ce stade bien que ses valeurs fondamentales résonnent avec ceux de la JR, à savoir l'inclusion, le respect mutuel, les obligations et les droits.

Deuxièmement, dans le domaine des valeurs prudentielles (bien-être), les programmes du GLM cherchent à équiper des individus avec les capacités internes et ressources externes pour réussir à mettre en œuvre leurs bons plans. Cela requiert directement ou indirectement de cibler les facteurs de risque dynamiques et aider les gens à vivre une vie personnellement significative et prosociale. Clairement, les plans de bonne vie doivent être traduits en modes de vie « désistant » et mis en pratique.

La JR n'a pas les ressources nécessaires pour guider les praticiens dans cette tâche et son rôle majeur est de fournir la justification éthique et sociale pour les programmes de traitement.

## Conclusion

La JR et le GLM partagent un certain nombre de caractéristiques. Ils reconnaissent tous deux l'auteur d'infraction comme un être humain normal, aspirant à être respecté en tant que citoyen respectueux des lois, mais ayant besoin d'orientation externe ou d'aide pour y parvenir. Ils reconnaissent tous deux également que traiter avec le passé doit servir à ouvrir des perspectives à l'avenir. Leur point de concentration est sur l'inclusion et le soutien, plutôt que sur l'exclusion et le contrôle. Ils croient qu'une telle approche va motiver la plupart des auteurs d'infraction à chercher leur bien-être par des attitudes et comportements prosociaux. Cette confiance initiale n'est pas naïve. La recherche en JR et dans le GLM, montre que c'est une stratégie efficace. De plus, alors que le GLM est avant tout une offre basée les *forces* de l'individu, il accorde également de l'attention à la réduction et à la gestion des risques. La JR comprend qu'elle ne peut pas fonctionner sans un système de Justice coercitif en arrière-plan, pour utiliser le contrôle, la force et la répression, si nécessaire. Toutefois, ce système coercitif ne peut être la réponse prioritaire, comme s'est couramment le cas. La coercition serait seulement en dernier recours, lorsque les initiatives basées sur la confiance semblent irréalistes.

Dans leur pratique complémentaire, la JR comme le GLM démontrent la faisabilité d'une approche sociale constructive face aux problèmes de criminalité, de justice, d'(in)sécurité (sentiments) et nourrissent le développement d'une criminologie de confiance. En effet, la percée de la JR et du GLM s'inscrit dans un tournant en criminologie (Walgrave, 2016). De nos jours, la criminologie traditionnelle risque d'être entraînée dans le tourbillon populiste et punitif prédominant, fondé sur la méfiance et la peur de l'autre, et de répondre aux besoins de sécurité insatiables par un contrôle et une répression toujours plus nombreux. Beaucoup de criminologues se sentent mal à l'aise avec cette situation. Ils comprennent les conséquences nuisibles de la tendance défensive dans la criminalité et la sécurité politique, et cherchent ce que certains ont appelé récemment « criminologie positive » (Schuilenburg, et al., 2014 ; Ronel & Segev, 2015). Schuilenburg et ses collègues, par exemple élargissent la conception de la sécurité en incluant également « des connotations comme la confiance, le soin ou le bien-être » (Schuilenburg, et al., 2014, p. 20), et cherchent des stratégies de prévention basées sur la connectivité humaine, le renforcement des capacités locales et l'ordre spirituel.

Poursuivre la réhabilitation selon le GLM, privilégier la justice restaurative, développer des stratégies de prévention « positives » et d'autres approches constructives, sont inspirées par une conscience commune que toute politique concernant le crime, la justice et la/l'(in)sécurité doit reposer sur le respect, la solidarité et la participation active. La qualité de la vie sociale dépend de comment nous nous rapportons les uns aux autres. L'autre n'est pas initialement considéré comme une menace, mais comme un compagnon à la recherche d'un monde meilleur et plus vivable. Cette criminologie est basée sur la confiance dans nos paires. Putnam (1993) considère la confiance comme l'élément crucial dans le capital social. Il facilite la vie sociale et la démocratie pour travailler en douceur. Il se rapproche de ce qui est pour Braithwaite et Pettit, la dimension de l'assurance dans la domination, la confiance que d'autres et les autorités respecteront nos droits et libertés. Sans confiance, le jeu démocratique risque d'être brisé, et les citoyens peuvent se cacher dans les forteresses de la méfiance et l'intérêt personnel.

La JR et le GLM peuvent former ensemble le noyau dur pour rechercher des partenariats réalistes et inspirants avec d'autres approches dans les champs adjacents. La criminologie dans son ensemble doit être ancrée à nouveau dans l'idée que toute politique concernant les questions de criminalité, de justice et de/d' (in)sécurité doit reposer sur la promotion de la cohésion sociale et du bien-être, un motif d'appartenance, de respect, de solidarité, d'équité, et de démocratie participative. Une telle « criminologie de confiance » peut faire une différence dans la poursuite d'une vie sociale plus constructive, en donnant la priorité à l'intégration, basée sur le respect, la solidarité et la prise de responsabilité active.

**Références**


Andrews, D.A., & Bonta, J. (2010). The psychology of criminal conduct (5th ed.). Cincinatti, OH: Anderson.

Bazemore, G. & S. O'Brien (2002), The quest for a restorative model of rehabilitation: theory-for-practice and practice-for-theory. In L. Walgrave (ed.), Restorative Justice and the Law, Cullompton (UK): Willan Publishing: 31-67.

Bonta, J., & Andrews, D.A., (2017). The psychology of criminal conduct (6th ed.). New York, NY: Routledge.

Bonta, J., Jesseman, R., Rugge, T., & Cormier, R. (2006). Restorative justice and recividism: Promises made, promises kept? In D. Sullivan & L. Tifft (Eds.), Handbook of restorative justice: A global perspective (pp. 108–120). London: Routledge.

Bottoms, Anthony B., Joanna Shapland, Andrew Costello, and Grant Muir. (2004). Towards Desistance: the Theoretical Underpinnings for an Empirical Study. The Howard Journal 43, 368-389.

Braithwaite, J. & Ph. Pettit (1990), Not Just Desert. A Republican Theory of Criminal Justice, Oxford: Oxford University Press.

Braithwaite, J. & D. Roche (2001), Responsibility and Restorative Justice. In G. Bazemore & M. Schiff, (eds.), Restorative Community Justice. Repairing Harm and Transforming Communities, Cincinnati: Anderson: 63-84.

Brennan, G., Eriksson, L., Goodwin, R. E., & Southwood, N. (2013). Explaining norms. Oxford, UK: Oxford University Press.

Daly, Kathleen, Brigitte Bouhours, Roderic Broadhurst and Nini Loh. 2013. "Youth Sex Offending, Recidivism and Restorative Justice: Comparing Court and Conference Cases." Australian and New Zealand Journal of Criminology 46, 241-267.

Freeden, M. (1991). Rights. Minneapolis, MN: University of Minnesota Press.

Gendreau, P., Little, T. & Goggin, C. (1996). A meta-analysis of the predictors of adult offender recidivism: What works! Criminology, 34, 575-607.

Giordano, P. C., Schroeder, R. D., & Cernkovich, S. A. (2007). Emotions and crime over the life course: A neo-Meadian perspective on criminal continuity and change. American Journal of Sociology, 112, 1603–1661.

Göbbels, S., Ward, T., & Willis, G. (2012). An integrative theory of desistance from sex offending. Aggression and Violent Behavior,17,453-462.

Hannem, S. (2013). Experiences in reconciling risk management and restorative justice: How Circles of Support and Accountability work restoratively in the risk society. International Journal of Offender Therapy and Comparative Criminology 57, 269-288.

Hannem, S. & Petrunik, M. (2007). Circles of support and accountability: A community justice initiative for the reintegration of high risk sex offenders."Contemporary Justice Review 10, 153-171.

Harris, N., L. Walgrave & J. Braithwaite (2004), Emotional dynamics in restorative conferences. Theoretical Criminology 8 (2): 191-210.

Johnstone, G., & Van Ness, D. W. (2007). The meaning of restorative justice. In G. Johnstone & D.W. Van Ness (Eds.), Handbook of restorative justice (pp. 5–23). Cullompton, U.K.: Willan Publishing.

Maruna, S. (2001). Making good: How ex-convicts reform and rebuild their lives. Washington, DC: American Psychological Association.

McNeill, F. (2009). What works and what's just? European Journal of Probation, 1, 21-40.

Morris, A. (2002). Critiquing the critics: A brief response to critics of restorative justice. British Journal of Criminology, 42, 596–615.

Nickel, J. W. (2007). Making sense of human rights (2nd ed.). Oxford, UK: Blackwell Publishing.

Purvis, M., Ward, T. & Shaw, S. (2013). Applying the Good Lives Model to the Case Management of Sexual Offenders: A Practical Guide for Probation Officers, Parole Officers, and Case Workers. Brandon, VT: Safer Society Press.

Putnam, R. (1993), Making Democracy Work. Civic Traditions in Modern Italy, Princeton (NJ): Princeton University Press.

Putnam, R. (2000). Bowling Alone, New York: Simon and Schuster.

Schuilenberg, M., Ronald van Steden and Brenda Oude Breuil (eds.). (2014). Positive criminology. Reflections on care, Belonging and Security. The Hague: Eleven International Publishing, 155 pp.

Ronel, N. & Dana Segev (eds.). (2015). Positive criminology. New York: Routledge, 355 pp.

Sampson, R. J., & Laub, J. H. (1993). Crime in the making: Pathways and turning points through life. Cambridge, MA: Harvard University Press.

Shapland, J., Atkinson, A., Atkinson, H., Dignan, J., Edwards, L., Hibbert, J., et al. (2008). Does restorative justice affect reconviction?: The fourth report from the evaluation of three schemes. UK Ministry of Justice Research Series. Retrieved November 30, 2008, from http://www.justice.gov.uk/restorative-justice-report_06-08.pdf

Walgrave, L. (1993). Beyond rehabilitation: In search of a constructive alternative in the judicial response to juvenile crime. European Journal on Criminal Policy and Research, 2, 57−75.

Walgrave, L. (2008). Restorative justice, self-interest, and responsible citizenship. Devon, UK: Willan Publishing.

Walgrave, L. (2011). Investigating the Potentials of Restorative Justice Practice. Washington University Journal of Law & Policy, 36, 91-139.

Walgrave, L. (2016). Positive criminology, criminology of trust and restorative justice. Restorative Justice. An International Journal, 4, 3, 424-434.

Wallace, J. D. (2009). Norms and practices. Ithaca, NY: Cornell University Press.

Walker, M. U. (2006). Moral repair: Reconstructing moral relations after wrongdoings. New York: Cambridge University Press.

Ward, T. (2002). Good lives and the rehabilitation of sexual offenders: Promises and problems. Aggression and Violent Behavior, 7, 513-528.

Ward, T. (2010). The good lives model of offender rehabilitation: Basic assumptions, etiological commitments, and practice implications. In McNeill, F., Raynor, P., & Trotter, C. (Eds.). Offender Supervision: New Directions in Theory, Research and Practice (pp41-64). Devon, UK: Willan Publishing

Ward, T. (2013). Addressing the dual relationship problem in forensic and correctional practice. Aggression and Violent Behavior, 18, 92-100.

Ward, T., Fox, A., & Garber M. (2014). Restorative justice, offender rehabilitation, and desistance. Restorative Justice: An International Journal, 2, 24-42.

Ward, T. & Langlands, R. (2009). Repairing the rupture: Restorative justice and offender rehabilitation. Aggression and Violent Behavior, 14, 205-214.

Ward, T. & Laws, D. R. (2010). Desistance from Sexual Offending: Motivating change, enriching practice. International Journal of Forensic Mental Health, 9, 11-23.

Ward, T., & Maruna, S. (2007). Rehabilitation: Beyond the risk paradigm. London, UK: Routledge.

Ward, T & Moreton, G. (2008). Moral Repair with Offenders: Ethical Issues Arising From Victimization Experiences. Sexual Abuse: A Journal of Research and Treatment, 20, 305-322.

Ward, T. & Salmon, K. (2009). The ethics of punishment: Implications for correctional practice. Aggression and Violent Behavior, 14, 239-247.

Ward, T., & Stewart, C. (2003). Criminogenic needs and human needs: A theoretical model. Psychology, Crime & Law, 9, 125−143.

Ward, T.& Syversen, K. (2009). Vulnerable agency and human dignity: An ethical framework for forensic practice. Aggression and Violent Behavior, 14, 94-105.

Willis, G., Yates, P., Gannon, T., & Ward, T. (2013). How to integrate the Good Lives Model into Treatment Programs for Sexual Offending: An Introduction and Overview. Sexual Abuse: A Journal of Research and Treatment, 25, 123-142

Wilson, Robin J., Franca Cortoni, and Andrew McWhinnie. 2009. "Circles of support & accountability: A Canadian national replication of outcome findings." Sexual Abuse: A Journal of Research and Treatment 21: 412-430.

Wilson, R.J., McWhinnie, A.J., Picheca, J.E., Prinzo, M., & Cortoni, F. (2007). Circles of Support & Accountability: Engaging community volunteers in the management of high-risk sexual offenders. The Howard Journal of Criminal Justice, 46, 1-15.

Wilson, Robin J. and Michelle Prinzo. 2002. "Circles of Support: a Restorative Justice Initiative." Journal of Psychology and Human Sexuality 13: 59-77.

Zehr, H., & Mika, H. (1998). Fundamental concepts of restorative justice. Contemporary Justice Review 1 (1): 47-55

Zehr, H. & Toews, B. (2004). Critical Issues in Restorative Justice. Cullompton, Devon, UK: Willan Publishing.

Zinsstag, E. & Keenan, M. (eds.) (2017) Sexual violence and restorative justice: legal, social and therapeutical dimensions, London: Routledge.

Zinsstag, E. & Vanfraechem, I. (eds.) (2012) Conferencing and Restorative Justice: International Practices and Perspectives, Oxford: Oxford University Press.

**SITE WEB:** The Good Lives Model: http://www.goodlivesmodel.com

## Chapitre 5 : Violence Sexuelle, le Good Lives Model et la Justice restaurative

Pr Marie KEENAN, Pr Tony WARD et Dr Estelle ZINSSTAG

Beaucoup a été écrit sur le problème des violences sexuelles et de l'abus dans la littérature empirique et populaire soulevant des problèmes tel que le privilège, le pouvoir et le contrôle, le sens du consentement, la position des femmes, le besoin des hommes de prendre position, l'attitude face à la sexualité, et le problème qui survient quand nous continuons avec une inégalité des genres. Une importante littérature académique se concentre sur la psychologie et la motivation de l'auteur d'infraction et sur les traitements d'engagement et d'interventions pour réhabiliter les auteurs d'infraction, prévenir la récidive et rendre les sociétés plus sûres. D'autres littératures se concentrent sur l'impact du crime sexuel sur la victime[6] et élaborent des approches fondées sur des données probantes pour aider les victimes à guérir.

La littérature scientifique sur le crime sexuel met en lumière des déclarations/plaintes encore rares, des faibles niveaux de poursuites et encore moins de condamnations (Brown & Walklate, 2012; Temkin & Krahe, 2008; Keenan & Zinsstag, 2014). Le seuil de preuve « au-delà du doute raisonnable » dans les poursuites de cas de violences sexuelles est à questionner, avec la manière dont les victimes sont positionnées comme des témoins dans le cas d'affaire d'état, parfois sans représentant légal indépendant -positionnement qui est presque universel[7] (Keenan, 2014). La recherche travaille à attirer l'attention sur la victimisation secondaire qui résulte d'une inadéquation entre le système de justice pénale et les attentes du plaignant, certains se demandent si la justice pénale est le bon service pour entendre les victimes de violences sexuelles. De nombreuses recherches ont fait part de leurs inquiétudes sur la protection des personnes accusées dans certaines juridictions, spécialement celles qui ont été acquittées, quand elles subissent des accusations dans leur vie de tous les jours. Toutes les perspectives se valent, c'est le contexte dans lequel nous écrivons ce chapitre.

---

[6] Nous utiliserons généralement le terme « victime » dans ce chapitre pour caractériser ceux qui ont été victimes de violences sexuelles, mais nous reconnaissons que certains préfèrent le mot « survivant » ou « victime-survivant »

[7] En Irlande, par exemple, la représentation légale des plaignants dans les procédures pénales n'est possible que dans les cas où la Défense demande que les antécédents sexuels du plaignant soient portés devant les tribunaux.

La violence sexuelle, bien que commune et répandue reste complexe, il est difficile de comprendre et de répondre de manière appropriée. Les réponses légales, sociales et thérapeutiques sont requises (Zinsstag & Keenan, 2017). A cause de la nature profondément personnelle et invasive de ce crime ainsi que son possible dommage sur la sexualité, les effets du crime sexuel peuvent être longs et altérer la qualité de vie, pour la victime ainsi que l'accusé. Les communautés peuvent aussi souffrir et ressentir un sentiment d'insécurité et être bouleversées dans le sillage du crime sexuel, avec une société concernée par la sécurité des femmes et des enfants. Dans de telles circonstances, les universitaires et les praticiens sont obligés de rechercher et de développer des moyens humains de répondre à ce problème afin d'éviter la victimisation répétée, de permettre aux communautés de se sentir en sécurité et d'aider les victimes à trouver une meilleure vie.

Dans ce chapitre nous explorons les possibilités qu'offrent le Good Lives Model et la justice restaurative sur les conséquences des violences sexuelles. Alors que le Good Lives Model est en place depuis plusieurs années en tant qu'approche du traitement des auteurs d'infractions sexuelles (Ward & Gannon, 20106) et que la Justice restaurative auprès des violences sexuelles gagne en acceptation sur le terrain (Zinsstag & Keenan, 2017), nous voyons des synergies dans chacune des perspectives qui, combinées dans un seul cas pourraient renforcer les réponses thérapeutiques et judiciaires pour tous. Nous commencerons par présenter quelques caractéristiques de la violence sexuelle. Puis, nous tournerons notre attention sur le Good Lives Model pour le traitement des auteurs d'infractions sexuelles. Nous explorerons le potentiel de la Justice restaurative dans la gestion des conséquences des violences sexuelles, des bénéfices pour les victimes et pour les auteurs d'infraction. Nous finirons en discutant de la synergie entre le Good Lives Model et la Justice restaurative et comment, dans certains cas de violences sexuelles, une nouvelle voie pour le traitement pourrait être cartographiée.

## 1. Violence sexuelle et Good Lives Model, entre réhabilitation des auteurs et potentiel thérapeutique des victimes

### *La violence sexuelle*

La « World Health Organisation » promeut une vaste définition de la « violence », décrite comme « l'intention d'user de force physique ou de pouvoir, menace ou réel, contre soi-même, contre une personne ou contre un groupe ou une communauté qui entraîne ou risque fortement de causer des blessures, la mort, un préjudice psychologique, un mauvais développement ou une privation » (WHO, 1996 : 5).

La violence sexuelle, implique une violence secrète et manifeste, et est souvent plus complexe à définir. Par exemple, des questions comme ce qu'est le « consentement » et « ce qu'est l'âge approprié pour le contact sexuel » se pose dans ce contexte. Des interrogations sont souvent soulevées au sujet de « l 'intentionnalité » de l'auteur (ou de la *mens rea* de l'acte) et de l'aspect « caché » de la blessure qui en résulte, par exemple : où est la preuve de la « violence » dans l'abus sexuel qui n'est pas ouvertement violent ? En dépit de ces difficultés conceptuelles et de ceux qui surgissent en mariant les aspects normatifs de la violence sexuelle avec des conditions et interprétations culturellement spécifiques, les forces sociales, politiques et publiques dans de nombreuses juridictions ont fusionné pour définir certains actes sexuels et autres actes comme aberrants pour les codifier en droit pénal.

Dans le but de notre travail nous suggérons que la violence sexuelle est un vaste terme, défini juridiquement et culturellement, englobant de nombreux types d'actes sexuels coercitifs ou non consensuels, y compris l'abus sexuel d'enfant par contact et sans contact, l'agression sexuelle, le viol et la violence sexuelle en temps de guerre. Les enfants ou les personnes ayant une capacité mentale altérée ne peuvent pas donner un consentement éclairé par définition. Nous mettons également l'accent sur le contexte de pouvoir et de contrôle dans lequel toutes les violations sexuelles se produisent. Le trafic sexuel et la violence sexuelle perpétrés par l'utilisation de la technologie de communication, où une nouvelle génération de prédateurs sexuels peut être trouvée, doivent également être pris en compte. La prochaine génération criminelle de la violence sexuelle réside ici, appuyée sur l'exploitation sexuelle en ligne (des enfants et des adultes) qui ne cesse de croitre.

Récemment, avec des campagnes médiatiques concernant les mouvements « Me too » (« moi aussi ») et « Times up » (« c'est fini ») et les dénonciations publiques qui ont suivi, il peut sembler que la violence sexuelle est devenue un problème public-privé et reconnue comme telle. Cependant, la violence sexuelle est toujours un crime qui survient dans la sphère privée et qui y persiste, entraînant des traumatismes émotionnels et parfois physiques, sociaux et économiques pour les victimes, la stigmatisation et l'ostracisation sociale des auteurs d'infraction, des avenirs difficiles et des familles et plus largement des sociétés fracturées. La recherche indique que la violence sexuelle est un crime commis dans la grande majorité des cas par une personne connue ou du moins au courant de la situation de la victime (Temkin & Krahe, 2008). Ainsi, à l'exception du viol étranger, le crime sexuel survient dans un contexte de relations préexistantes, ce qui contribue à la complexité de la réparation du préjudice causé par l'abus de confiance et la trahison relationnelle.

***Le Good Lives Model et réhabilitation du délinquant***

Le Good Lives Model (GLM) était à l'origine une modélisation fondée sur la force des individus auteurs d'infraction afin d'améliorer l'intervention de la prévention de la récidive du modèle de Risque-Besoins-Réceptivité (RBR) (Bonta & Andrews, 2017) plutôt que de remplacer. Le GLM n'est *pas* un modèle étiologique de la délinquance sexuelle ; il ne s'agit *pas* d'un programme de traitement ni d'un compte rendu du processus d'infraction sexuelle. Le GLM est un modèle sur le fonctionnement sain des humains. Son but est de servir de cadre global de réadaptation. L'hypothèse est que les humains sont des *agents* orientés vers un but avec un éventail de priorités et de capacités, qui interagissent avec leur environnement pour atteindre des résultats significatifs. Selon le GLM, l'objectif du traitement correctionnel devrait être de réduire la probabilité de récidive en promouvant une « *Good Life* » significative. Ces deux priorités ne s'excluent pas mutuellement, car la délinquance est conceptualisée comme le résultat de problèmes dans un « *Good Life Plan* » implicite et individuel.

Une bonne vie contient des résultats appréciés, appelés « *Primary Human Goods* », qui sont d'importance variable pour les individus, mais qui devraient tous être présents dans une certaine mesure. Les besoins du GLM sont : l'excellence dans le travail, l'excellence dans le jeu, la créativité, la connaissance, la relation, la communauté, le plaisir, la vie, la paix intérieure, la spiritualité et l'excellence (Purvis, Ward & Willis, 2011). Les moyens par lesquels ceux-ci sont atteints sont appelés *Secondary Human Goods*, et ils peuvent être plus ou moins sains, adaptatifs et prosociaux. Par exemple, une personne peut atteindre une paix intérieure en pratiquant la méditation, alors qu'une autre peut utiliser des substances illégales. L'utilisation de besoins secondaires dépend des capacités internes ainsi que des ressources environnementales et des opportunités. Les problèmes liés aux ressources internes et externes sont considérés comme des causes ou des facteurs contribuant à la délinquance sexuelle (c'est-à-dire les facteurs criminogènes) et, à ce titre, devraient faire l'objet d'une intervention. Le GLM reconnaît l'importance de cibler les besoins criminogènes, mais le fait à travers la construction de ressources internes et externes, plutôt que simplement la réduction des risques.

Les interventions du GLM sont centrées sur un plan de vie bienveillant et significatif, contenant tous les besoins primaires à des degrés divers (choisis par l'individu) et les besoins secondaires (objectifs et stratégies) nécessaires pour les atteindre sans nuire aux autres. Cela peut être lié à la réduction du risque par l'identification des besoins recherchés par la délinquance (soit directement ou indirectement) dans le passé, et les obstacles ou les problèmes (c'est-à-dire les besoins criminogènes) sont évidents dans les stratégies utilisées pour atteindre ces besoins.

Par exemple, lorsque la délinquance sexuelle est utilisée comme moyen d'établir une relation ou un plaisir, en raison de problèmes de différenciation entre partenaires appropriés (c.-à-d., Les enfants sont privilégiés comme partenaires sexuels parce qu'ils se sentent émotionnellement plus en sécurité avec eux). Un nouveau plan de bonne vie pourrait incorporer la relation et le plaisir par l'intermédiaire de l'objectif de chercher une relation intime avec un partenaire consentant et un âge approprié. Les stratégies peuvent inclurent des participations à des activités sociales, créer un profil de rencontre en ligne, engager une conversation, de l'intimité physique, révéler les vulnérabilités, résolution de conflit, etc. Les individus varient dans leur capacité à s'engager dans ces pratiques normatives ; les capacités requises pour une intimité saine sont apprises et façonnées par l'interaction sociale.

### *Le Good Lives Model et le potentiel de guérison de la victime*

Le Good Lives Model (GLM) décrit une approche naturaliste et humaniste de la compréhension du comportement de l'auteur d'infraction, en mettant l'accent sur le renforcement des forces et des capacités de l'auteur d'infraction plutôt que sur les déficits ou les pathologies (Purvis, et al., 2015). Quand le modèle fût créé par Ward (2002a ; 2002b), l'intention était de produire un cadre de réhabilitation éthique capable d'incorporer les meilleures pratiques existantes en matière de gestion des risques concernant les comportements délictueux, mais dans un cadre qui permettrait également une approche plus holistique et individuelle de la réadaptation, dans une éthique des droits de l'homme. Dans le but d'aider les clients à acquérir les compétences et l'infrastructure nécessaire pour vivre une vie heureuse, saine et socialement responsable, le principe philosophique était qu'une telle approche réduirait le risque que les anciens auteurs d'infraction présenteraient à la collectivité de façon durable. Depuis sa création, la recherche empirique a démontré la validité de l'approche dans la réalisation de ces objectifs (Purvis, et al., 2013, 2015). Les textes précédents ont expliqué les composantes théoriques et les principes du GLM et son application pratique en relation avec la réhabilitation et la gestion des auteurs d'infraction (Laws & Ward, 2011 ; Purvis, et al., 2013, Yates, et al., 2010). La littérature empirique décrivant le soutien au GLM a également été mise en évidence (Purvis, et al., 2015). Cependant, ce qui n'a pas été articulé est la possibilité d'appliquer une version modifiée de GLM pour le travail de guérison avec les victimes de crimes sexuels. Compte tenu de la profondeur de la recherche et de l'affinement théorique du GLM, nous suggérons qu'il est temps d'expliquer comment certaines des bases philosophiques et éthiques et des applications pratiques des GLM peuvent être appliquées aux services de justice et de guérison des victimes. Cette approche convient aussi bien aux philosophies qu'aux approches de la justice restaurative.

Pour commencer, l'approche collaborative du GLM en termes de réhabilitation des auteurs d'infraction est plus efficace quand victime trouve une guérison et que le système de Justice fonctionne. En outre, le GLM met l'accent sur les individus en tant qu'organismes en évolution constante qui sont naturellement conçus pour agir dans la poursuite d'une série d'objectifs biologiques, psychologiques et sociaux (Laws & Ward, 2011). Cela s'applique également à la vie des victimes de crimes sexuels comme aux auteurs d'infraction. Le désir naturel pour l'intimité, la vie (santé et bien-être), la connaissance, l'excellence dans le jeu, le travail et l'action, la paix intérieure, la relation, la communauté, la spiritualité, la créativité et les états de bonheur et de plaisir motivant les individus à agir d'une manière qui, selon eux, les satisfera (Ward, 2002a, 2002b, Ward & Marshall, 2004). Les comportements associés sont donc très contextuels. C'est-à-dire que les gens ont de multiples facettes, agissant de manière à refléter une interaction de facteurs biologiques, sociaux, culturels et psychologiques (Laws & Ward, 2011).

Alors que le risque chez les auteurs d'infraction est perçu comme étant multidimensionnel et contextuel (Ward & Maruna, 2007), la guérison des victimes peut également être considérée de la même façon. Par conséquent, toute intervention significative et efficace auprès des victimes doit tenir compte des modes de vie et des environnements qui y sont associés, comme le fait l'approche du GLM en matière de réadaptation des auteurs d'infraction. Dans cette perspective, le contexte de la vie de la victime doit être centré sur la guérison et la planification des interventions thérapeutiques, plutôt que de se concentrer uniquement sur les facteurs d'impact psychologiques internes et les effets du crime tout en reconnaissant l'importance des effets. Une intervention saine devrait donc prendre en compte la résistance de la victime au crime (de la myriade de façons dont les victimes résistent à ce crime et ses séquelles, peu importe leur jeunesse ou leur vulnérabilité), leurs forces, valeurs, objectifs, environnements pertinents et les contextes. En nous appuyant sur Ward (2010) en ce qui concerne la réadaptation des auteurs d'infraction, nous soutenons que les interventions auprès des victimes doivent également préciser quelles sont les compétences requises pour obtenir des résultats valables de manière significative sur le plan personnel.

Bien qu'il ne soit pas question ici d'aborder comment le GLM peut être opérationnalisé pour la guérison des victimes, nous souhaitons insister dans ce chapitre sur la congruence des valeurs, objectifs, principes et priorités de pratique du GLM pour la réhabilitation des auteurs d'infraction avec les valeurs, les principes et les priorités de pratique d'un GLM modifié pour la guérison des victimes (Good Lives Model pour les victimes) avec les principes de valeurs et les priorités pratiques de la justice restaurative.

Essentiellement, tous visent à aider les victimes et les auteurs d'infraction à acquérir les compétences et l'infrastructure sociale qui leur permettront de mener une vie productive et heureuse dans le contexte de leur histoire, de leur présent et de leur avenir et de rendre les sociétés et les collectivités plus sûres.

## 2. La Justice restaurative dans le cas des violences sexuelles

### *La Justice restaurative*

Depuis les années 1970 la justice restaurative (JR) est reconnue comme un mécanisme de justice (Daly, 2016) qui traite des conséquences du crime, en s'attachant particulièrement à réparer les dommages causés aux personnes et aux relations (Braithwaite, 1999, 1989, McCold & Wachtel, 2002). Plutôt que se focaliser sur qui est responsable et quelle punition elle méritée, la JR se focalise sur de nombreuses questions, ce qui la distingue de la justice pénale conventionnelle, par exemple : quel mal a été fait ? Quels besoins ont surgi et à qui incombe-t-il de répondre à ces besoins (Zehr, 1990) ? Décrite comme une théorie sociale révolutionnaire de la justice (Gavrielides, 2007), la JR peut également être considérée comme un nouveau mouvement social (Daly & Immarigeon, 1998). La JR est de plus en plus établie et acceptée comme un mécanisme permettant de répondre à de nombreux types de crimes (par exemple des crimes peu graves ou sévères) à presque toutes les étapes du processus de justice pénale.

Cependant, la JR est aussi un terme qui est entaché d'ambiguïté conceptuelle. Par exemple, il y a beaucoup de débats concernant la signification de « *Restorative* » et de « *Justice* », avec beaucoup de littératures scientifiques (voir par exemple la discussion *Words on words*, où Nils Christie discute de façon provocante, avec plusieurs collègues le sens de ces mots, voir Christie, 2013). Quand la restauration et la justice sont combinées dans le même concept, les problèmes d'interprétation et les attentes sont intensifiés. Il est raisonnable de se demander si la justice peut être rétablie à la suite d'un crime et, en particulier, dans le cas de la violence sexuelle. Il est également raisonnable de demander ce qui est restauré au cours d'un processus « réparateur » et si c'est possible ou même souhaitable – certainement dans les cas de violence sexuelle (pour plus d'informations sur ces débats, cf. Keenan & Zinsstag, 2014). Alors que le terme de JR a gagné en crédibilité dans la littérature criminologique et sociale ces dernières décennies, Il est clair que ce concept sera affiné et fera l'objet de beaucoup d'élaboration au fur et à mesure que les domaines théoriques et appliqués de la JR continueront de se développer et de progresser.

Tony Marshall (1996 : 37) nous donne l'une des définitions les plus fréquemment citées de la justice restaurative. Il définit la JR comme un « processus par lequel les parties ayant des intérêts dans une infraction spécifique se réunissent pour résoudre collectivement les conséquences de l'infraction et ses implications pour l'avenir ». En mettant l'accent sur le « processus », cette définition est souvent considérée comme une conception « puriste » de la JR (McCold, 2000 : 358) et est critiquée pour être d'une part trop étroite en mettant l'accent sur les réunions en face à face, et d'autre part trop vaste en raison d'un manque d'intérêt pour les résultats de la JR (Walgrave, 2000 : 419). Walgrave (2000 : 418) a proposé une autre interprétation « maximaliste » de la justice restaurative qui est définie comme une forme de prestation de la justice qui est principalement axée sur la réparation du préjudice causé par le crime. La définition suivante de la JR, fournie par les Nations Unies (2006 : 6-7), intègre des éléments de définitions à la fois puristes et maximalistes, et constitue le fondement le plus étroit de notre travail, en mettant l'accent sur le processus, les résultats et également sur le rôle précis des acteurs impliqués :

> *La justice restaurative est un moyen de réagir au comportement criminel en équilibrant les besoins de la collectivité, des victimes et des auteurs d'infraction (p. 6).*
>
> *Les programmes de justice restaurative sont des programmes qui utilisent des processus restaurateurs et qui visent à obtenir des résultats réparateurs (p. 7).*
>
> *Les processus restaurateurs désignent tout processus dans lequel la victime et l'auteur d'infraction et, si nécessaire, d'autres individus ou membres de la communauté, affectés par un crime, participent ensemble activement à la résolution des questions découlant du crime, généralement avec l'aide d'un facilitateur (p. 7).*
>
> *Le résultat restaurateur est un accord conclu à la suite d'un processus restaurateur. L'entente peut inclure des renvois à des programmes comme la réparation, la restitution et les services communautaires (et nous suggérons un traitement thérapeutique) visant à répondre aux besoins et aux responsabilités individuels et collectifs des parties et à réintégrer les victimes et l'auteur d'infraction (p. 7).*

Malgré les complexités conceptuelles inhérentes aux définitions de la JR, il est clair que la JR est devenue un cadre de réflexion sur les façons d'humaniser la justice, de rapprocher les victimes et les auteurs d'infraction pour résoudre un conflit et s'attaquer de façon constructive au préjudice causé.

Ce cadre permet à la victime de recevoir une reconnaissance et une explication de la violence qui lui a été faite et une promesse que cela ne se reproduira plus. Pour les auteurs d'infraction, cela signifie être responsable et, enfin, que les membres de la collectivité participent de façon significative à la satisfaction des besoins qui se sont manifestés (Digman, 2000 ; McCold, 2000). Au cours des trois dernières décennies, de nombreux programmes et pratiques ont commencé à tomber sous la rubrique de la JR (Daly & Immarigeon 1998) et malgré l'existence d'une diversité de méthodologies et de programmes impliquant des variations nationales et même régionales, ce qui unit les approches de la JR est l'engagement envers un certain nombre de principes fondamentaux : la JR est une approche de la justice dirigée vers les victimes ; la participation est volontaire (Koss, 2014) ; l'auteur d'infraction doit assumer la responsabilité de l'infraction afin d'être admissible à la participation ; la sécurité de tous est d'une importance primordiale et la préparation de la « rencontre » ou de la conférence ou du cercle est essentielle. Les relations juridiques et procédurales entre la justice restaurative, la justice pénale et la primauté du droit sont également guidées par les lignes directrices du Conseil de l'Europe (1999) et de l'ONU (2002) qui sous-tendent diverses approches nationales (Keenan 2017).

Il est également important de noter que, même si la JR peut être considérée comme une philosophie ou un paradigme, comprenant des principes directeurs et des valeurs, il existe plusieurs modèles différents utilisés dans la JR et aucun modèle n'est considéré comme applicable pour tous les cas. Les approches les plus populaires comprennent la médiation entre victime et l'auteur d'infraction, les conférences restauratives et les cercles réparateurs. La médiation/dialogue victime/auteur d'infraction (MVD / VSD) limite généralement les participants à la rencontre avec la victime, à l'auteur de l'infraction, à une personne de soutien pour chacun si elle le désire et à un ou deux facilitateurs. Les conférences restauratives réunissent les victimes, les délinquants et les membres de leurs communautés de soins ainsi que les professionnels concernés pour une rencontre préparée en ce qui concerne l'infraction qui s'est produite. Les cercles restauratifs rassemblent un plus large éventail de participants, y compris les victimes survivantes, les auteurs de leurs communautés et les membres de la communauté plus large -la méthodologie diffère aussi des conférences classiques, par ex. L'application du modèle est souvent liée à la nature de l'affaire, de l'objectif des individus, ainsi que le but plus général du rassemblement. Par exemple, les conférences sont très souvent utilisées dans la criminalité juvénile, comme en Irlande du Nord, alors que la médiation des victimes est souvent choisie dans des cas très sensibles, tels que ceux impliquant la violence sexuelle.

Alors que la JR est un mécanisme relativement nouveau pour répondre à la criminalité, la littérature factuelle sur les résultats de la JR est en expansion (Zinsstag & Keenan, 2017 ; Beck, et al., 2017 ; Daly, 2017 ; Daly & Wade, 2017 ; Jülich & Landon, 2017 ; McGlynn, et al., 2017 ; Shapland, et al., 2011) et les précisions théoriques et conceptuels continuent de se développer (Zinsstag & Keenan, 2017 ; Keenan & Zinsstag, à paraître).

### *La justice restaurative dans le cadre des violences sexuelles*

Les théories sur l'adéquation de la justice restaurative dans les cas de violence sexuelle remontent aux années 1990, lorsque des chercheurs comme Hudson (1998) ont commencé à envisager son utilisation pour des infractions sexuelles. En 2002, l'applicabilité de la justice restaurative à la violence sexuelle faisait l'objet d'un débat animé (Cossins, 2008 ; Daly, 2006 ; Hudson, 2002). De nombreux chercheurs ont avancé des arguments en faveur de l'utilisation de la JR dans les affaires de violence sexuelle. Ces arguments reposent sur les quatre préoccupations suivantes concernant les limites de la justice pénale conventionnelle : le rôle limité que jouent les victimes survivantes dans la justice pénale et leur mécontentement d'être de simples témoins dans le cas de l'État ; la responsabilisation insuffisante des auteurs d'infraction par les mécanismes conventionnels de justice pénale; le manque d'attention accordée à la réinsertion des auteurs d'infractions sexuelles par la justice pénale conventionnelle et le rôle limité des communautés de soins et des citoyens dans la justice pénale, bien qu'elles soient toutes deux des victimes secondaires et le réseau responsable de la réparation des liens sociaux (Keenan, 2017). Keenan soutient que la JR peut compléter la justice pénale à ces égards.

Malgré les avantages apparents de la JR auprès de la violence sexuelle, comme le démontrent plusieurs études (Beck, et al., 2017 ; Daly, 2017 ; Daly & Wade, 2017 ; Jülich & Landon, 2017 ; McGlynn, et al., 2017 ; Zinsstag & Busck-Nielsen, 2017 ; Keenan, 2014 ; Keenan, et al., 2016) une crainte est manifestée par certains que les besoins et les intérêts des victimes puissent être soumis aux besoins des auteurs par le processus même de la justice restaurative (Keenan, 2017) et que le déséquilibre de pouvoir créé par la violence sexuelle pourrait offrir aux délinquants la possibilité de revictimiser la victime de la manière la plus subtile, si les animateurs ne sont pas formés pour rééquilibrer cette dynamique (Godden-Rasul, 2017 ; Pali, 2017). Dans le projet de Justice restaurative en Nouvelle-Zélande, Jülich et Landon (2017) montrent que cette préoccupation peut être satisfaite par un certain nombre de garanties procédurales qui visent à assurer la sécurité physique et émotionnelle de tous les participants et à éviter toute revictimisation potentielle.

Keenan (2017, 2018) a avancé que la facilitation de la JR dans les cas de violence sexuelle doit être faite par des facilitateurs formés à la JR qui ont une formation supplémentaire sur la dynamique de la violence sexuelle et sur l'impact des traumatismes sexuels (Mercer, et al., 2015). En 2018, Keenan explique la raison pour laquelle les facilitateurs de JR ont besoin d'une formation spécialisée supplémentaire dans les cas de violence sexuelle. Effectivement, les facilitateurs de la JR doivent ici aborder un triple problème. Les victimes et les auteurs de violences sexuelles ont besoin d'être assurés que les facilitateurs JR seront spécifiquement formés pour répondre à leurs besoins de sécurité psychologique et émotionnelle (la dimension thérapeutique). Faciliter la JR après les cas de violences sexuelles recouvre en soi une grande dimension éthique. Enfin, les facilitateurs doivent comprendre et répondre adéquatement aux complexités juridiques de la JR après les violences sexuelles. Les intérêts publics ainsi que les intérêts privés dans les affaires de violence sexuelle exigent de créer un sentiment de confiance de la part public, assurer une légitimité de la Justice restaurative dans les cas de violences sexuelles (la dimension juridique).

Il est facile de comprendre pourquoi certains avocats de victime peuvent avoir des réserves sur l'application de la JR dans les cas de violences sexuelles. Pourtant, l'expérience de la pratique indique que les raisons qui poussent les victimes et les auteurs d'infraction à s'engager plus généralement dans la JR dans les cas non sexuels s'appliquent également dans les cas de violence sexuelle - peut-être même plus. Cela permet à leur voix d'être entendue, à l'impact et aux conséquences du préjudice d'être plus profondément et largement considérés, de poser des questions et d'entendre les réponses et de créer un niveau plus significatif de responsabilité envers les personnes touchées. Les victimes de violences sexuelles veulent être entendues et, comme les victimes d'autres crimes, elles cherchent aussi à reconnaître le préjudice qui leur a été causé. « Comment avez-vous/as-tu pu me faire cela ? » est la question qui est le plus demandé par les victimes de viol, le « vous/tu » se réfère bien-sûr à la personne qui a commis l'agression et donc à la seule qui peut fournir la réponse. « Pourquoi m'avez-vous/m'as-tu fais cela ? » est aussi une question que beaucoup de ceux qui ont été sexuellement blessés dans leur enfance veulent demander à la personne qui les a abusés. Mais ce n'est pas une question facile à demander. Malgré cela, les victimes nous disent qu'elles veulent et ont besoin de ce processus et les auteurs d'infraction nous disent qu'ils seraient prêts à participer si on le leur demandait (Keenan, 2014 ; O'Nolan, et al., 2018). Cependant, ce qui suit doit s'appliquer : « Aucune victime de crime ne devrait être forcée à confronter son agresseur, mais elle ne devrait pas non plus être privée de l'opportunité si elle le désire » (Koss, 2000 ; Zinsstag, 2017).

Bien qu'il existe de plus en plus de documentation sur les avantages de la JR pour les victimes de crimes sexuels (Zinsstag & Keenan, 2017), il existe peu de recherches sur les avantages de la JR pour les auteurs d'infractions sexuelles. Cependant, on s'intéresse de plus en plus à la façon dont la justice restaurative dans les cas de VS peut contribuer à la réadaptation des délinquants en soutenant le processus de désistance et en améliorant la responsabilisation des délinquants (Woessner, 2017).

Ce chapitre offre également quelques réflexions sur la congruence de la JR après la violence sexuelle avec le GLM pour la réhabilitation des délinquants et pour la guérison des victimes. L'un des facteurs qui a peut-être inhibé la pratique de la JR dans le domaine de la violence sexuelle est la perception selon laquelle il s'agit d'une pratique intrinsèquement plus risquée dans les cas de violence sexuelle que d'autres types de crimes. La nature et l'intimité des préjudices, les déséquilibres de pouvoir souvent associés à la violence sexuelle, qui sont souvent liés aux liens relationnels entre les victimes et les délinquants, les caractéristiques menaçantes des auteurs d'infraction et les vulnérabilités particulières des victimes, dans certains cas l'immaturité des victimes, l'inadéquation des services de soutien pour les participants, et les angoisses et les réactions des communautés sont quelques-unes des raisons auxquelles nous pouvons penser.

Pour ces raisons (et d'autres), il est logique pour les praticiens de faire preuve de prudence dans les cas de VS, d'augmenter progressivement leur charge de travail impliquant des cas complexes et de développer la confiance et les compétences nécessaires pour répondre à la question suivante : « Comment fournissons-nous des pratiques sécurisées dans un environnement opérationnel risqué ? » plutôt que de simplement se conformer à l'idée que « la JR n'agit pas sur les VS ... ». Les praticiens de la justice restaurative dans les cas de VS doivent acquérir une connaissance fondée sur des preuves du phénomène des VS et des facteurs criminogènes liés à la délinquance sexuelle comme connaissance pratique essentielle. Ils doivent être en mesure de comprendre les distinctions entre le risque restaurateur et le risque criminogène et interroger le concept plus large de « risque » pour avoir une compréhension beaucoup plus précise de ce que cela signifie et de la façon dont il doit influencer tout processus réparateur potentiel.

### 3. Le Good Lives Model pour les auteurs d'infraction, les victimes et la justice restaurative : congruence and divergence

Selon nous, le GLM et la justice restaurative sont complémentaires mais avec des pratiques et des cadres normatifs qui ont des domaines d'application qui se chevauchent. Le GLM est une théorie de réhabilitation qui vise à promouvoir la réintégration des individus en les dotant des ressources internes et externes pour mener une vie plus épanouissante et moins préjudiciable. Les pratiques de justice restaurative cherchent à répondre aux crimes de manière réparatrice et inclusive. La valeur du GLM réside dans sa capacité à intégrer les faits établis au sujet d'un traitement correctionnel efficace avec des connaissances cliniques solides sur la meilleure façon de motiver les délinquants et de les engager dans la tâche difficile du changement de style de vie. Il s'agit essentiellement d'une perspective prospective qui vise à modifier de façon constructive la manière dont les auteurs d'infraction vivent leur vie en fonction de la clarification des principaux engagements, de l'acquisition de compétences et de la réintégration sociale. Le processus de changement du mode de vie est médiatisé en aidant les individus à articuler et à poursuivre leurs objectifs personnels et en réduisant les facteurs de risque dynamiques spécifiques. La composante normative du GLM s'articule autour de la compréhension que les individus qui ont commis des crimes ont des droits de base mais également le devoir envers les autres de respecter leurs intérêts fondamentaux.

L'objectif principal des pratiques de justice restaurative est de réparer les dommages causés par le crime. Bien que la justice restaurative ne soit pas axée sur la punition, une attention particulière est accordée à la réparation des auteurs d'infraction et à la réaffirmation des normes communautaires. L'intention majeure est de faciliter la guérison de la victime et de la communauté et de traiter la violation des normes d'une manière holistique et juste plutôt que d'augmenter les capacités spécifiques des individus. La JR peut fournir le cadre normatif général dans lequel la réadaptation correctionnelle peut être mise en œuvre. L'accent mis sur les valeurs de la reconnaissance des préjudices commis, de la collaboration et de la réparation morale, sociale et psychologique s'aligne naturellement avec la perspective écologique et basée sur la force du GLM. Leurs différents accents sont décrits par Ward et Langlands (2009, p. 212) :

> *Les théories de la justice restaurative et de la réadaptation intègrent toutes deux des valeurs prudentielles et éthiques, mais de manière très différente. En d'autres termes, la restauration se manifeste de manière distincte au sein des deux cadres normatifs : la justice au sein de la communauté (modèle restaurateur) versus la restauration du fonctionnement psychologique et spécial du délinquant (GLM).*

## Conclusion

Le crime sexuel est un type de crime différent des autres, l'expérience clinique indique qu'il présente des caractéristiques qui le différencient des autres violences : les victimes de crimes sexuels éprouvent souvent une culpabilité puissante et aliénante et assument la responsabilité de l'infraction; l'auteur dans la majorité des cas est une personne connue de la victime, aimée par elle et dans une position de confiance dans leurs vies ; l'auteur d'infraction dans la majorité des cas a utilisé des techniques subtiles et des stratégies afin de préparer et de désemparer la victime ainsi que surmonter sa résistance ; le processus de dénonciation du crime et de poursuite de la justice par le biais du système de justice pénale est ressenti comme traumatisant par les victimes et leurs familles.

Selon nous, la réadaptation correctionnelle devrait être mise en œuvre dans un cadre normatif de responsabilité et d'engagement au nom des victimes, des auteurs d'infraction et de la communauté afin d'œuvrer pour la restauration et la confiance. Il nous apparaît que le GLM et la justice restaurative sont des alliés naturels dans ce processus parce qu'ils reconnaissent la valeur intrinsèque de tous les individus et que si vous voulez que les gens mènent des vies moins nuisibles, vous devez leur offrir l'espoir d'atteindre des résultats plus satisfaisants.

## References

Brown, J.M. & Walklate, S.L. (eds.) (2012). Handbook on sexual violence. Abingdon: Routledge.

Christie, N. (2013). Words on words. Restorative Justice: An International Journal, 1(1), 15-19.

Daly, K. (2017). Sexual violence and victims' justice interests. In E. Zinsstag & M. Keenan (eds.) Restorative responses to sexual violence: legal, social and therapeutic dimensions (pp. 108-139). Abingdon: Routledge.

Julich, S. & Landon, F. (2017). Achieving justice outcomes: participants of Project Restore's restorative processes. In E. Zinsstag & M. Keenan, (eds.) Restorative responses to sexual violence: legal, social and therapeutic dimensions (pp. 192-211). Abingdon: Routledge.

Keenan, M. (2014). Sexual trauma and abuse: restorative and transformative possibilities? A collaborative study on the potential of restorative justice in sexual crimes in Ireland. Dublin: University College Dublin. Accessed 19/06/2018 http://hdl.handle.net/10197/8355

Keenan, M. (2017). Criminal justice, restorative justice, sexual violence and the rule of law. In E. Zinsstag & M.Keenan (eds). Restorative responses to sexual violence: legal, social and therapeutic dimensions. London: Routledge (pp. 44-68).

Keenan, M. (forthcoming 2018). Training for restorative justice work in cases of sexual violence. International Journal of Restorative Justice, 1(2).

Keenan, M. & Zinsstag, E. (under contract with Oxford University Press - due to be published in 2018) When victims meet offenders: restorative justice after sexual violence (working title). Oxford: Oxford University Press.

Keenan, M. & Zinsstag, E. (2014). 'Restorative justice and sexual offenses: can 'changing lenses' be appropriate in this case too?' in Monatsschrift für Kriminologie und Strafrechtsreform, 97(1), 93-106.

Keenan, M., Zinsstag, E. & O'Nolan, C. (2016). Sexual violence and restorative practices in Belgium, Ireland and Norway: a thematic analysis of country variations. In Restorative Justice: an International Journal, 4(1), 86-114.

Koss, M. (2000). Blame, shame, and community: justice responses to violence against women. American Psychologist, 55(11), 1332-1343.

Marshall, W.L., Serran, G.A., Fernandez, Y.M., Mulloy, R., Mann, R.E., & Thornton, D. (2003). Therapist characteristics in the treatment of sexual offenders: Tentative data on their relationship with indices of behaviour change. Journal of Sexual Aggression, 9, 25-30.

Marshall, W.L., Serran, G.A., Moulden, H., Mulloy, R., Fernandez, Y.M., Mann, R.E. & Thornton, D. (2002). Therapist features in sexual offender treatment: their reliable identification and influence on behaviour change. Clinical Psychology and Psychotherapy, 9, 395-405.

Mercer, V., Sten Madsen, K., Keenan, M. & Zinsstag, E. (2015). Doing restorative justice in cases of sexual violence: a practice guide. Leuven: Leuven Institute of Criminology. Accessed 19/06/2018 http://hdl.handle.net/10197/7160

McGlynn, C. & Munro, V.E. (eds.) (2010). Rethinking rape law: international and comparative perspectives. Abigdon: Routledge.

McGlynn, C., Westmarland, N. & Johnson, K. (2017). Under the radar: the widespread use of 'Out of Court resolutions' in policing domestic violence and abuse in the United Kingdom. British Journal of Criminology, 58(1), 1-16.

O'Nolan, C., Zinsstag, E. & Keenan, M. (2018). Researching 'under the radar' practices: exploring restorative practices in sexual violence cases'. Temida, 21-1, 107-130.

Purvis, M., Ward, T., & Shaw, S. (2013). Applying the Good Lives Model to the case management of sexual offenders: a practical guide for probation officers, parole officers, and case workers. Brandon: Safer Society Press.

Purvis, M., Ward, T. &Willis, G.M. (2011). The Good Lives Model in practice: offence pathways and case management. European Journal of Probation, 3(2), 4-28.

Temkin, J. & Krahe, B. (2008). Sexual assault and the justice gap: a question of attitude. Oxford: Hart Publishing.

Ward. T. (2002a). Good lives and the rehabilitation of sexual offenders: Promises and problems. Aggression and Violent Behavior, 7, 513-528.

Ward. T. (2002b). The management of risk and the design of good lives. Australian Psychologist, 37, 172-179.

Ward. T. (2010). The Good Lives model of offender rehabilitation: Basic assumptions, aetiological commitments, and practice implications. In F. McNeill, P. Raynor, and C. Trotter (eds.), Offender supervision: new directions in theory, research and practice. Cullompton: Willan Publishing.

Ward. T. (2017). Restorative justice and the dual role problem confronting practitioners. In E. Zinsstag, & M. Keenan, (eds.), Restorative responses to sexual violence: legal, social and therapeutic dimensions (pp. 92-107) Abingdon: Routledge.

Ward. T. & Brown, M. (2004). The good lives model and conceptual issues in offender rehabilitation. Psychology, Crime, & Law, 10, 243-257.

Ward, T. & Gannon, T. (2006). Rehabilitation, etiology, and self-regulation: The Good Lives Model of sexual offender treatment. Aggression and Violent Behavior, 11, 77-94.

Ward, T. & Fortune, C.-A. (2016). The role of dynamic factors in the explanation of offending. In Aggression and Violent Behavior, 29, 79-88.

Ward, T. & Gannon, T. (2006). Rehabilitation, etiology, and self-regulation: The Good Lives Model of sexual offender treatment. Aggression and Violent Behavior, 11, 77-94.

Ward, T. & Hudson, S. (2000) A self-regulation model of relapse prevention. In D.R. Lawes, S.M. Hudson & T. Ward (eds.), Remaking relapse prevention with sex offenders: A sourcebook (pp. 79-101). Thousand Oaks: Sage Publications.

Ward, T. & Langlands, R. (2009). Repairing the rupture: Restorative justice and offender rehabilitation. Aggression and Violent Behavior, 14, 205-214.

Ward, T. & Marshall, W.L. (2004). Good lives, etiology and the rehabilitation of sex offenders: a bridging theory. Journal of Sexual Aggression, 10, 153-169.

Ward, T. & Maruna, S. (2007). Rehabilitation: beyond the risk assessment paradigm. London: Routledge.

Ward, T. & Stewart, C. A. (2003). Criminogenic needs and human needs: a theoretical model. Psychology, Crime, & Law, 9, 125-143.

Zinsstag, E. (2017) 'How appropriate is the use of restorative justice in cases of sexual violence?' in Scottish Justice Matters, 5(1), 30-33.

Zinsstag, E. & Keenan, M. (eds.) (2017) Sexual violence and restorative justice: legal, social and therapeutical dimensions. London: Routledge.

## Chapitre 6 : Le Good Lives Model appliqué à la problématique de la radicalisation : brèves réflexions et illustrations de cas cliniques en Quartier d'Evaluation de la Radicalisation.

Dr Erwan DIEU, Carine LEMARCHAND, Nadia BOUAMIRA

### 1. Contexte et questionnement autour de l'évaluation de la radicalisation en France

#### *Le contexte de l'évaluation de la radicalisation en France*

L'intérêt pour la question de l'évaluation de la radicalisation prend une nouvelle tournure dans les prisons françaises en 2015, à la suite de l'augmentation des attentats islamistes perpétrés sur le territoire et de la recrudescence d'incarcérations en lien avec le terrorisme. Différents dispositifs pénitentiaires voient alors le jour afin de répondre à ce phénomène nouveau du point de vue de son ampleur et de sa gravité. La question de l'évaluation y prend tout son sens afin de mieux appréhender le phénomène mais aussi au regard de la grande diversité des profils que recouvre cette problématique : différences interindividuelles (âge, genre, niveau socio-culturel, tradition familiale...), écart entre les djihadistes restés au stade du soutien virtuel et ceux s'étant rendus sur zone, différents degrés d'investissement et de connaissance de la religion, profils idéologues versus influençables... L'enjeu est ici d'apporter une réponse la plus adéquate possible concernant les modalités de prise en charge psycho-sociale dans une visée de réinsertion mais aussi concernant l'articulation avec la logique sécuritaire. Différentes modalités d'évaluation de la radicalisation ont alors vu le jour et recouvrent différentes finalités et enjeux relativement au caractère polymorphique du phénomène.

La qualification de « participation à une association de malfaiteurs en vue de la préparation d'un acte terroriste » recouvre généralement trois types de faits : les tentatives ou les départs en Syrie pour rejoindre une organisation terroriste, le financement d'une entreprise terroriste et enfin la préparation ou implication dans un acte terroriste. Les personnes incarcérées pour des faits en lien avec le terrorisme islamiste ont vocation à être évaluées au sein des Quartiers d'Évaluation de la Radicalisation (QER) dont la méthodologie est basée sur une investigation approfondie et pluridisciplinaire de la personnalité, à l'instar du Centre National d'Évaluation (CNE) dont la méthodologie a déjà fait ses preuves sur le public longue peine. Les personnes détenues concernées sont donc transférées au sein d'un QER sur une période de quatre mois.

L'enjeu est ici de définir une modalité de gestion de détention basée sur l'estimation du risque de passage à l'acte violent en lien avec l'idéologie radicale, le risque de prosélytisme mais aussi de dégager des préconisations sur les modalités de prise en charge basées sur les facteurs de risque, les facteurs de protection et sur la réceptivité du sujet. Cette évaluation débouche sur une décision d'affectation et des préconisations de prise en charge qui seront soumises à l'établissement d'accueil. Les personnes écrouées pour des faits de nature terroriste qui ne sont pas encore placées en QER font l'objet dans leur établissement d'une évaluation moins formalisée qui se confond dans la prise en charge dans la mesure où celle-ci en est le préalable direct. Enfin, la nécessité de détection des détenus de droit commun susceptibles de se radicaliser peut donner lieu également à un autre type d'évaluation ponctuelle dans l'optique de confirmer ou infirmer un signalement et le cas échéant de dégager des préconisations de gestion et prise en charge. Cette évaluation est plus délicate dans la mesure où les personnes concernées ne sont pas désignées par la qualification de leur écrou mais par un signalement, critère davantage subjectif et éventuellement objet de crainte de stigmatisation.

Il existe ainsi différentes modalités d'évaluation qui toutes impliquent la nécessité commune de favoriser l'adhésion de la personne détenue afin que celle-ci ne soit pas perçue comme intrusive, auquel cas toute démarche ultérieure d'accompagnement et/ou de réinsertion serait mise à mal. L'évaluation est en effet entendue ici comme un outil de gestion pénitentiaire mais aussi comme le premier pas vers la prise en charge et la prévention de la récidive.

### *Quelques questionnements théoriques et pratiques autour de l'évaluation de la radicalisation*

Le premier défi théorique interroge le ou les modèles psychologique(s) de référence, eux-mêmes fonctions des objectifs recherchés dans l'appréciation des problématiques. Différents chapitres récents rapportent des précisions quant aux éléments clés à prendre en considération dans la lutte contre le terrorisme extrémiste en prévention ou en intervention, dont le caractère essentiel des prédicteurs positifs motivant idéologiquement l'infraction (Jasko & LaFree, 2016 ; Lindekilde, et al., 2017 ; Silke & Veldhuis, 2017). Nous souhaitons ici questionner la radicalité comme un recours symptomatologique en lien avec la vulnérabilité identitaire du sujet. Il s'agit dès lors d'un process d'analyse clinique autour de la notion d'emphase identitaire sous la forme de seuils de vulnérabilité.

Quatre modèles complémentaires et des principes d'efficacité servent de point de départ : le Good Lives Model (GLM) (Ward & Brown, 2004), le Modèle de l'Identité Temporelle (TIM-E) (Dieu, 2017), la Théorie Identitaire de la Désistance (IDT) (Paternoster et al., 2015), les principes Risque-Besoins-Réceptivité (Andrews, et al., 1990). Les deux premiers modèles précisent le plan de vie du sujet, ses besoins et ses perspectives identitaires dans le temps, entendues comme vécu cognitivo-émotionnel des histoires de vie produites et non produites. L'IDT concilie différentes lectures de la désistance sous l'angle subjectif et psychologique, c'est-à-dire des dynamiques influençant le processus d'arrêt des comportements infractionnels et de maintenance des actes prosociaux. Enfin, les facteurs de risque et de protection, les besoins criminogènes et la réceptivité du sujet permettent d'évaluer de manière structurée les facteurs corrélés aux situations-problèmes réitérées. Dans un contexte d'intervention psycho-criminologique française (Dieu & Hirschelmann, 2018), et en l'absence de recul des données probantes sur le sujet, il faudrait entendre « facteurs de vulnérabilité » plus que « facteurs de risque de récidive », et « ressources positives pertinentes » plus que « facteurs de protection ».

Le deuxième défi théorique interroge la méthode de l'entretien et l'analyse en alliance avec le sujet, en poursuite du travail de Khalil (2017). Si de nombreux outils d'évaluation des facteurs de risque existent aujourd'hui, peu d'entre eux offrent réellement une méthodologie de l'entretien afin d'encoder adéquatement les données d'évaluation -et si tel est le cas, le sujet ne se voit que peu impliqué dans cette méthode (Pettinger, 2017). Ce défi nous oblige à trois réflexions : le recours à différents supports suivant les besoins relationnels du sujet, le développement d'une méthodologie dans le raisonnement (pourquoi et comment évaluer), l'analyse en diverses dimensions pour étayer la synthèse des résultats afin de co-établir un plan d'accompagnement basé sur un Plan de vie.

Le troisième défi théorique concerne la structuration de l'appréciation approfondie. Kiran et Sarma (2017) ont proposé des pistes de réflexion sous la forme de principes directeurs. Il ne s'agit pas ici de l'analyse du processus de l'acte (Dieu, et al., 2014 ; Dieu & Sorel, 2015), mais d'une appréciation des éléments à risque et protecteurs dans le style de vie du sujet. Deux des problématiques de Kiran et Sarma (2017) concernent la spécification du risque et l'identification des facteurs de risque et de résilience. Ils préconisent l'utilisation d'une réflexion structurée qui « *même en l'absence d'une base empirique forte, la prévention du risque peut être guidée par les théories…* ».

Concernant la prévention du risque de terrorisme et d'extrémisme chez les détenus, Silke (2014) envisageait une taxonomie de quatre groupes (extrémistes radicalisés, affiliés, vulnérables, recrutés en prison) chez qui on peut identifier des facteurs clés préventifs : l'idéologie, les émotions, les comportements, le désengagement, l'environnement social et politique, les affiliations. L'analyse des éléments à risque (ou vulnérabilité) et protecteurs (ou ressources positives) demeure dès lors essentielle une fois l'entretien et le plan de vie effectués et les perspectives futures tracées. En l'absence de retours quantifiés prédictifs actuels ou souhaitables, nous observons qu'une première dimension viserait à recueillir des indicateurs de facteurs de risque à apprécier afin d'établir des seuils d'emphase. Une deuxième dimension concernerait les indicateurs de facteurs de protection et éléments de désistance dans le parcours afin de compléter de manière essentielle l'appréciation des niveaux d'emphase.

## 2. Le recours au GLM dans un contexte d'évaluation de la radicalisation

Si le « Good Lives Model » (GLM) s'insère désormais dans l'intervention psychosociale depuis le champ clinique (Corneille & Devillers, 2017), son origine était pourtant précise et limitée. Comme vu dans les précédents chapitres, la naissance du GLM était une réponse au modèle de la prévention de la récidive et des principes « Risque-Besoins-Réceptivité » (Ward, et al., 2007). Sans reprendre l'ensemble des éléments reprochés à la prévention de la récidive nord-américaine, le GLM entend proposer une lecture toute autre des personnes judiciarisées particulièrement intéressante pour l'accompagnement : plutôt que de parler de la récidive, le GLM envisage la qualité de vie et l'épanouissement personnel ; plutôt que les risques de récidive, le GLM vise les besoins humains fondamentaux ; plutôt qu'un plan de lutte contre la rechute ou la récidive, le GLM construit un plan de bonne vie (*Good Life Plan*) ; plutôt qu'une compliance attendue du sujet, le GLM engage le professionnel dans une posture collaborative forte et bienveillante.

Figure de proue de la criminologie positive, le GLM guide la posture à tenir concernant différents types d'infraction (violences sexuelles, conjugales, radicalisation, violences sociales, problématiques psychiatriques, etc[8]).

[8] Applications présentées lors des premières rencontres internationales francophones du GLM à Tournais, Belgique, en 2016, organisées par ANTIGONE et LES MARRONIERS.

En nous invitant à reconsidérer la posture d'intervention sous un nouvel angle, en passant d'un couple professionnel/délinquant à un couple accompagnant/sujet, on opère un glissement fécond de « intervenant de prévention de la récidive-justiciable à risque de récidive » vers « sujet accompagnant d'un Plan de vie-sujet ayant des besoins prioritaires en quête de moyens ». Le GLM invite l'intervenant à demander à la personne suivie ce qu'elle veut pour elle dans sa vie et en quoi l'infraction fut un moyen sans doute socialement mal approprié pour y parvenir. L'objectif revient par la suite à construire *avec* cette personne un Plan de Vie et un Plan d'intervention orienté vers les compétences, visant à développer en elle une identité cohérente et une vie harmonieuse (Ward & Brown, 2004 ; Ward & Maruna, 2007 ; Gannon & Ward, 2014 ; Ward & Fortune, 2016). L'hypothèse du GLM réside ici : la lutte contre la récidive est secondaire à l'épanouissement personnel. Notons toutefois que la récidive portant atteinte à l'épanouissement, elle doit être pleinement considérée dans l'intérêt de l'individu et non seulement dans l'intérêt pour un tiers (la société). Il ne faudrait pas en soi considérer qu'il existe des facteurs de risque de récidive comme but de l'action, mais comme un instrument, un moyen utilisé pour parvenir aux besoins « primaires » (ou « prioritaires ») (Ward, 2007). L'infraction ne serait pas la finalité, mais le moyen de l'atteindre. La sortie de la délinquance est fonction d'un processus personnel, une maturation de trajectoire sociale tout autant que psychologique. Ainsi, l'établissement d'un Plan de vie participe à la construction d'une identité personnelle éloignée de l'identité délinquantielle (Willis, et al., 2014).

En plus du GLM en soi, selon le « modèle multifactoriel de disposition au traitement » MORM (modèle du « readiness ») (Ward, et al., 2004) et contrairement aux modèles de la motivation et de la réceptivité, l'objectif n'est plus tant d'amener le sujet à se plier au suivi que de travailler avec lui à une adaptation mutuelle (Corneille & Henrard, 2017). Cela est pertinent au regard des connaissances actuelles : nous savons par exemple que les personnes qui stoppent leur accompagnement ne sont pas moins motivées que celles qui le poursuivent, mais ne se retrouvent simplement pas dans le type de suivi proposé ou son contexte d'administration (Mossière & Serin, 2014 ; McMurran & McCulloch, 2007). L'*accès au suivi* d'une personne peut être promu par l'acquisition de compétences sociales et psychologiques de base, avant de penser à travailler sur les *problématiques* elles-mêmes (McMurran & Ward, 2010). Pour engager dans le traitement, nous préconisons d'encourager le rapport personnel à l'avenir. Pour cela, il s'agit d'envisager la lecture temporaliste de la désistance (Paternoster, et al., 2015) et le Modèle de l'Identité Temporelle « TIM-E » attaché à la Criminologie Positive (Dieu, 2019). TIM-E invite le professionnel – en collaboration avec la personne – à viser un objectif d'accompagnement centré sur la temporalité vécue par le sujet dans son identité (Dieu, 2017).

Dans cette logique et face à un public dont l'idéologie associée véhicule bien souvent des idées hostiles vis à vis des institutions françaises, la posture évaluative en tant que préalable à la prise en charge doit être réfléchie en faveur du rétablissement d'une forme de confiance. Cette confiance peut en premier lieu s'établir avec l'interlocuteur/évaluateur, qui pourra alors devenir le vecteur d'une meilleure compréhension et confiance envers l'institution qu'il représente. L'un des enjeux majeurs pour les professionnels chargés de l'évaluation de la radicalisation, outre la dimension sécuritaire, apparaît donc au travers de cette forme de réconciliation comme condition sinéquanone de tout accompagnement et travail de prévention de la récidive. Dans ce cadre, le GLM offre une base de réflexion intéressante en faveur d'une posture évaluative facilitante.

En premier lieu, la posture humaniste préconisée dans ce modèle se révèle être une base d'approche opportune auprès du public radicalisé. Le principe est simple, reconnaître à la personne son rôle d'acteur de son propre changement avec l'idée fondamentale sous-jacente que chaque individu est unique et détient au fond de lui sa propre volonté et son tracé potentiel de changement. D'après Rogers (1963), « *l'individu possède en lui-même des ressources considérables pour se comprendre, se percevoir différemment, changer ses attitudes fondamentales et son comportement vis-à-vis de lui-même. Mais seul un climat bien définissable, fait d'attitudes psychologiques facilitatrices, peut lui permettre d'accéder à ses ressources* ». Dans la mesure où ce public s'inscrit bien souvent dans une méfiance vis à vis des institutions françaises, voire dans la croyance complotiste d'une intention malveillante de leur part à les formater et manipuler, le recours à une approche centrée sur la personne apparaît bien souvent comme un moyen de désamorcer les croyances dysfonctionnelles et persécutoires. La personne détenue est en effet sollicitée non pas sur le changement attendu d'elle par l'institution mais sur sa propre réflexion autour de son bien-être personnel et l'élaboration d'axes de changements pour l'améliorer, tels qu'elle-même les définit.

L'idée sous-jacente en travaillant cet axe est que le recours au passage à l'acte, considéré dans le GLM comme une tentative inadaptée d'améliorer le bien-être personnel, n'aura plus lieu d'être. En effet, cette conceptualisation de l'acte comme tentative inadaptée et frustrante d'améliorer le bien-être personnel trouve son écho dans la problématique de radicalisation comme en témoigne le cas non anecdotique de M. M, écroué après un séjour en Syrie de 9 mois (présenté par la suite). Comme nous l'avons indiqué, selon le GLM les comportements à risque ou infractionnels ne sont pas les réels buts de l'action mais les moyens utilisés (besoins instrumentaux ou secondaires) pour parvenir à des besoins fondamentaux de vie (besoins primaires) (Ward, et al., 2007 ; Ward, 2007).

Les comportements extrémistes, les pensées radicales, la rigidification des pratiques religieuses, etc., seraient alors autant de moyens d'accès vers l'apaisement de besoins profonds d'existence communautaire, de savoir, de spiritualité, d'équilibre émotionnel, ou de lien affectif par exemple. Cette approche holistique et constructive du lien social dans le cadre infractionnel (Barnao, et al., 2015) nous fait envisager la radicalité comme une réponse identitaire expressive des besoins profonds.

Les ajustements relationnels-situationnels concernent les aménagements du sujet qui permettent ou non l'engagement dans un mode de vie et une trajectoire à risque. La question des trajectoires de radicalisation a été posée par Klausen et al. (2016) sous la forme d'un modèle comportemental dynamique de prévention des risques. Ils y déterminent des indicateurs comportementaux de progression dans les trajectoires radicales en trois étapes : le détachement, l'immersion par les pairs (et l'entrainement), la planification et l'exécution (de l'action violente). Si les aspects comportementaux de la radicalisation sont régulièrement abordés, jusque dans le lien entre les sciences comportementales et le processus de radicalisation (Leistedt, 2017), le lien entre les éléments comportementaux habituels et les émotions violentes demeure plus rare. Dans ce champ, Van Stekelenburg (2017) envisage le travail spécifique autour des émotions (leur transformation) comme élément constitutif du processus de radicalisation, en trois phases : l'outrage basé sur la colère, la supériorité morale basée sur le mépris, l'élimination basée sur le dégout. Bal et Van den Bos (2017) soulignent que le processus de radicalisation est sous-tendu par des systèmes d'acceptance et de rejet mettant en lien les émotions et les comportements, allant de la perception de l'injustice sociale et les réactions émotionnelles aux perceptions et constructions cognitives de l'injustice et les réactions comportementales.

Par ajustement relationnels-situationnels, nous analyserons la rencontre entre des vulnérabilités particulières actuelles et des situations concrètes qui suscitent chez le sujet un changement progressif dans ses habitudes de vie et ses attitudes –notamment dans le rapport aux autres. Ces vulnérabilités (eg. émotionnelles, sociales) sont actuellement constatées dans le quotidien et le sujet s'en estime parfois victime (Horgan, 2008). Le processus se caractérise ici par un désengagement social de personnes et/ou d'activités auparavant investies et un ensemble d'actions qui engagent le sujet dans un parcours à potentiel criminogène. Les éléments contextuels sont de nouveau constatés (influence des amis, de la famille et du milieu sur le sujet, formations spécifiques en lien avec des groupes idéologiques extrémistes). Toutefois, il est proposé d'évaluer les actions du sujet à l'égard des contextes et l'intensité de ces actions (ouverture cognitive, engagement, investissement).

La place d'Internet sur ces comportements et ces envahissements au fur et à mesure, demeure cruciale en tant que catalyseur de liens identitaires avec les groupes idéologiques extrémistes. Selon Pressman & Flockton (2012), en l'absence de lien entre les éléments contextuels (eg. contacts humains, leadership, soutiens) et les attitudes et intentions du sujet, peu d'actions infractionnelles aboutissent.

Au sein de ce chapitre, nous présentons une réflexion concernant le recours à la posture et méthode du GLM dans le cadre du suivi de personnes suivies pour radicalisation ou fait de terrorisme, en milieu fermé et d'évaluation. Nous présentons ici le process d'évaluation, les étapes, l'intérêt des stratégies de décentration, à la fois de personne, de temporalité et de recherche des besoins fondamentaux. La construction du Plan de vie puis du Plan d'accompagnement est ici pluridisciplinaire et intégrative, elle est effectuée par une psychologue et une CPIP, référentes de la mission de lutte contre la radicalisation violente (MLRV) -anciennement appelée plan de lutte anti-terrorisme (PLAT). Les détentions qui utilisent désormais les réflexions présentées au sein de ce chapitre organisent leurs actions sous la forme de trois Cercles d'intervention (protocole CéSURE -issu de l'alliance entre les modèles GLM et TIM-E) : l'appréciation-évaluation (Cercle tertiaire), l'accompagnement réhabilitatif individuel et/ou groupal (Cercle secondaire), l'accompagnement restauratif et social-citoyen (Cercle primaire). Dans cette triple perspective, l'appréciation permet de coordonner l'intervention réhabilitative avec d'autres approches telles que les pratiques restauratives (Dieu, et al. 2016). Formés ensemble à une méthodologie commune, les professionnels se répartissent par la suite au sein des Cercles d'intervention en fonction de leurs objectifs professionnels. Nous parlerons ici du Cercle dit tertiaire d'évaluation.

## 3. Le recours concret à des postures et outils d'orientation GLM : retours des professionnels du Quartier d'Evaluation de la Radicalisation (QER)

***Pourquoi le recours à ces postures et outils ? Exemple positif de la distanciation cognitive et de la distanciation temporelle***

L'utilisation des outils CéSURE dans le cadre d'entretiens a pu nous apparaître comme un véritable défi qu'il nous a fallu cependant relever, afin de rendre hommage à cette formation qui peut bouleverser les pratiques des CPIP. Déjà sensibilisés aux techniques de l'entretien motivationnel et aux outils du GLM, nous avons pu ainsi compléter nos méthodes d'accompagnement.

Le programme CéSURE propose en effet de nombreux exercices d'apparence ludique. Ces outils peuvent être utilisés peu importe le motif d'incarcération de la personne, et permettent d'aborder diverses thématiques sous un angle nouveau. Ils ont notamment été utilisés pour l'accompagnement d'une population pénale faisant l'actualité et pouvant parfois susciter de l'appréhension auprès des professionnels, à savoir les personnes incarcérées pour des faits d'association de malfaiteurs en vue de la réalisation d'un acte de terrorisme. L'intégration de ces outils à notre pratique nous permet de diversifier nos approches en cas de difficultés face à une personne détenue refusant de répondre à nos questions, ou restant ancrée à ses croyances, aux idées qu'elle affirme et auxquelles elle semble attachée de manière figée et rigide.

En entretien, la personne reçue est bien souvent au courant de nos intentions, particulièrement dans le cadre d'évaluations. Pour autant, le format des exercices proposés séduit et offre l'opportunité d'approfondir certains sujets et lever certains tabous. Ils présentent toutefois certaines limites que nous présenterons par la suite. Un des items que nous utilisons particulièrement avec les personnes incarcérées pour des faits de terrorisme et celui visant l'assouplissement des croyances des individus au travers de la métaphore dite de « l'éléphant ». Elle a pour but de faire prendre conscience à la personne détenue du caractère rigide de certaines pensées et des comportements qui peuvent en résulter. Cette technique s'est révélée particulièrement efficace auprès d'une jeune femme détenue. Mère de famille et séparée de ses enfants en bas âge depuis son retour de Syrie, elle présentait la certitude que ses enfants l'appelaient toutes les nuits, et les entendait pleurer.

Bien qu'en capacité d'admettre que l'univers carcéral pouvait majorer ses angoisses, il lui était impossible de se distancier de cette croyance envahissante. Dans un premier temps très fermée par rapport à nos interventions visant à lui signifier le caractère imaginaire de ces pensées, l'utilisation de la métaphore de l'éléphant lui a permis de prendre du recul concernant cette croyance en apparence inattaquable. En outre, les éléments en notre possession établissaient que les enfants de cette détenue étaient épanouis au sein de leur famille d'accueil. Ce n'est qu'au travers de cet exercice de distanciation cognitive qu'elle a pu réaliser le caractère imaginaire de cette pensée, et ainsi prendre conscience de ce que cette séparation signifiait pour elle : la peur d'être oubliée de ses enfants et d'être remplacée « pour toujours ».

Au cours de l'évaluation de certaines personnes détenues pour des faits de radicalisation, nous avons pu constater une incapacité pour elles à se projeter et à envisager leur avenir. Elles se retrouvaient ainsi en difficulté face à des questions telles que « *que voulez-vous faire à votre sortie ?* », « *quelles étapes devez-vous accomplir pour parvenir à ces objectifs ?* », et les perspectives concernant les aménagements de peine ou encore l'avenir en dehors de « l'emprise pénitentiaire » semblaient trop difficiles à aborder. Face à ces difficultés, l'Entretien Temporel et la projection des besoins dans l'avenir (via l'outil McFLY) s'est révélé d'une aide précieuse pour les conseillers pénitentiaires d'insertion et de probation. Cet outil permet d'activer l'imagination de la personne suivie dans une perspective de projection vers un avenir en dehors de l'univers carcéral (10 ans plus tard ou plus). Cet exercice présente l'intérêt de libérer la parole de la personne détenue qui va pouvoir se conseiller elle-même, dans sa situation actuelle. Nous avons proposé cet exercice lors d'entretiens d'évaluation, afin d'élaborer des perspectives de prises en charge conformes aux envies et attentes de la personne détenue.

Au quotidien, nous essayons de privilégier les éléments « facteurs de protection » en les identifiant et en les renforçant lorsque cela est nécessaire. Nous pouvons donner l'exemple d'un monsieur évalué désirant ouvrir sa propre boucherie, mais dans l'incapacité à se visualiser dans un futur proche tant sur le plan professionnel que personnel. Dans cette situation, ce n'est qu'à l'aide de l'Entretien Temporel (support McFLY) que la projection est devenue possible. Une fois le principe de l'exercice compris et assimilé, Monsieur a été en mesure de nous parler de sa projection : il avait développé sa boucherie et était désormais propriétaire de deux autres commerces du même type. Il pouvait également évoquer la situation personnelle de cette projection de lui-même : marié et père de famille (ces personnes étant absentes de sa situation personnelle actuelle). Enfin, il n'a pas hésité à nous fournir des détails physiques concernant ce futur lui-même, nous indiquant avoir pris du poids et se donnant volontiers des conseils sur les conduites sportives à adopter pour y remédier. Grâce à ces différents éléments récoltés et mis en lumière, nous avons ainsi pu nous intéresser aux différentes étapes nécessaires afin d'atteindre ses objectifs.

Lorsque nous parlons de personnes détenues pour des faits de radicalisation, l'utilisation d'outils peut s'avérer difficile car nous avons à faire à des individus méfiants de nature. Par ailleurs, ces personnes ne savent pas nécessairement qu'elles font l'objet d'une surveillance particulière par rapport aux détenus de droit commun. Ces conditions sont peu propices à la mise en place des outils (ex. outils présentés dans le programme CéSURE).

Nous en avons fait l'expérience avec la « métaphore de l'éléphant » (exercice de restructuration cognitive) et son utilisation auprès d'une personne détenue qui s'est immédiatement fermée avant de nous interroger sur le but de nos questions et sur nos intentions. Bien qu'ayant pu aborder le thème des croyances, le fait que cette personne fasse l'objet d'une attention spéciale au sein du milieu carcéral a rendu l'exercice extrêmement délicat. De plus, une limite avec l'utilisation des outils (issus de tout courant) a été observé avec une personne qui avait accepté de s'y prêter à la condition de poser également un exercice au professionnel. Si la personne s'est prêtée aux différentes méthodes de l'Entretien Temporel, en tant que professionnelles, nous devions répondre à son test sur "Le dilemme" qui est décrit par Foot ainsi : « Imaginez le conducteur d'un tramway hors de contrôle qui se doit de choisir sa course entre deux voies possibles : cinq hommes travaillent sur l'une et un homme est situé sur l'autre. La voie prise par le tram entraînera automatiquement la mort des personnes qui s'y trouvent. Que faites-vous ? Vous préférez tuer 1 ou 5 personnes ? " (Foot, 1967)

Les outils issus du programme CéSURE les plus fréquemment utilisés auprès des personnes prises en charge ont parfois dû faire l'objet d'adaptation pour des raison logistiques. Il apparaît par exemple compliqué de disposer d'un échiquier en salle d'entretien, à la fois pour des raisons matérielles, mais également en raison des questions émanant du personnel de surveillance, personnel peu habitué à la vision d'un CPIP « jouant aux échecs » avec un détenu. Cet outil étant d'une aide conséquente pour évoquer les activités et l'entourage de la personne reçue, nous avons pris des libertés afin de l'adapter à nos conditions de travail. En invitant le détenu à imaginer le bureau comme le dernier endroit sur Terre où protéger ses proches d'un virus mortel (inspiré de The Walking Dead), nous avons modifié l'outil originel tout en conservant l'idée d'identifier les figures les plus importantes dans la vie de la personne. Dans cette version, la place des loisirs et des passions est toutefois ignorée. Il a pu être intéressant pour nous de constater que dans cette pièce capable de sauver le monde, les détenus n'ont que rarement pensé à y placer leur CPIP, là où dans la version avec l'échiquier, les entretiens SPIP ont une place souvent très importante.

***Approfondissement de la démarche GLM dans un cadre d'évaluation de la radicalisation, Cas clinique 1 de M. M (extrait de son évaluation psychologique en QER)***

M. M reconnaît être parti en Syrie en toute connaissance de cause et dans l'optique de prendre les armes contre le régime de Bachar El Assad. Il indique être revenu en France de manière volontaire, déçu par le décalage entre les discours de propagande tenus et la réalité. L'intéressé indique avoir toujours vécu dans « ma cité », livré à lui-même avec ses pairs qu'il appelle ses « collègues ». Ces derniers étant majoritairement musulmans, il indique s'être converti à l'âge de 13 ans « pour choisir quelque chose » sans trop connaître pourtant cette religion, ni y attribuer beaucoup d'importance au départ. On peut aussi questionner l'adoption de la religion de son père (absent depuis ses trois ans) comme potentielle tentative de réaffiliation symbolique au moment des remaniements identitaires liés à l'adolescence.

Il décrit et analyse comment le contexte dans lequel il se trouvait a pu constituer un terrain favorable à son départ. Alors en apprentissage dans un CFA, il était investi sur son milieu de travail mais a été exclu de son école de formation en raison de son manque d'assiduité durant les cours théoriques. Se retrouvant alors « sans rien », il décrit un sentiment de vide existentiel dans ces termes : « je n'avais plus rien devant moi, j'étais là dans ma cité, toujours pareil, toujours les mêmes gens, les mêmes lieux, les mêmes journées... si j'avais eu une situation, je ne serais jamais parti ! ». Démuni, il indique avoir commencé « à boire et à prier en même temps ». L'alcool lui aurait permis un temps de s'extérioriser en s'ouvrant davantage aux autres. Sa difficulté à cerner la limite lui aurait néanmoins valu de se mettre dans des états dévalorisants, raison pour laquelle il a finalement mis un terme à sa consommation. La prière en revanche lui aurait été et lui serait toujours bénéfique, celle-ci semblant lui apporter les effets d'une méditation : apaisement, canalisation et retour sur soi. Il s'est alors davantage tourné vers la religion, guidé par des musulmans de son quartier.

Influencé par un entourage impliqué dans un réseau de recrutement d'une filière djihadiste, il explique avoir eu un déclic quand son « collègue » est parti du jour au lendemain sans avoir prévenu personne : « ça m'a choqué car je savais pas, j'ai tout découvert de ce qui se passait là-bas à ce moment là ». Il évoque ensuite un départ assez rapide en 2 mois : « avant ça je savais même pas qu'il y avait un pays qui s'appelait Syrie ». M. M critique son manque de réflexion et de culture, il explique ses motivations : « moi c'était même pas vraiment pour la religion, j'y connaissais pas grand chose à l'époque, c'est parce que j'étais choqué ! Les autres m'ont montré des vidéos des massacres de Bachar El Assad, j'ai eu envie de le tuer ! C'est même pas qu'une question de musulmans ou pas musulmans, il tue même des femmes et des enfants ! ».

Il est probable que l'influence qu'il ait subie l'ait conduit initialement à une vision religieuse plus radicale, dont son discours actuel témoignerait alors d'une distanciation et rationalisation plus conforme à ses valeurs propres.

M. M fait part de sa déception en arrivant sur place : « c'est comme si on avait pris mon quartier et qu'on l'avait juste mis en Syrie, c'était pareil, on était là, on faisait rien, c'était les même personnes de mon quartier avec moi...sauf qu'on avait pas beaucoup à manger et pas la télé ». L'image de Daesh est dévalorisée : « au lieu de combattre l'armée de Bachar, je les ai vu s'entretuer entre musulmans, n'importe quoi... ». En revanche, on sent une ambivalence vis à vis des chefs, si leur idéologie ne fait pas ou plus écho chez lui, leur statut en revanche semble susciter une forme d'admiration. De la même manière, ses amis sont appelés « collègues » mais ses co-détenus au quartier dédié sont appelés « frères » traduisant certainement les bénéfices narcissiques inhérents à cette appartenance groupale. Compte tenu de sa difficulté à se construire psychiquement en tant qu'adulte et ayant manqué de modèle identificatoire structurant, il est possible que le groupe ait été utilisé comme substitut et son départ comme un rite symbolique de passage vers le statut d'adulte, dans un imaginaire du combat et du guerrier plutôt virtuel et immature. Si les bénéfices narcissiques demeurent, la déception est néanmoins bien actée, de même que la distanciation avec l'idéologie islamiste violente.

Comme l'illustre ce cas, le processus de radicalisation trouve bien souvent sa source dans les périodes de ruptures ainsi que de pertes de sens et de perspectives existentiels. L'engagement djihadiste prend alors valeur de réponse psychique au mal-être dans la mesure où celui-ci offre non seulement un objectif noble et valorisant de héro comme compensation à une estime personnelle mise à mal mais aussi l'affiliation à un groupe/famille psychiquement contenant. Tel qu'il l'identifie lui-même au cours de l'évaluation, le principal facteur de risque concernant M. M réside dans les situations de vide, essentiellement en termes de manque de perspectives d'avenir. Si on perçoit encore les bénéfices secondaires en termes narcissiques de son appartenance au groupe des détenus incarcérés sous écrou terroriste, l'intéressé semble s'être distancié de l'idéologie islamiste radicale. Ainsi, les faits reprochés apparaissent effectivement comme une tentative d'amélioration du bien-être personnel dans la mesure où M. M espérait trouver un sens à son existence, une place, un statut valorisant à travers l'identification au rôle de sauveur des populations opprimées. Ces aspirations associées à l'opportunité de partir offerte par son entourage ont conditionnées le passage à l'acte.

Dans le cadre de cette évaluation de la radicalisation, la posture humaniste constitue alors un moyen de signifier à l'autre qu'il s'agit autant d'un moyen de mieux se connaître soi-même au travers du processus de clarification de soi mais aussi un moyen de se saisir activement de l'évaluation dans une visée expressive non stigmatisante. Dans ces conditions de bienveillance seulement la parole se délie, facilitée par le plaisir à se raconter et à se découvrir. Le fait de se centrer sur l'importance des besoins non-criminogènes apparaît ainsi comme une stratégie efficace pour augmenter la réceptivité et donc faciliter l'engagement de la personne détenue à la prise en charge. L'idéal est d'arriver à susciter une adhésion à l'évaluation favorisant une collaboration dans une démarche active de co-évaluation et une définition négociée entre l'évaluateur et l'évalué des points qu'il serait utile de travailler dans la prise en charge qui sera préconisée à l'issue de l'évaluation.

Une fois cette adhésion et ces conditions favorables à l'exploration de soi créées, l'évaluation pourra aisément prendre pour angle d'attaque l'identité personnelle qui est un des fondements du GLM. Cet angle d'approche est d'autant plus pertinent auprès du public radicalisé qu'on assiste bien souvent à une forte identification au groupe islamiste qui fait obstacle à l'accès à sa propre subjectivité. Dans le cas de M. M comme dans beaucoup d'autres, le départ se réalise sous influence sur fond d'ignorance de la réalité de la situation géopolitique et avec pour facteur facilitant une réceptivité empathique à l'égard de la maltraitance humaine mise en avant par la propagande islamiste. Ce caractère empathique mis en évidence dans cette expérience peut constituer une base de départ pour amorcer le travail et la prise de conscience autours de l'élaboration d'une identité personnelle positive. Cette amorce peut également permettre de faire perdre de sa valeur à l'étiquette « terroriste » souvent galvaudée par les média et qui tend à renforcer un sentiment d'exclusion probablement déjà existant à l'origine du processus de radicalisation, constituant ainsi un frein au processus de désistance.

Dans cette optique, l'évaluation peut constituer une opportunité pour une première investigation des aspects positifs de la personne détenue, qui lui permettront d'élaborer cette identité personnelle positive et adaptative. Ces aspects positifs pourront ensuite faire l'objet de préconisations vers une prise en charge favorisant leur développement et la construction d'un plan de vie harmonieux, dans l'optique de diminuer ou éliminer les besoins criminogènes conformément au postulat du modèle (Ward & Stewart, 2003). Sollicité dans cette dynamique sur l'identification de ses aspects positifs internes (habiletés, valeurs, croyances...) et externes (ressources, soutien social, opportunités...), M. M met en avant la sphère professionnelle comme principal facteur d'amélioration de son bien-être personnel.

Cette sphère, bien que peu investie étant donné son jeune âge, a en effet laissé une empreinte dans son parcours et est vécue comme un facteur d'autonomisation et de valorisation potentielle par l'intéressé. Outre l'objectif de restauration de l'estime de soi, l'élaboration d'un plan d'action concernant cette sphère pourrait lui apporter ce qu'il a semblé rechercher au travers de son départ en Syrie : une place, un rôle valorisant, un statut et des perspectives de vie. Sa famille est par ailleurs décrite comme une ressource externe et la religion est aujourd'hui identifiée comme un aspect positif dans la mesure où il la connaît mieux aujourd'hui et que la prière aurait sur lui un effet apaisant lui permettant de se recentrer.

Dans la mesure où le GLM focalise en premier lieu sur l'accès à une vie épanouissante pour réduire les besoins criminogènes, ce modèle reste adapté pour les personnes détenues ne reconnaissant pas les faits reprochés. Les personnes reçue en évaluation de la radicalisation ne sont d'ailleurs souvent pas encore condamnées donc présumées innocentes, ce qui appelle donc à une approche adaptée concernant les faits. Le cas de M. L davantage fermé à la reconnaissance des faits malgré son statut de condamné, illustre comment cette approche permet de contourner ce point de crispation pour finalement élaborer une alliance de travail autours de la construction d'un plan de vie permettant de comprendre et diminuer les besoins criminogènes. Davantage réticent que M. M à évoquer sa vie personnelle, la sphère professionnelle, perçue comme moins impliquante par M. L, a été mise à contribution pour dégager des valeurs utiles à l'identification des aspects positifs à développer pour l'accès à un meilleur épanouissement personnel.

***Approfondissement de la démarche GLM dans un cadre d'évaluation de la radicalisation, Cas clinique 2 : M. L (extrait de son évaluation psychologique)***

M. L se déclare très demandeur d'accompagnement concernant la préparation de sa réinsertion. Ambivalent dans sa démarche sous plusieurs points de vue, cette revendication semblera instrumentalisée à la fois pour s'inscrire dans une image de conformité mais aussi pour alimenter et soutenir un discours sur l'institution (administration pénitentiaire) porteur d'un sentiment victimaire et de stigmatisation. Au travers de ce procédé, ses échecs personnels et/ou sa passivité (ne se présente pas aux activités qu'il a initialement demandées) semblent rejetés sur l'administration, accusée de l'empêcher de mettre en place un projet de réinsertion et d'avoir accès à des activités.

Il lui permet peut-être de se conforter par ailleurs sur le plan identitaire et existentiel en renforçant encore symboliquement son appartenance groupale (ses pairs du quartier d'évaluation de la radicalisation), au moyen de l'identification d'un ennemi commun et du partage de ce sentiment victimaire.

M. L pense à priori qu'il lui faudrait un domaine professionnel à la fois en lien avec le littéraire mais aussi de terrain. Il qualifie ce qu'il recherche en deux mots, « passionnant et lucratif » et ses qualités en trois mots « motivé, téméraire et entreprenant ». L'analyse de ses points faibles fera état de son éloignement de la société et de l'emploi ainsi que de son besoin de réadaptation. Il prévoit également une difficulté à « s'habituer à la mentalité des gens, à leurs humeurs ». Sollicité sur l'identification du fil conducteur ayant guidé son parcours, il mettra en avant la faiblesse de ses résultats scolaires qui a déterminé son orientation par défaut en classe technologique (le commerce) plutôt qu'en littéraire. Ensuite son intérêt pour l'actualité et les questions sociétales aurait déterminé sa poursuite de formation dans le domaine du commerce ainsi que son parcours professionnel, bien que celui-ci soit aussi le fruit des opportunités du marché de l'emploi. Il explique en effet avoir choisi des métiers en lien avec la « réalité sociale » afin d'être en situation de l'observer et la comprendre. Il indique ainsi que les expériences de vendeur, agent de sécurité ou encore animateur auraient été une étape dans sa démarche « d'analyse de la société et des comportements humains ».

Dans son enfance, il ne se souvient pas s'être projeté dans un métier, pas même en jeu. Il expliquera avoir simplement vécu le moment présent, sans se projeter, sans modèle, avec pour seule directive parentale de bien travailler à l'école. Il identifie certains freins à sa réinsertion : la crise économique, la non-gratuité des écoles de journalisme, sa redevabilité pécuniaire à la suite d'une condamnation antérieure, l'islamophobie relative à l'actualité. Ce dernier point semble vécu avec ambivalence entre satisfaction d'être un objet de crainte et constat des inconvénients inhérents à la réinsertion. Amené à établir un bilan de son parcours professionnel antérieur, il estimera y trouver globalement « du positif et du négatif ». Il identifie son principal regret par « la démotivation, car grandir a été dur, devenir adulte, avoir des responsabilités… c'était dur de s'intégrer dans un moule, d'aller vers un autre tissu social… mais bon j'aurais dû persévérer ».

Les valeurs de stimulation intellectuelle, de créativité et de prestige se dégageront davantage de son discours. Il semble en effet primordial pour M. L que son activité professionnelle revête un caractère passionnant, dans une dimension de recherche de stimulation et de sensations, notamment au travers du prestige obtenu. L'intéressé est d'ailleurs bien conscient qu'en l'absence de cette condition, il risque de se démotiver très rapidement, voire même d'abandonner.

Cette discussion mettra par ailleurs en perspective la difficulté à jalonner un projet dans le temps, à savoir l'éventuel cursus de formation à suivre avant d'arriver à un poste de ce type : M. L n'est pas certain de tenir son investissement sur le long terme et préférerait un accès rapide au prestige. Questionné sur son intérêt pour la stimulation intellectuelle, il évoque notamment un attrait pour la sociologie, la philosophie et pour tout ce qui touche à la compréhension des phénomènes sociaux. En revanche, ces domaines ne lui conviendraient pas en tant que métiers à cause de leur caractère contraignant : longues études, métiers de la recherche perçus comme demandant trop d'investissement et de rigueur.

M. L dispose d'une petite expérience dans le domaine de la vente. Il explique qu'il considère les métiers relationnels comme une étape dans sa démarche de compréhension des phénomènes sociaux et sa volonté d'accéder à une place lui permettant d'influencer la société. Il indique ainsi s'intéresser à tout métier lui permettant d'observer la société et les comportements sociaux. La notion de prestige apparaît également comme importante mais n'est pas pour M. L une valeur intrinsèque au métier mais davantage à ce qu'on en fait. Par exemple, s'il devenait journaliste, il pense qu'il aurait du prestige non pas par son métier mais par la capacité qu'il lui conférerait à avoir une certaine influence sur la société et les États, puisqu'il choisirait de se positionner ainsi. Le besoin de prestige n'est donc qu'indirectement relié à la sphère professionnelle ce qui explique sa difficulté à s'inscrire dans la temporalité nécessaire à la formation dans la mesure où le métier visé n'est qu'un intérêt secondaire, un moyen d'atteindre son but.

Après un travail de réflexion autour des métiers que M. L a indiqué apprécier, il lui a été proposé de regrouper et catégoriser ces métiers entre eux afin d'en dégager des valeurs communes selon la méthodologie de l'Activation de Développement Vocationnel et Personnel (Mouillet & Colin, 1997) :

| **Métiers** | **Valeurs dégagées** |
|---|---|
| Infirmier | « L'aide, la santé, l'humanitaire m'a toujours intéressé » |
| Agent de sécurité | « Près de la personne, relationnel et discipline, aussi par opportunité par rapport aux débouchés » |
| Vendeur, guide accompagnateur, animateur socio-culturel | « Le commerce et les services, le côté relationnel et la possibilité d'observer et mieux comprendre les comportements sociaux et la société en général » |
| Philosophe, sociologue, ethnologue | « La stimulation intellectuelle, plus des vocations que des métiers pour moi, ça demande beaucoup de travail », « plutôt comme base de réflexion que comme métier » |
| Interprète | « Dans un cadre politique, pour les relations internationales avec les États ou dans des ambassades » |
| Journaliste | « Les investigations, l'information et sa diffusion, le prestige et le fait de passer partout dans la société, pas de frontières, même au niveau international, les voyages... les relations avec de grandes instances internationales, beaucoup de liberté. C'est ceux qui font la pluie et le beau temps, comme une super puissance, comme une multinationale ou un État… dans le sens où les gens ont besoin d'informations et que ça vient de là. Les journalistes contrôlent la société car ils contrôlent l'opinion... même s'il y a toujours le libre arbitre... » |

De ces différents métiers, M. L estime que trois d'entre eux retiennent vraiment sa préférence pour leur dimension de compréhension/influence sur tout ce qui a trait à l'humain : journaliste, interprète et sociologue. Il les envisage sous l'angle international et a donc besoin de maîtriser des langues étrangères, ce qui avait motivé son inscription en première année de Licence de LEA en détention.

Concernant le métier de journaliste, il ne connaît que vaguement les conditions d'accès à ce métier et les formations existantes mais pense que « tout le monde peut l'être, il suffit d'avoir le réseau et moi je l'ai ». M. L compte en effet sur l'entraide de la communauté musulmane pour arriver à ses fins, ce qui lui éviterait d'avoir à se conformer à une formation, ce qu'il perçoit comme trop contraignant. Il ne s'est cependant jamais essayé à un exercice journalistique qu'il soit rédactionnel ou autre. Incité à réfléchir sur un jalonnement en étape de son projet, qui lui permettrait de fixer en premier lieu des objectifs plus accessibles et constitueraient une sécurité en cas d'échec, M. L. envisage de continuer l'apprentissage des langues et éventuellement se spécialiser dans la télécommunication. Il explique en effet que ces technologies (internet, téléphonie, réseaux sociaux...) « touchent tout le monde et concerne le monde d'aujourd'hui et de demain ». Il y voit ainsi la possibilité d'acquérir des compétences dans un domaine porteur et en rapport avec les valeurs recherchées (comprendre et influer sur les phénomènes sociaux). Il serait donc intéressé par une formation, dont il pense que le niveau lui serait plus facilement accessible.

L'analyse du parcours révèle une difficulté à s'identifier et à trouver sa place dans la société : « la démotivation, car grandir a été dur, devenir adulte, avoir des responsabilités... c'était dur de s'intégrer dans un moule, d'aller vers un autre tissu social... mais bon j'aurais dû persévérer ». Carencé sur le plan identitaire, M. L semble avoir échoué à trouver du sens et une valorisation dans un parcours inscrit dans la passivité : orientation scolaire par défaut et déterminée par la faiblesse de ses résultats, insertion plutôt instable en fonction des opportunités... Ce n'est que secondairement qu'il réinterprète ses expériences professionnelles de vendeur ou animateur comme une démarche personnelle d'expérimenter une première étape vers la compréhension des phénomènes sociaux et l'atteinte d'un rôle influant dans la société, ces expériences offrant un terrain d'observation préparatoire grâce à leur caractère relationnel. S'opère alors défensivement un passage d'une position subie et passive à une position active et volontaire où il prend symboliquement le dessus sur la société initialement perçue comme rejetante, adoptant alors un rôle ascendant d'observateur averti. Ce renversement compensatoire, probablement établi en lien avec son éventuelle adhésion identitaire à la cause islamiste, lui permettrait alors peut-être de se soustraire à un sentiment de mal-être et de vide existentiel.

Le cas de M. L illustre comment l'approche GLM peut constituer une plus-value au service de l'évaluation. L'investigation des valeurs professionnelles dans l'optique de l'aider à élaborer des pistes d'amélioration de son bien-être personnel a permis de recueillir plus d'éléments de compréhension de sa personnalité qu'en adoptant une méthode visant à identifier les facteurs de risque et mettre en place des stratégie d'évitement chez un sujet qui ne reconnaît pas les faits et se montre réticent à évoquer la sphère personnelle. Cette approche centrée sur la personne permet de plus à M. L de retirer quelque chose de constructif pour lui-même de cette évaluation et de sortir d'un éventuel sentiment intrusif souvent lié aux évaluations judiciaires. Si les aspirations professionnelles alléguées peuvent paraître suspectes dans la mesure où celles-ci correspondent aux compétences recherchées par Daesh, l'accent porté sur les valeurs recherchées au travers des métiers cités permet un accès à l'analyse introspective et un retour au sens personnel de ses aspirations. De la même manière, se centrer sur les valeurs plutôt que sur les métiers permet une ouverture plus large du champ des possibles dans la mesure où celles-ci sont davantage transversales à différents domaines professionnels, permettant notamment un ajustement plus facile aux contraintes (liées à l'incarcération, à la longueur des études, à la situation personnelle...).

D'une manière générale et comme l'illustrent ces exemples non exhaustifs de la pertinence du GLM auprès du public radicalisé, ce modèle holistique et humaniste contribue à renouer un lien social et humain souvent mis à mal par une idéologie clivante et déshumanisante.

**Références**

Andrews, D.A., Bonta, J., Hoge, R.D. (1990). Classification for effective rehabilitation: Rediscovering psychology. Criminal Justice and Behavior, 17: 19-52.

Bal, M., & Van den Bos, K. (2017). From System Acceptance to Embracing Alternative Systems and System Rejection: Tipping Points in Processes of Radicalization. Running head: radicalization, tipping points, and system rejection. Translational Issues in Psychological Science (in press).

Barnao, M., Ward, T., Robertson, P., (2015). The Good Lives Model: A new paradigm for forensic mental health. Psychiatry, Psychology and Law, 23(2): 288-301.

Corneille, S., & Henrard, N. (2017). Le Good Lives Model : un modèle alternatif au modèle de prévention de la récidive. In E. Dieu, Les Innovations Criminologiques", Paris, L'Harmattan.

Corneille, S., & Devillers, B. (2017). Quand le Good Lives Model rencontre les travailleurs psychosociaux : une invitation à un changement de posture professionnelle. Service social, 63(1) : 12-28.

Dieu, E., Dubois, M., Sorel, O. (2014). Etapes du processus criminogène, de la théorie à la pratique. Les annales médicopsychologiques, 172(5) : 333-338.

Dieu, E., & Sorel, O. (2015). La synergie des dynamiques qualitatives et quantitatives du crime dans la théorie du processus criminogène. Annales Médico-Psychologiques, 173 : 504-510.

Dieu, E. (2017). Outils « MC-FLY », « SPHERES », INDICE » ? L'approche globale de l'évaluation et de l'accompagnement au sein des entretiens initiaux, approches méconnues de l'Entretien Temporel et du GLM. In: Dieu E. Les innovations criminologiques. Paris : L'Harmattan : 174-209.

Dieu, E. (2019). Que faire des modèles de la désistance dans l'accompagnement des auteurs d'infraction ? Revue Internationale de Criminologie et de Police Technique et Scientifique, 2 : 170-190.

Dieu, E., & Hirschelmann, A. (2018). Trois réflexions pour situer l'analyse psycho-criminologique sérielle française. Annales Médico-Psychologiques, 176(6): 586-590.

Dieu, E., Vandevoorde, J., Hirschelmann, A. (2016). La Justice restaurative: ni soigner, ni réprimer? Le cas Louis, multirécidiviste ni «dangereux» ni «malade». L'Encéphale, 43(3): 283-291.

Gannon, T.A., & Ward, T. (2014). Where has all the psychology gone, A critical review of evidence-based psychological practice in correctional settings. Aggression and Violent Behavior, 19: 435-446.

Horgan, J. (2008). From Profiles to Pathways and Roots to Routes: Perspectives from Psychology on Radicalization into Terrorism. Annals of the American Academy of Political and Social Science, 618.

Jasko, K., & LaFree, G. (2016). Quest for Significance and Violent Extremism: The Case of Domestic Radicalization. Political Psychology, in press.

Khalil, J. (2017). A Guide to Interviewing Terrorists and Violent Extremists. Studies in Conflict & Terrorism.

Kiran M Sarma, K.M. (2017). Risk assessment and the prevention of radicalization from nonviolence into terrorism. American Psychologist, 72(3): 278–288.

Klausen, J., Campion, S., Needle, N., Nguyen, G., Libretti, R. (2016). Toward a Behavioral Model of "Homegrown" Radicalization Trajectories, Studies in Conflict & Terrorism, 39(1): 67-83.

Leistedt, S.J. (2017). Aspects comportementaux du terrorisme : BrainWashing et radicalisation. Annales Médico-psychologiques, 175(3) : 283-286.

Lindekilde, L., O'Connor, F., Schuurman, B. (2017). Radicalization patterns and modes of attack planning and preparation among lone-actor terrorists: an exploratory analysis, Behavioral Sciences of Terrorism and Political Aggression, in press.

McMurran, M., & McCulloch, A. (2007). Why don't offenders complete treatment? Prisoners' reasons for non-completion of a cognitive skills programme. Psychology, Crime et Law, 13(4): 345-354.

McMurran, M., & Ward, T. (2010). Treatment readiness, treatment engagement and behaviour change. Criminal Behaviour and Mental Health, 20(2): 75-85

Mossière, A., & Serin, R. (2014). A critique of models and measures of treatment readiness in offenders. Aggression and violent behavior, 19(4) : 383-389.

Mouillet, M.-C., & Colin, C., (1997). Chemin faisant. ADVP : fondements théoriques et exercices pratiques. EAP.

Paternoster, R., Bachman, R., Bushway, S., Kerrison, E., O'Connell, D. (2015). Human Agency and Explanations of Criminal Desistance: Arguments for a Rational Choice Theory. Journal of Developmental and Life-Course Criminology, 1(3): 209–235.

Pettinger, T. (2017). De-radicalization and Counter-radicalization: Valuable Tools Combating Violent Extremism, or Harmful Methods of Subjugation? Journal for Deradicalization

Pressman, E., & Flockton, J. (2012). Calibrating Risk for Violent Political Extremists and Terrorists: The VERA 2 Structured Assessment. British Journal of Forensic Practice, 14(4): 237–251.

Rogers, C. (1963). Le développement de la personne. Paris, Dunod.

Silke, A. (2014). 'Risk assessment of terrorist and extremist prisoners,' in A. Silke (ed.), Prisons, Terrorism and Extremism: Critical Issues In Management, Radicalisation and Reform, p.108-121. London: Routledge.

Silke, A., & Veldhuis, T. (2017). Countering Violent Extremism in Prisons: A Review of Key Recent Research and Critical Research Gaps. Perspectives on terrorism, 11(5), in press.

Van Stekelenburg, J. (2017). Radicalization and Violent Emotions. Political Science and Politics, in press.

Ward, T., Melser, J., Yates, P.M., (2007). Reconstructing the Risk–Needs–Responsivity model: A theoretical elaboration and evaluation. Aggression and Violent Behavior, 12: 208-228.

Ward, T., & Stewart, C.A. (2003). The treatment of sex offenders: Risk management and the Good Lives Model. Professional Psychology: Research and Practice, 34(4): 353-360.

Ward, T. (2007). On a clear day you can see forever: Integrating values and skills in sex offender treatment. Journal of Sexual Aggression, 13(3): 187-201.

Ward, T., & Brown, M. (2004). The good lives model and conceptual issues in offender rehabilitation. Psychology, Crime & Law, 10(3): 243-257.

Ward, T., Day, A., Howells, K., Birgden, A. (2004). The multifactor offender readiness model. Aggression and Violent Behavior, 9: 645-673.

Ward, T., & Fortune C-A. (2016). From dynamic risk factors to causal processes: a methodological framework. Psychology, Crime & Law, 22(1-2) : 190-202.

Ward, T., & Maruna, S. (2007). Rehabilitation. Routledge, Abingdon.

Willis, G.M., Ward, T., Levenson, J.S. (2014). The Good Lives Model: An evaluation of GLM operationalization in North American treatment programs. Sexual abuse: A Journal of Research and Treatment, 26(1): 58-81.

## Chapitre 7 : Programme de Parrainage de Désistance (PPD), un programme de Criminologie positive entre le GLM, la désistance et la Justice Restaurative

Dr Erwan DIEU, Linda TESTOURI, Dr Ronan PALARIC, Axel MAILLOT

Depuis la Loi du 15 aout 2014 et la Circulaire de mars 2017, la Justice restaurative est une mesure qui a vocation à s'appliquer concrètement sur le terrain correctionnel français. Toutefois, les dispositifs restauratifs habituels (eg. médiation, groupe, rencontre) ne sont pas toujours mobilisables tels quels dans les conditions actuelles et exigent des adaptations. Le Programme de Parrainage de Désistance est ainsi une déclinaison des Cercles de Soutien et Responsabilité (CSR). Nous présenterons une pratique restaurative implantée dans la réalité des services correctionnels français, ses ressemblances et dissemblances avec un dispositif international reconnu dont il s'inspire. Quels sont les mécanismes du PPD et en quoi répondent-ils ou non aux mêmes modèles théoriques et objectifs de terrain que le CSR ? Après avoir supervisés et évalués 18 mois d'existence du PPD sur la base de focus group, de retours de pratiques professionnelles, de questionnaires auprès des auteurs d'infraction, nous avons récolté suffisamment d'éléments pour comparer le PPD au CSR sur la base de : i) son implantation et ses caractéristiques générales, ii) ses modèles de références en lien avec les objectifs visés, iii) les enjeux pratiques et concrets de l'application.

Si le PPD détient des liens manifestes avec le CSR, il semble répondre à des questionnements spécifiques qui échappent au CSR liés à la réalité correctionnelle française. D'un point de vue théorique, si les deux programmes visent la Prévention de la Récidive et la restauration des liens autour de l'individu, le CSR se structure autour des principes RBR quand le PPD puise des sources plus variées et orientées sur la qualité de vie, l'insertion sociale, les perspectives, en lien avec la criminologie positive (eg. GLM, Désistance, TIM-E). L'apparition du PPD semble répondre à une adaptabilité du CSR en France et offrir des réponses diverses à des besoins présents sur le terrain. Le CSR et le PPD peuvent s'alimenter des avancées de l'un et l'autre. Le CSR semble plus solide quant à l'évaluation et la prévention de la récidive, tandis que le second étend le champ de l'intervention aux dimensions sociales, de qualité de vie et de perspectives, dans un système déjà opérationnel.

Ce chapitre vise à décrire un programme correctionnel de parrainage d'auteurs d'infraction inspiré des cercles de soutien et de responsabilité. Ce programme offre aux infracteurs, alors « filleuls », un accompagnement par un « parrain », issu de la société civile. Cet accompagnement a pour objectif la désistance. Après avoir rappelé les modalités pratiques du programme, ce chapitre présentera les liens avec le « processus » de désistance à partir des discours des participants ayant traversé le programme. Les analyses mettent en évidence un meilleur investissement des sphères de vie étayantes et protectrices (face à la récidive). Ces données sont mises en perspective avec les théories de criminologie positive questionnant l'identité du délinquant, théories que sont la Désistance, le Good Lives Model (GLM) et le Modèle de l'Identité Temporelle (TIM-E).

## 1. Le Programme de Parrainage de Désistance (PPD) : origine et révision du Cercle de Soutien et de Responsabilité (CSR)

### *Le Cercle de Soutien et de Responsabilité (CSR) et le Programme de Parrainage de Désistance (PPD)*

Le « Cercle de Soutien et de Responsabilité » (CSR, ou CoSA en anglais) est un accompagnement pluriel organisé en deux « cercles » envers un auteur de violence sexuelle à risque de récidive (Wilson, et al., 2005). L'auteur d'infraction sexuelle est nommé « membre principal ». Il doit être volontaire au contrat CSR l'accompagnant à la sortie de détention. Sont visés les individus qui manquent de capital social et de soutien de la part de la communauté lors de la phase de réintégration (Elliott & Zajac, 2015). Autour de lui, un premier cercle dit « interne » est constitué de 4 à 6 bénévoles formés ayant pour but de le soutenir et le responsabiliser au quotidien. Un second cercle « externe » est composé de professionnels qui interviennent en tant « qu'experts » afin de venir éclairer les bénévoles (Wilson, et al., 2010).

Un coordonnateur professionnel s'occupe d'établir un lien entre les deux types de cercle. Issu du Canada, le CSR connaît aujourd'hui une reconnaissance mondiale (Höing, et al., 2016). Le CSR se propose en amont à des auteurs d'infraction sexuelle dont le risque de récidive et avéré, il nécessite donc un processus d'évaluation structurée probant (Lefebvre, et al., 2018). La croyance centrale véhiculée par les CSR est que l'homme peut changer (Wilson, et al., 2007). En 2005 dans une étude concernant l'efficacité du CSR, Wilson et al. ont comparé un groupe expérimental composé de 60 hommes suivi dans une mesure de CSR et un groupe contrôle de 60 hommes ne bénéficiant pas de cette mesure.

Les résultats ont mis en avant une diminution du récidivisme sexuel de 8%, du récidivisme avec violence de 17%, et du récidivisme général de 12%. Si le CSR s'inscrit dans une optique de prévention de la récidive en plus de la réinsertion dans la société, la France a néanmoins choisi de l'intégrer aux mesures de Justice restaurative (Circulaire ministérielle de mars 2017). Le cercle interne de bénévoles, fondamental, constitue la force du CSR (Kewley, et al., 2015) et se rapproche de la restauration du lien social envisagée dans les modèles de Justice restaurative. Au Canada, l'engagement du bénévole est d'un an et se montre caractéristique du respect accordé au Membre principal tout en souhaitant une responsabilisation de sa part. Par exemple, une fois présentés, les bénévoles peuvent être refusés par le Membre principal. Pour autant, la séance débute par le témoignage du bénévole afin que le Membre principal s'habitue à écouter l'autre, comprenne qu'autrui vit également avec son lot de difficultés. Le soutien des bénévoles est alors un travail d'accompagnement sur les distorsions cognitives, sur les minimisations, les représentations altérées de l'autre et les rationalisations du Membre principal.

Inspiré du CSR, le Programme de Parrainage de Désistance (PDD) a été créé par le Service Pénitentiaire d'Insertion et de Probation (SPIP) de Valence entre janvier et août 2016. Une charte spécifique est depuis validée par le DFSPIP de la Drôme. Il regroupe un ensemble de bénévoles et d'auteurs d'infraction lors de séances mensuelles (le samedi) dans une salle neutre animées par deux CPIP (ayant une récupération en heures supplémentaires) et présences possibles de la Psychologue SPIP et DPIP. A entrée et sortie constante, de novembre 2016 à février 2018 le PPD a accueilli 19 bénévoles formés et engagés pour 19 condamnés suivis en milieu ouvert par le Service engagés à la suite d'une première prise de contact. En février 2018, 10 auteurs d'infraction sont toujours sous contrat PPD. Les auteurs d'infraction sont orientés vers le PPD par le SPIP lorsque des difficultés rencontrées dans le processus de changement vers la désistance sont constatées, sans autre évaluation spécifique basée sur les éléments pénaux, de procédure ou encore de niveau du risque de récidive. Lors des réunions mensuelles, les bénévoles et auteurs d'infraction peuvent se montrer disponibles à un parrainage individualisé. Les bénévoles devenant ainsi « parrains » et les auteurs d'infraction « filleuls », liés par un contrat dont la durée varie de 4 à 8 mois, renouvelable. Tandis que le PDD prend son origine dans le CSR, de nombreux éléments divergent. En premier lieu, l'infraction n'est pas restreinte au caractère sexuel et au niveau de risque de récidive. Les deux cercles y sont, en quelque sorte, des cercles de bénévoles. Ils sont coordonnés par le Service Pénitentiaire d'Insertion et de Probation. Le cercle externe, secondaire, est constitué d'un groupe de bénévoles appelés « parrains » et d'autres auteurs d'infraction appelés « filleuls ».

Ils se rendent disponibles, chaque mois, à une rencontre collective et par la suite à un possible parrainage contractualisé. Pour autant, les mêmes valeurs prosociales véhiculées dans le CSR irriguent le PPD afin de prévenir l'isolement et l'exclusion (Wilson & McWhinnie, 2012).

### *Cercle de Soutien et Responsabilité et Programme de Parrainage de Désistance : modèles socles communs ou différents ?*

Tant les principes (soutien et responsabilisation) que la structuration du protocole (deux cercles) du CSR ouvrent la voie à un rapprochement des modèles réhabilitatifs ou de la Justice restaurative. Les deux principes qui sous-tendent le CSR sont « plus jamais de victimes » et « personne n'est jetable ». Si le premier principe et objectif du CSR est la prévention de la récidive, et de fait la réhabilitation de l'auteur, le second principe est celui de la restauration sociale autour et avec la personne. Les deux pierres angulaires du CSR se partagent les références théoriques, la Justice restaurative et les principes Risque-Besoins-Réceptivité du modèle de prévention de la récidive. Issue des pratiques culturelles de la Justice non occidentales (Schmid, 2001), la Justice restaurative est un processus intégratif de rencontre possible sous différentes modalités entre les personnes directement concernées par une infraction. A la différence de la procédure pénale classique et du système de Justice pénale dit traditionnel, il est ici souhaité que la communauté reprenne pleine possession du conflit et le dépasse (Zehr, 1990, 2002). Si les modèles criminologiques et pénologiques tendent généralement à s'intéresser à ce qui a provoqué une infraction, la Justice restaurative se focalise sur ce qui a résulté de l'infraction. Depuis la Loi n°2014-896 du 15 / 08 / 2014, la Justice restaurative est reconnue légalement en tant que mesure présente dans le Code de Procédure Pénale français (articles 10-1, 10-2 et 707), soutenue par des applications concrètes décrites dans la circulaire de mars 2017 SG-17-007/13.03.2017 afin de se réaliser sous différents formats tels que la médiation auteur-victime, les rencontres groupales, les cercles etc. Quel que soit le programme envisagé restent présentes la philosophie positive du volontariat et de la restauration du lien social brisé par l'infraction (Ahlin, et al., 2015).

Le CSR s'articule également avec les principes Risque-Besoins-Réceptivité (RBR) de prévention de la récidive (Andrews & Bonta, 2010). Si le lien entre groupe de parole et prévention de la récidive est déjà expérimenté depuis dix ans dans les services correctionnels français (Palaric, 2015), le CSR porte en sa structure et ses échanges hebdomadaires une dimension réhabilitative en croisant ses principes à ceux des principes RBR.

Les principes RBR guident le process d'évaluation et de suivi du délinquant suivant les facteurs et pratiques probants de la littérature scientifique :

- Le CSR intègre le principe du risque lorsqu'il recommande la sélection du participant issue d'une évaluation structurée du risque de récidive basée sur des outils actuariels (Wormith, et al., 2012). En tant que méthode intensive de suivi et d'aide le CSR s'applique aux délinquants présentant un risque de récidive avéré (traitement adapté au niveau de risque présenté).
- Le deuxième principe du RBR, les besoins criminogènes, se traduit dans le CSR avec le travail de révision cognitive du Membre principal que les bénévoles suscitent dans leurs interactions quotidiennes (Chouinard & Riddick, 2015). Les bénévoles aident en effet l'auteur à identifier les éléments à risque présents dans le quotidien nécessitant une intervention et l'aident à trouver des stratégies d'évitement. Ce travail de révision produit un impact sur le quotidien du Membre principal sur divers éléments criminogènes possibles, comme par exemple la conscientisation des addictions, des distorsions ou des liens affectifs, le choix des amis, la structuration des loisirs ou le maintien de l'emploi.
- La réceptivité spécifique, sous-partie essentielle du troisième principe du RBR, est prise en considération lorsque les bénévoles s'adaptent au plus près des capacités du membre principal. Il est entendu ici tant les réalités (psycho)sociales (langue, culture, motivation) que les aptitudes personnelles (compréhension intellectuelle, conscientisation).

Le Programme de Parrainage de Désistance, par son nom même et ses objectifs, revendique des liens avec les théories de la désistance. De manière générale, il est possible de définir le processus de désistance comme « *le résultat d'une interaction complexe et dynamique entre des facteurs subjectifs, agency et des facteurs sociaux et environnementaux* » au terme duquel la trajectoire infractionnelle cesse (Serin, et al., 2016). Pourtant, les théories de la désistance sont multiples, nous ne présentons ici que les essentielles en lien avec l'approche choisie du Programme de Parrainage de Désistance. Selon Sampson et Laub (1993), le processus de désistance est à considérer selon des « points tournants » (eg. mariage, parentalité) qui disposent l'individu dans une trajectoire menant in fine à l'arrêt des comportements d'infraction. L'analyse phénoménologique de Maruna (2001) propose une lecture psychologique subjective du processus de désistance. En référence à la théorie de l'étiquetage de la délinquance de Lemert (1951) fonctionnant suivant une déviance primaire et une déviance secondaire, Maruna envisage deux strates au processus de désistance.

La désistance primaire caractérise la rencontre du sujet avec une période sans infraction, tandis que la désistance secondaire concerne le réaménagement identitaire du sujet via les rôles sociaux qu'il investit. Depuis Maruna, deux autres théories majeures connaissent un large succès, la théorie de la transformation cognitive et affective [16-17] et la Théorie Identitaire de la Désistance (IDT) (Giordano, et al., 2002, 2007 ; Paternoster & Bushway, 2009 ; Paternoster, et al., 2015). La transformation cognitive envisage que les sujets puissent entrer dans une reconsidération de leurs convictions permettant de mettre à distance leurs comportements délictueux, tandis que la transformation affective suppose l'apprentissage d'émotions au contact d'interactions positives. L'IDT prend appui sur la théorie du choix rationnel selon laquelle un délinquant passe à l'acte à la suite d'un calcul coût/bénéfice qui lui semble propice à l'infraction (Paternoster & Pogarsky, 2009). Toutefois selon l'IDT, une trajectoire ponctuée de plusieurs infractions bascule le calcul global dans le négatif et suscite chez le sujet une « peur de Soi » (self-fear), de ce qu'il est devenu via cette trajectoire.

Cette répulsion le rend disponible à se saisir et s'investir dans des points tournants. De manière très concrète en lien avec les pratiques correctionnelles, Owers et al. (2011) notent plusieurs facteurs de désistance à promouvoir : la maturation psycho-sociale à travers les relations sociales positives, la sobriété du sujet à l'égard des produits psychoactifs, l'employabilité et les capacités d'engagement, l'espoir et la motivation, l'image de soi positive, la reprise de contrôle avec des objectifs à réaliser, l'attribution d'une place sociale positive insérée dans un groupe soutenant les capacités individuelles. Toutefois, il semblerait que le PPD entretienne également des liens étroits avec le Good Lives Model (GLM) (Ward, & Brown, 2004) et autres approches océaniennes (eg. Multifactoriel Offender Readiness Model, Ward et al., 2004). Le Good Lives Model, comme le PDD, est modèle attentif au bien-être du sujet et à son développement personnel qui vise la personne dans sa globalité. Il intègre les forces du sujet (Ward, 2007).

Le GLM émet l'hypothèse que la délinquance n'est pour le sujet qu'un moyen instrumental inadapté afin de répondre à des besoins fondamentaux positifs. Selon cette hypothèse, la qualité de vie et l'accès à une vie épanouissante pour la personne deviennent les fins du traitement, à travers un Plan de Vie qui rend compte des ressources individuelles et sociales de l'individu (Ward, et al., 2012). En plaçant la prévention de la récidive comme secondaire à la qualité de vie, et dépendante d'elle, le GLM envisage la sortie de la délinquance tel un processus de maturation personnelle globale durant lequel le Plan de vie participera de la construction d'une identité personnelle éloignée de l'identité délinquantielle (Willis, et al., 2014).

A travers le PPD, les liens entre les modèles se concrétisent et valident les démarches théoriques entre le GLM et la Justice restaurative (Ward, &

Langlands, 2009 ; Coco, & Corneille, 2009) ou encore entre la Justice restaurative et les démarches psycho-criminologiques ou motivationnelles (Dieu, et al., 2016 ; Dieu, 2020). Dans les divers cas, le sujet traverse un processus d'acquisition de capacités internes et externes pour envisager une vie davantage prosociale et épanouissante.

Les travaux centrés sur la motivation au changement (Prochaska & Norcross, 2010) concernent une modélisation de stades franchis par des personnes ayant réussi à opérer d'importants changements dans leur vie. Le changement est désormais perçu comme dynamique, linéaire, non binaire, sous la forme d'un processus complexe qui comprendrait quatre (à six) étapes : i) l'inaction, aussi appelée dans ce cas phase de « pré-contemplation » ; ii) la prise de conscience, aussi nommée phase de « contemplation » ; iii) le plan d'action, aussi nommée phase de « détermination » ; iv) l'action, pouvant varier entre des périodes de v) « maintien » (momentané ou durable) et de vi) « rechute/récidive » (régressif ou non). Selon cette proposition, il n'existe pas de différence selon la qualité ou la nature de la motivation, mais des phases d'un chemin à parcourir. Les sujets fonctionnent suivant des heuristiques et un « avarisme cognitif » (Fiske, et al., 1991), c'est-à-dire des interprétations situationnelles psychiquement économiques (Gilbert, et al., 1998). Les étapes du changement ont été simplifiées dans le dispositif pour soutien psycho-éducatif et évaluation professionnelle collaborative. Voici la transformation proposée par l'intervenant responsable du Programme :

- Etape 1 de la « motivation » : je veux changer mais je me sens encore empêtré dans des comportements qui me freinent, avec maintien de comportements à haut risque infractionnel ;
- Etape 2 du « plan d'action » : j'ai décidé de changer et j'essaye d'agir en conséquence, avec un risque d'infraction présent bien que je cherche à structurer un quotidien différent et donc à le minimiser ;
- Etape 3 de la « consolidation » : j'ai changé mais je dois rester vigilant car j'ai encore des points de fragilité, avec la sortie du risque infractionnel direct. Le comportement est organisé autrement, la vigilance n'est plus portée sur le risque mais sur la survenue éventuelle de déstabilisations qui pourraient être vecteurs du risque.

Le Modèle de l'Identité Temporelle « TIM-E » (Temporal Identity Model & Experiencing -cf. Dieu, 2016) est un modèle de compréhension criminologique du voyage mental dans le temps orienté sur les perspectives futures des auteurs d'infraction. L'objectif de l'accompagnement se focalise sur les ressentis temporels vécus par les sujets et les répercussions sur l'identité, entre sentiment d'unicité et mouvements perpétuels (Dieu, 2018).

Les approches psychologiques et sociales appliquées aux infracteurs parlent peu de l'avenir du sujet, l'envisagent sous la forme d'une gestion des déficits, sans structurer pleinement l'avenir en y intégrant les désirs profonds de l'individu. De fait le plus souvent, si l'accompagnement s'exerce partiellement sur le futur, il aura tendance à prévenir et exposer le sujet de la rechute/récidive potentielle. TIM-E propose au sujet de se définir dans le temps selon ce qu'il veut profondément et selon les ressources mobilisables pour y accéder. Surtout, l'objectif est de projeter le sujet dans le temps futur sous la forme d'un voyage identitaire afin d'engager pleinement le Soi-présent dans l'accompagnement vers le Soi-futur attractif. Dans l'accompagnement en général, le futur se résume en une variable liée à la « réalisation » (eg. construction, planification). En plus de la « réalisation », TIM-E approfondit le futur des sujets sous les champs de la « construction » (eg. de soi, des autres, du temps) et de la « disposition » (confiance en soi, sentiment d'auto-efficacité, cognitions sociales). L'hypothèse se synthétise ainsi : en centrant l'essentiel de l'accompagnement vers le Plan Futur du sujet via l'utilisation d'un Entretien dit Temporel (ET) (Dieu, et al., 2019), l'individu ressentira la « présence » de son identité future désistante, initiant et facilitant dans le temps son processus de renoncement à l'infraction.

*Points communs et spécificités du PPD avec le CSR*

| | **Spécificités du Cercle de Soutien et Responsabilité (CSR)** | **Spécificités du Programme de Parrainage de Désistance (PPD)** | **Points communs entre CSR et PPD** | **Intérêts / limites du PPD vis-à-vis du CSR (pour le Service et l'auteur d'infraction)** |
|---|---|---|---|---|
| **Membre principal** | Infraction sexuelle, évaluation du risque de récidive. | Tout type d'infraction, aucune évaluation du risque de récidive. | Personne en situation de fragilité, parcours infractionnel marqué. | Flux constant dans le recrutement des auteurs d'infraction, avec une diversité de profils dans les échanges et une ouverture à plusieurs types de partenaires. |

| | Spécificités du Cercle de Soutien et Responsabilité (CSR) | Spécificités du Programme de Parrainage de Désistance (PPD) | Points communs entre CSR et PPD | Intérêts / limites du PPD vis-à-vis du CSR (pour le Service et l'auteur d'infraction) |
|---|---|---|---|---|
| **Contrat** | 6 ou 12 mois ; engagement obligatoire pour bénéficier des Cercles. | 4, 6, 8 mois, renouvelable, devoir d'assister aux réunions mensuelles même sans parrainage. | Volontariat du Membre principal et des bénévoles. | Sécurité autour de la personne, ouverture au groupe même sans signature (Cercle secondaire à réunion mensuelle). |
| **Cercle interne** | 4-6 bénévoles pour 1 Membre Principal, rencontre hebdomadaire via un accompagnement groupal. | 1 bénévole « Parrain » pour 1 Membre principal « Filleul », ouvrant sur un soutien individuel au quotidien. | Formation des bénévoles aux principes CSR, de la Justice restaurative et de la prévention de la récidive. Réunion en dehors des locaux professionnels ainsi que des lieux intimes des personnes (lieux publics). Grande disponibilité offerte à l'auteur d'infraction, rencontres possibles en plus des bases initiales du contrat (échange hebdomadaire). | Liberté dans le choix mutuel entre parrain et filleul, l'affinité devenant le meilleur suivi au quotidien. |

| | Spécificités du Cercle de Soutien et Responsabilité (CSR) | Spécificités du Programme de Parrainage de Désistance (PPD) | Points communs entre CSR et PPD | Intérêts / limites du PPD vis-à-vis du CSR (pour le Service et l'auteur d'infraction) |
|---|---|---|---|---|
| **Cercle externe** | Professionnels suivant des rendez-vous spécifiques. | Rencontre mensuelle entre l'ensemble des bénévoles (parrains ou non) et des auteurs d'infraction (filleuls ou non), dans une salle extérieure au Service. Les deux Professionnels coordonnent le cadre du groupe, notamment chaque moi lorsque les bénévoles et les auteurs d'infraction sont reçus tous ensemble. | Connaissance des principes de la motivation au changement et de la désistance / prévention de la récidive. | S'inscrit dans une optique de désistance, reliant la question de l'arrêt des activités infractionnelles au maintien des actions prosociales et de la réinsertion dans la société. |
| **Coordonnateu** | Médecin coordonnateur. | Professionnel et auteur d'infraction. | Service dans certains cas de CSR en France. | Deux professionnels du Service, avec évaluation externe du Programme. |

## 2. Le Programme de Parrainage de Désistance (PPD) : quels résultats sur l'engagement, les Plans de vie et les facteurs positifs des participants ?

Dans le cadre de l'analyse du Programme, nous avons constaté de nombreux biais posant plusieurs limites aux mesures possibles et quant aux modèles de référence mobilisables (biais de rémission spontanée lié à l'effet de groupe et biais d'auto-sélection ou sélection partielle et donc biais lié à la motivation personnelle). Nous émettons l'hypothèse générale suivante à l'égard du programme évalué : le Programme de Parrainage de Désistance influence la façon dont les auteurs d'infraction interprètent leur plan de vie. En prenant appui sur la structuration de la théorie phénoménologique de la Désistance (Maruna, 2001, 2004), du Good Lives Model (Ward & Brown, 2004) et du Modèle de l'Identité Temporelle (Dieu, 2016 ; Dieu, 2018a ; Dieu, et al., 2019), trois hypothèses opérationnelles de recherche découlent de notre hypothèse générale : i) Le Programme de Parrainage de Désistance permet une évolution particulière du Plan de vie des auteurs d'infraction. (désistance primaire) ; ii) Le Programme de Parrainage de Désistance permet une évolution particulière de l'interprétation du Plan de vie des auteurs d'infraction (désistance secondaire) ; iii) Le Programme de Parrainage de Désistance permet une évolution particulière du Plan de vie des auteurs d'infraction et de son interprétation (désistance primaire et secondaire). Nous avons procédé à des focus groups et entretiens auprès des participants et des bénévoles et un recueil d'auto-analyses des Plans de Vie à trois époques (Passé, Présent, Futur) et des liens avec le programme. Le recueil concerne 10 filleuls ayant été engagés et actifs dans le parrainage.

### *Le PPD : retours sur l'engagement et la motivation des participants ?*

Les personnes engagées au sein du PPD se partagent entre les auteurs d'infraction, filleuls, et les bénévoles, parrains. Concernant les bénévoles parrains, plus de la moitié sont des hommes, l'âge moyen est de 50 ans et variant de 26 à 78 ans. Deux tiers sont en position d'activité professionnelle, dans des secteurs aléatoires. Le point commun entre les bénévoles réside dans le lien antérieur avec les services correctionnels. Concernant les infracteurs, l'âge moyen est de 31 ans, variant de 21 à 58 ans, avec une surreprésentation des moins de 30 ans. La population des filleuls est uniquement masculine, sans que cela ne soit un critère d'entrée. Un tiers des filleuls vit seul et deux tiers en situation maritale, comme les parrains. Un tiers des filleuls est parent et plus de la moitié vit avec leur enfant. La moitié réside au domicile familial, essentiellement les moins de 30 ans, l'autre moitié témoigne d'une autonomie concernant le logement.

Deux tiers des filleuls ont une activité professionnelle, la moitié détient également un engagement associatif. Sur le plan pénal, plus de la moitié des filleuls a déjà séjourné en détention et a connu ou connait un aménagement de peine. Presque trois quarts des filleuls ont déjà été écroués pour une période infractionnelle moyenne de 5,7 ans, variant de 1 à 19 ans. Le nombre de filleuls intégrant le Programme sortant de prison depuis moins de trois mois est de presque un tiers. 12 auteurs sont en moyenne engagés pour 19 participants à la suite de la stabilisation du programme en avril 2017. Le nombre moyen de participants aux réunions mensuelles est 19, avec un taux de présence de 70% des filleuls sur la période d'engagement et 80% des parrains. Les contrats de parrainage sont variés, 7 auteurs se sont engagés 4 mois, 6 durant 6 mois et 3 durant 8 mois. Notons que 3 contrats furent renouvelés 6 mois, dont 2 qui étaient des contrats initiaux de 8 mois et portant le total à 14 mois de programme.

En termes de motivation au changement, une évolution des stades de disposition au changement de Prochaska et Norcross (2010) fut interrogée par les filleuls, parrains et repris par l'intervenant correctionnel référent du programme, et ce tout au long du PPD. Si l'on exclut les deux entrées récentes dans le dispositif et une succincte, sur les 15 filleuls dont la mesure était possible, il fut constaté une large évolution de la disposition des auteurs engagés dans le Programme. Au départ, seulement deux semblaient déjà en action pour 10/15 en fin de parcours. Un auteur sur 15 termine son parrainage avec une disposition de changement relativement faible. L'évolution observée marque l'intérêt de complémenter les approches restauratives du modèle de l'Entretien motivationnel et d'une analyse psycho-criminologique de l'engagement (Dieu, et al., 2016 ; Dieu, 2020). A l'entrée du Programme, les sujets avaient des attentes plus ou moins fortes, pour des satisfactions finales élevées (86% de satisfaction totale) en indiquant qu'ils « *recommanderai*[ent] *ce programme à d'autres [...] dans une situation semblable* ». Ils ont pu exprimer les conséquences positives du Programme, qu'il s'agissait d'un « *bon programme* », qu'il « *favorise les rencontres* » et « *aide à la réinsertion* ». Les parrains ont souligné que le PPD est un Programme qui « *favorise les échanges et la confiance* ».

A l'entrée du Programme, il n'est pas étonnant que la motivation se partage entre un déclencheur externe (le service correctionnel) et un besoin interne (la personne). Le futur participant ne saisit pas les apports possibles du Programme, ayant une explication cognitive mais aucune expérience comparative. Les recueils narratifs traduisent ce premier élément d'attentes sur les seules expériences connues et transposables. Si la dimension émotionnelle est la plus investie quantitativement, c'est également celle qui est la plus commentée avec un souhait d'« *échanger sur mon expérience* » et « *partage[r] mes émotions* » pour « *mieux gérer les émotions* » et « *apprendre à ne pas récidiver* ». Les parrains ont confirmé les attentes de « *partage* » des filleuls à l'entrée du Programme. Les résultats moyens concernant la satisfaction montrent les apports liés au Programme. Si la satisfaction liée au lien social détient la plus haute cote quantitative, elle est également la plus commentée narrativement : « *lien social* » avec la satisfaction d'obtenir une forme d'« *apprentissage de nouveaux comportements adaptés* ». Selon les parrains, ces satisfactions seraient liées à un « *changement de regard sur l'infraction* ».

### *Le PPD : retours sur l'évolution des plans de vie des participants ?*

Dans le présent, il est important de relever qu'aucune sphère n'est associée à une valence positive. La plupart sont neutres. Les sphères de la *famille ascendante, descendante* et du *conjoint* sont positionnées en zone 1, c'est-à-dire que les personnes leur accordent beaucoup de temps, le conjoint étant vécu comme un investissement temporel important, davantage encore que les autres sphères des relations affectives. Les *amis,* notamment, sont, bien qu'importants, peu investis temporellement. Les *études* et le *travail* ont également une place très significative puisqu'ils sont présents au même titre que les familles, dans une même valence émotionnelle, un même investissement temporel et une même importance (valeur). Enfin, la *justice* est également représentée, avec une valence émotionnelle négative et jugée importante, prenant du temps pour les personnes.

Les participants étant placés sous main de justice, la place donnée à la justice est logique, liée au contexte actuel, voire témoigne d'une forme de conscientisation. Par ailleurs, et un peu moins investis sur le plan temporel, nous trouvons les *loisirs* et les *substances psychoactives*, avec une même importance moyenne et une valence émotionnelle neutre. Les *souffrances possibles* sont présentes également avec une grande importance et une valence négative. Le Plan de vie présent prend sens à travers la trajectoire du sujet, l'appréciation des évolutions au regard du Plan de vie passé. Au sein de son Plan de vie passé, nous notons également, comme pour le présent, une absence manifeste de sphères de vie détenant une valence émotionnelle positive pour les participants. Elles sont ou neutres ou, plus encore que dans le Plan de vie présent, de coloration émotionnelle négative. Les éléments auxquels les personnes accordaient le plus de temps se trouvent être la *famille ascendante*, les *loisirs*, les *amis,* les *substances psychoactives* et le *judiciaire* (avec une valence négative), ces cinq éléments ayant la même importance aux yeux des personnes. Il y a donc une équivalence de valeur accordée entre les loisirs, les amis, les substances, la famille et le judiciaire, malgré des vécus émotionnels jamais notés positivement. Ces sphères sont autant de vulnérabilités possibles, essentiellement lorsque les sujets les investissent en temps sans y trouver structuration et équilibre émotionnel.

Les sphères les moins investies temporellement se trouvent être le *travail* (avec une valence émotionnelle négative), le *conjoint*, les *études* et les *souffrances/préoccupations possibles* qui ont une valence négative et une importance élevée. Enfin, est mentionnée la *famille descendante* avec une importance très forte, mais éloignée et neutre d'un point de vue émotionnel. Les éléments en retrait temporellement et chargé négativement en émotions sont autant d'interactions sociales favorisant l'insertion, le développement des habiletés relationnelles et émotionnelles et éloignant l'exposition à la délinquance.

En termes d'évolution de trajectoire, nous observons sur le plan relationnel que la *famille descendante* et le *conjoint* sont venus remplacer les *amis* en termes de temps investi. Plus précisément concernant les sphères *conjoint* et *famille descendante,* elles trouvent aujourd'hui une temporalité plus conforme à leur valeur (importante) déjà accordée dans le passé. Toutefois, si l'agenda s'aménage en leur faveur, les émotions associées ne connaissent pas de progression positive. Dans le cas de ces sphères relationnelles, les émotions, bien que personnelles, dépendent également de l'interaction et, de fait, des réactions de l'entourage. Si elle est souhaitée et investie par les sujets, la (re)construction de liens affectifs s'établit au long cours. Sur le plan contextuel, les *substances psychoactives* et les *loisirs* ont été quelque peu délaissés au profit des *études* et du *travail*, *travail* devenu émotionnellement neutre plutôt que négatif. Nous observons ainsi un inversement des priorités de vie, qui démontre une volonté d'insertion sociale et professionnelle plus appuyée. La sphère relationnelle s'aménage de manière plus cohérente au regard des changements exprimés et souhaités par les auteurs mais également dans le cadre du contrat de parrainage et du cadre correctionnel. Les *souffrances*, si elles sont toujours présentes, émotionnellement négatives et fortes en valeur, sont moins présentes au quotidien. Les personnes y accordent moins de temps, s'y exposent moins, d'autres aspects de la vie ayant été priorisés. Nous émettons l'hypothèse d'une meilleure régulation cognitive des éléments de vie suscitant une des émotions négatives.

En analysant la projection du Plan de vie des participants dans le futur, les changements sont tout à fait significatifs. L'absence d'émotion négative associée à des sphères (à l'exception des *substances psychoactives*) et surtout l'apparition de valences émotionnelles positives sur la quasi-moitié des sphères suggèrent une projection optimiste et une volonté d'amélioration de la qualité de vie à travers la qualité d'investissement des sphères. Plus que la mise à distance de l'infraction et de la récidive, la notion de bien-être associée aux émotions positives renvoie à un questionnement des personnes sur leur propre bonheur dans une trajectoire de vie qui doit composer avec un environnement relationnel et contextuel.

Plus concrètement, les personnes imaginent un futur où le *travail,* la *famille ascendante*, la *famille descendante* seraient très investis sur le plan temporel. Ces trois sphères sont pour la première fois connotées émotionnellement de manière positive. Les *amis* sont également de nouveaux présents dans le quotidien, bien qu'une nuance soit faite par rapport aux autres sphères, étant de valence neutre avec une précision narrative (« *des bons amis* »). Nous découvrons l'apparition de la sphère *aspirations* et la sphère *hygiène de vie*. Si les deux sphères sont investies temporellement et d'importance moyenne, la sphère *aspirations* est neutre émotionnellement tandis que *l'hygiène de vie* est teintée positivement. Il y réside une volonté chez les sujets d'investir une vie plus qualitative. Cela semble suggérer un souhait des personnes de se questionner et de réfléchir plus particulièrement sur leurs envies pour leur futur.

La capacité de projection dans l'avenir commence ainsi à se dessiner et centrer sur les besoins personnels plus que sur les attentes sociales. Dans le Plan de vie futur et bien qu'il soit en recul dans l'investissement temporel, le *conjoint* détient une place essentielle, tant en termes de valeurs que de valence positive. Le recul en temps est présenté sous deux aspects, d'une part le besoin de réguler le Plan de vie avec le travail, l'hygiène de vie, la réflexion sur soi et l'autonomie, et d'autre part la place accordée à la paternité incluant le conjoint pour certains (premier enfant) ou séparée pour d'autres (déjà parents). Les *loisirs* sont toujours présents, avec une même importance et une même coloration émotionnelle neutre. Les personnes sont plus apaisées émotionnellement à propos du *judiciaire*, certainement parce qu'elles s'envisagent affranchies de leur mise sous main de justice et libérées de leurs contraintes. Nous notons que ce désinvestissement suppose une volonté de désistance, la Justice n'ayant plus sa place dans leur vie, la délinquance non plus. Les substances psychoactives sont désinvesties temporellement et, pour la première fois, teintées de négatif (et non plus neutres).

Les narrations laissent apparaître que cette sphère n'est plus banalisée, moins associées aux loisirs et /ou aux amis avec qui elles partageaient l'importance-valeur et l'investissement temporel. La coloration négative est alors davantage une interprétation cognitive du dommage sur la vie et de la nécessité d'une mise à distance plus que d'un ressenti émotionnel négatif. Si tel est le cas toutefois, les ressentis émotionnels négatifs ne sont pas tant sur la consommation ou les produits que sur les conséquences sur le Plan de vie issues de ces pratiques. Enfin, les *souffrances* prennent moins d'importance, moins de place et une valence émotionnelle neutre pour la première fois également. Une meilleure intellectualisation de la gestion des situations facilitant les émotions négatives semble à l'œuvre.

De manière globale, sur les aspects relationnels, les plans de vie se réagencent une nouvelle fois. La *famille (ascendante et descendante)* et le *conjoint* étayent positivement les personnes. Le conjoint est un peu moins investi temporellement mais rappelons que certains participants sont actuellement/désormais célibataires. Les *amis* connaissent une trajectoire significative, passant de relations quotidiennes importantes liées à des problématiques (passé) à un éloignement temporel (présent) et un rapprochement final dans le quotidien mais de moindre valeur et associé au contexte de vie (eg. travail) (futur). Sur le plan contextuel, le *travail* est investi et positif aux yeux des personnes, ce qui constitue une évolution considérable. En effet, dans le passé, il était peu investi et teinté de ressentis négatifs, parcours ponctué d'échecs, de conflits ou de déceptions. L'aspect le plus délétère, à savoir les *substances psychoactives* sont perçues comme négatives par les personnes et désinvesties au profit d'une *hygiène de vie* de meilleure qualité. Le *judiciaire* est relégué à une place moins importante et les personnes semblent davantage tournées vers l'avenir (*aspirations*) que vers ce passé en lien avec la justice. Nous remarquons que les sphères de vie sont restées constantes, à l'exception des *études* qui ont disparu dans le futur, ce qui parait cohérent au regard du travail qui est devenu plus présent et positif.

Les personnes, tant dans leur vision du présent que dans leur projection du futur, semblent concrètes et réalistes. Il ne s'agit pas d'un Plan de vie fantasmé, mais d'une perspective subjective désirée construite à partir des changements en cours dans le présent. Elles sont sur une réflexion non pas de changement radical, mais bien de réaménagement de leur quotidien, en vue semblerait-il d'une amélioration de leur qualité de vie (qualité des relations, qualité des investissements sociaux) qui tendrait à construire un bonheur accessible. Les personnes apparaissent compétentes à établir les lignes du plan de vie qu'elles estiment adapté et à discriminer les apports positifs et négatifs de ce qu'elles investissent. Ceci est d'ailleurs tout à fait nouveau puisqu'elles évoquaient leur quotidien dans un ensemble auparavant neutre.

## 3. Le PPD et les approches positives

***Le PPD et les approches encourageant la désistance, l'interactionnisme, la révision identitaire, et les transformations cognitive et affective***

Les travaux de Weaver et McNeill (2010) et Owers et al. (2011) cherchent à comprendre comment la justice peut permettre le développement du processus de désistance. Avec de nombreux liens de parrainage noués pour un effectif stable de filleuls engagés sur plusieurs mois, jusqu'à trois reconductions de contrats de désistance, il semblerait que la structuration du PPD offre une réponse aux auteurs cités. Le contrat de parrainage révèle en trois étapes temporelles ce qui constitue en soi le cœur des habiletés relationnelles prosociales : avoir confiance en l'autre pour s'engager, tenir la relation dans la durée et accepter le dévoilement et les désaccords, terminer une relation en toute stabilité. Nous retrouvons ici les difficultés relationnelles et sociales des réalités quotidiennes : une relation difficile à vivre, les non-réponses aux sollicitations du parrain, les silences, les engagements non tenus, les sollicitations envahissantes, les questionnements autour de la sécurité...

Le début de la relation s'initie avec des échanges encadrés par un contrat fixant une temporalité. Les relations sont par la suite très différentes d'une relation à l'autre. A minima, le contrat contraint à un appel téléphonique par semaine sur le modèle « *comment vas-tu depuis la semaine dernière* » (cf. Contrat de Parrainage). Mais d'autres se téléphonent et se voient très régulièrement. D'autres encore ne se sont pas vus en dehors des réunions mensuelles. Le même espace social engage une posture de confidentialité et de responsabilité au sein du cercle. Le PPD répond alors aux principes directeurs préconisés par Weaver et McNeill (2009) afin de soutenir la désistance. Le Programme favorise aisément les *approches informelles* entre les professionnels, les parrains et les auteurs.

Il s'agit du cœur du contrat. Il respecte par essence *l'individualité des sujets*, en personnalisant la relation de parrainage et en écoutant de manière bienveillante et basée sur la progression propre à chacun de sa disposition aux changements vers la désistance. Le Programme *reconnaît l'importance des contextes sociaux.* Tout en soulignant l'importance des initiatives individuelles et de l'engagement, le Programme est une *disponibilité sociale* et communautaire à l'égard de l'auteur. Il interagit sur les questionnements éducatifs, professionnels, économiques, sociaux, relationnels, affectifs. Il y apparaît le souhait d'un renforcement du capital social et de l'image de soi symbolique, le changement au niveau social s'opérant ici avec l'apparition d'un nouveau réseau de soutien identificatoire (les autres filleuls, les parrains, les professionnels, la modification du Plan de vie).

Toutefois, si les *relations positives* semblent s'établir au sein du cercle restauratif d'un point de vue *personnel*, elles sont encore limitées sur le plan *professionnel*. Concernant les préconisations d'Owers et al. (2011) dans le cadre de la réinsertion post-carcérale (issue d'une étude Irlandaise), le PPD respecte une nouvelle fois les préconisations pour soutenir la désistance. Effectivement, pour les différentes raisons déjà évoquées précédemment, le Programme soutient et valorise les *relations positives* des sujets ainsi que leur processus de *motivation* et de disposition au changement. Le Programme administre à la personne un *traitement judiciaire* particulièrement *respectueux* de ses droits, besoins et attentes. La recommandation d'Owers et al. non suivie dans sa globalité concerne la *formation d'une nouvelle identité qui ne s'appuie pas uniquement sur le passé criminel* de la personne. Cette préconisation invite à une double lecture de la construction, d'une part la modalité temporelle (le passé) et d'autre part plus spécifiquement la modalité judiciaire (passé dit criminel). Si le PPD se décentre du passé criminel en proposant des échanges sur la vie sociale et personnelle en général, il ne s'étendait pas aux perspectives de l'individu.

Au regard des deux éléments que sont l'évolution des Plans de vie et le franchissement des stades de la disposition au changement, une conscientisation des sujets sur leur trajectoire s'observe au sein du Programme. Si le groupe et le parrain sont des interactions d'ouverture de pensée, les narrations confirment qu'il y a chez l'auteur d'infraction une réelle crainte dans le lien passé-présent (eg. « a eu très peur », « recul »). Cette prise de recul cognitive et peur émotionnelle confirment la Théorie Identitaire de la Désistance et le concept de « *peur de soi* » au regard des conséquences des choix passés (infractionnels) sur la trajectoire de vie. Les parcours pénaux présentés représentent des trajectoires délinquantielles enkystées. Les constats d'isolement, de manque de soutien, de la difficulté à s'investir dans les relations et tissus sociaux, d'amis à risque, sont autant d'éléments qui soutiennent le retournement de posture à l'égard des choix effectués concernant les situations d'infraction et le souhait d'adopter d'autres modalités identitaires. Pour certains auteurs, une forme de « *honte réintégrative* » paraît dans le Programme et les soutient durant cette période de « peur de soi ». Suivant le concept issu de la Justice restaurative (Braithwaite, 1989), la *honte réintégrative* présente un mécanisme qui vise l'insertion dans la communauté d'un sujet labellisé par une infraction, pour laquelle il vit une forme de honte qui, sans le mécanisme réintégratif, le conduirait à une désintégration sociale et identitaire. Par l'investissement des uns et des autres sur un temps bénévole, l'appel aux valeurs citoyennes et la revendication humaniste du PPD, les auteurs s'impliquent dans un accompagnement réintégratif face à leur honte et leur peur d'elles-mêmes.

Tandis que les références théoriques indiquent que les infracteurs envisagent leur vie en suivant leurs émotions négatives, les narrations des auteurs sur leurs plans de vie ont mis en avant une autre réalité cognitivo-émotionnelle. Dans l'évolution des sujets, il se présente le passage d'une peur de soi, d'un soi répulsif du passé, vers un soi attractif tourné vers l'avenir. Plus que les choses à perdre, les coûts, les choses à gagner font partie des réflexions du sujet.

Les membres bénévoles du groupe parrainage, comme les professionnels animateurs, sont des modèles équilibrés et prosociaux pour les auteurs. Avec une vie sociale présente, professionnelle et/ou associative, des vies affectives expérimentées, une volonté de soutenir et responsabiliser sans juger, le Programme présente des figures d'identification positive pertinentes. Plus le cercle est solide plus le travail mené devient profond, tout à la fois orienté vers les besoins personnels du membre principal (eg. logement, travail, problèmes administratifs) que les alternatives de vie permettant de les assouvir de manière socialement acceptable (Dieu, et al., 2019). Les échanges de vie permis par la relation de confiance entre les membres (ré)apprennent aux auteurs la façon d'investir les liens affectifs, à développer leurs ressources propres pour les accorder à celles d'autrui.

Contrairement aux CSR, les discussions tournent souvent autour de la vie quotidienne, de souvenirs, de ce qui est positif, ce qui engage le rapport à soi en termes d'estime personnelle (Ward, 2009). Par les constructions interrelationnelles entre les membres, le Programme esquisse une *transformation affective* des sujets (Giordano, et al., 2007). La transformation affective est visible dans l'évolution des Plans de vie, tant dans l'investissement des sphères affectives que les émotions corrélées aux sphères. Toutefois, si les personnes semblent engagées dans un processus de désistance, l'aspect transformatif est en cours. La transformation affective évoquée reste de l'ordre des projections et aspirations inspirées des nouvelles interactions. C'est le plan de vie du futur, en soit la construction cognitive des affections et relations affectives qui est impactée. Cet *aspect cognitif de la transformation* (Giordano, et al., 2002) est d'autant plus visible à travers l'évolution du Plan de vie (passé / présent / futur) et les narrations associées, montrant des remises en question et contradictions assumées par les auteurs vis-à-vis de l'identité passée. En cela, les interactions humaines du Programme laissent les sujets s'inspirer des positionnements des autres. Le modelage se montre d'une grande qualité à travers un lien à l'autre dans une relation horizontale, légitime et bienveillante.

Selon l'approche phénoménologique de la désistance de Maruna (2004), le processus de désistance se conduirait selon deux vecteurs, un primaire et un secondaire. Le programme démontre des effets sur la *désistance primaire* à travers plusieurs éléments apportés dans les dossiers judiciaires (une baisse de la quantité d'occurrence durant le PPD) et narratif sur le plan restauratif, socio-éducatif et psychologique : « *besoin de comprendre le cheminement infractionnel* », « *besoin de se réinsérer donc ne pas récidiver* », « *acquérir des ressources pour mieux gérer* », « *mise à distance de consommation de produits psychoactifs* ». La baisse en quantité, fréquence et gravité ne signifie pas un impact sur la récidive *in fine*, mais une entame du processus de désistance par les sujets.

Le chemin vers la non récidive et le maintien des comportements prosociaux s'avère long, non linéaire et soumis à des rechutes possibles. Concernant la *désistance secondaire*, nous observons les évolutions énoncées précédemment concernant la Théorie Identitaire de la Désistance. De nouveau, il est intéressant de relever que ces évolutions transparaissent tant à travers les données objectives que dans le discours des participants qui constatent les avoir ressenties et éprouvées. Les résultats des Plans de Vie dans le temps (passé, présent, futur) soulèvent des révisions identitaires majeures, dans la manière dont les sujets se content leur vie, ses valeurs et son sens. D'un point de vue narratif, les auteurs indiquent « *reprendre le contrôle de ma vie* », « *devenir autonome* », rechercher « *une meilleure qualité de vie* », un changement « *d'hygiène de vie* ». Nous soulevons l'importance de l'étayage conjugal, ainsi que l'impact apparent de l'inscription dans un réseau social positif (eg. loisirs, choix des amis, éloignement connaissances pro-criminelles).

Les éléments se tournent résolument vers l'avenir, un futur sans l'infraction et une dé-labellisation possible du sujet, davantage « filleul-désistant » maintenant ses forces et valeurs que résistant à ses rechutes. Ils évoquent une *amélioration de vie* globale, notamment au regard des évolutions mentionnées plus haut. Le travail et les relations favorisent grandement la qualité des conditions de vie. L'obstacle majeur à la réintégration se comble avec le renforcement interactionnel et symbolique du capital social. Il initie et stabilise des relations de confiance avec autrui et la perception d'auto-efficacité dans ces relations de confiance. Nous émettons l'hypothèse que la pratique possible des rôles sociaux au quotidien à travers les interactions positives interagit avec l'*agency* de l'individu. En retour, l'*agency* soutient les expérimentations concrètes et les interactions positives, jusqu'à la possibilité pour le sujet de développer un autre regard sur son identité personnelle.

***Le PPD et les facteurs de protection et l'agency***

Trois modèles coexistent concernant les facteurs de protection (Ward, 2017), le « *Protective Pathway Model* » de De Vries Robbé (De Vries Robbé & Willis, 2016), l'« *Agency Filter Model* » de Serin, et al. (2016), l'« *Agency Protective Model* » de MacDonald (2016). Pour autant, les facteurs de protection peuvent être définis d'un point de vue générique comme « *toute caractéristique propre à une personne, à son milieu ou à sa situation qui réduit le risque de comportement violent/ délinquant ultérieur* » (Vogel et al, 2011). Ces facteurs protègeraient l'individu contre la commission de nouvelles infractions. Trois courants tentent d'expliquer l'impact positif de ces facteurs sur le sujet en situation de vulnérabilité : i) les facteurs de protection et de risque seraient des variables dépendantes exclusives et disjonctives, la protection équivaudrait à l'absence de risque ; ii) elles seraient liées à une même variable indépendante et processuelle avec des effets compensatoires des facteurs positifs sur le risque de récidive ; iii) les facteurs de protection et de risque seraient des variables indépendantes (Guay & De Vries Robbé, 2017). Suivant une analyse clinique de l'évolution des plans de vie, la seconde proposition serait ici retenue, les éléments de protection et de risque se compensant les uns aux autres. Aujourd'hui, les facteurs de protection s'envisagent comme des leviers essentiels dans l'accompagnement du processus de désistance (De Vries Robbé, et al., 2015 ; De Vries Robbé & Willis, 2016). Les facteurs de protection se déclinent en trois sous-types et sont définis par des éléments bien précis : facteurs internes, motivationnels et externes (Guay & De Vries Robbé, 2017). Nous nous appuierons sur la tri-dimension suivante pour analyser les apports possibles du PPD sur les facteurs de protection.

Les facteurs internes sont des éléments propres à la personne : *l'intelligence, l'attachement sécure dans l'enfance, l'empathie, l'habileté d'adaptation, la maîtrise de soi* (Guay & De Vries Robbé, 2017). Presque tous les facteurs internes sont difficiles à évaluer au travers de nos résultats. Cependant, nous pouvons émettre l'hypothèse d'une meilleure *habileté d'adaptation* et un développement de *la théorie de l'esprit* (plus que de l'empathie en soi), qui semblent émerger à travers la qualité de la relation qui se construit dans les liens établis entre les filleuls et parrains. Par ailleurs, ce facteur apparaît renforcé au regard de la prise de recul mentionnée par les personnes, de l'investissement dans le travail et plus globalement dans l'épanouissement relevé sur le plan relationnel. Dans cette première catégorie, nous observons au sein du PPD une emphase du facteur de *maîtrise de soi*. Nos résultats montrent une amélioration de la régulation cognitive des émotions et une meilleure maîtrise de la violence. En prodiguant des conseils inspirés de leur vie sur la gestion des situations-problèmes et des éléments de rechute, les parrains (et autres filleuls) deviennent des miroirs et des modèles.

Ils soutiennent la conscientisation des limites des moyens de réponse et des alternatives cognitivo-comportementales et émotionnelles possibles. Bien qu'ils ne maitrisent ni le modèle ni les pratiques d'intervention, le groupe et le parrain semblent soutenir les mécanismes en jeu au sein des phases d'auto-régulation en prévention de la rechute du sujet (Ward & Gannon, 2006 ; Yates, et al., 2010). Au-delà de la gestion du risque, le Programme s'intéresse aux besoins personnels du sujet au quotidien dans une relation horizontale nouée avec le premier cercle. Membre de la communauté à épanouir, et de fait à prévenir de la rechute, il se voit investi dans le dispositif de la mise en action de compétences d'auto-régulation sur les éléments internes et externes sources d'une infraction (Ward & Beech, 2016).

Les facteurs motivationnels comprennent *le travail, les activités de loisir, la gestion des finances, la motivation au traitement, les attitudes envers l'autorité, les objectifs de vie, et la médication*. Dans cette deuxième dimension, nous observons plusieurs évolutions, notamment relevées par les personnes elles-mêmes. La *motivation* est évoquée comme un élément fondamental au changement, et perçue par les personnes. Il s'agit d'un facteur particulièrement impacté et sur lequel nous proposons une analyse spécifique. La *motivation au traitement* apparaît dans la mise au travail de certains, notamment dans l'investissement d'un soin psychologique, mais également au regard du traitement des addictions, visible dans la diminution de prise de substances. Plus que la disposition au changement, la notion d'engagement et de disposition au traitement (Ward, et al., 2004) est aujourd'hui reconnue comme un élément probant sur la récidive à prendre en considération au sein des programmes réhabilitatif (McMurran & McCulloch, 2007 ; McMurran & Ward, 2010).

Au sein du PPD, nous notons deux aspects pertinents allant en ce sens : i) d'une part un maintien des sujets dans le programme jusqu'à la fin de leur contrat d'engagement, -voire une reconduction de l'engagement, ii) d'autre part une progression des stades de disposition au changement et d'action sur les éléments problématiques. Concernant les autres facteurs motivationnels de protection face à l'occurrence de la récidive, le Programme favorise le renforcement de cinq éléments : *le travail, les loisirs, l'attitude envers l'autorité, les objectifs de vie, la médication*. L'investissement de la sphère professionnelle (*travail*) est mentionné comme un levier mais également comme une finalité par les filleuls et les parrains. Les *activités de loisirs* sont citées au travers des voyages effectués ou envisagés et une meilleure structuration des activités sociales du quotidien. Les échanges entre les filleuls et le soutien des parrains ont un effet sur la situation financière des sujets qui se voit impactée tant objectivement (eg. maintien du travail) que subjectivement (eg. valeurs dégagées et convictions entourant l'argent).

La *gestion des finances* semble plus adaptée au projet de vie. L'*attitude envers l'autorité* semble avoir été modifiée. Il s'agissait d'une variable qui entravait la sphère professionnelle et judiciaire. Les interactions vécues, l'investissement dans le travail et l'entrée dans ce dispositif, d'autant plus lié à la justice, témoignent d'une révision de la posture vis-à-vis de l'autorité. Nous voyons dans l'analyse des Plans de vie que les *objectifs de vie* des auteurs sont impactés, avec des visées prosociales. Les personnes constatent une évolution dans leurs projections de vie, dans l'établissement de buts précis, par exemple dans leur quotidien modifié par le sport. Enfin, la *médication* n'est pas mentionnée en tant que telle, mais nous la déduisons des narrations sur les changements et actions de changement en lien avec l'évolution des Plans de vie concernant le traitement général de la prise de substances.

Les facteurs externes de protection contre la récidive concernent *le réseau social, les relations intimes, les soins professionnels, les conditions de vie, le contrôle externe.* Dans cette dernière catégorie également, nous notons des évolutions intéressantes. Le *réseau social* a évolué, les amis sont plus investis temporellement et certaines personnes évoquent un éloignement des éléments nocifs pour eux. Il y a une réflexion autour de la sphère relationnelle amicale et une recherche de personnes bienveillantes et étayantes. La famille (ascendante et descendante) voit une évolution importante dans un investissement plus positif des personnes qui leur accordent plus de temps. Les *soins professionnels* et le *contrôle externe* se recoupent au sein du Programme, puisque les parrains au quotidien (et les autres filleuls et professionnels référents chaque mois) sont autant des éléments essentiels du contrôle social que des facilitateurs de soins professionnels. L'attention portée sur des valeurs prosociales partagées visant la non récidive et l'insertion légitiment le contrôle social formel et informel et l'évitement de l'isolement et l'exclusion (Wilson, 2007). Les deux dimensions de soutien, pratique (eg. aide à trouver un logement) et affectif, facilitent la conscientisation et l'investissement dans les soins professionnels (eg. traitement contre les addictions). Enfin, l'importance donnée au couple et au conjoint suppose une amélioration et une modification des *relations intimes* et en partie des *conditions de vie.* La relation à deux (parrain/filleul) développe l'alliance étayante, le lien de confiance pour ensuite permettre d'en envisager avec d'autres personnes -cf. Plans de vie futur : « *je suis plus ouvert pour aller vers les autres* », « *je me méfie moins* », une méfiance souvent endurcie par la vie en incarcération.

De manière générale, indiquons que plus le cercle est solide plus le travail mené semble profond et orienté à la fois vers les besoins personnels du membre principal (logement, travail, problèmes administratifs) et l'apprentissage de comportements positifs par le biais du modelage social. La relation à l'autre ici en œuvre est reconnue dans la littérature scientifique comme un élément réhabilitatif (Estroff, et al., 1994 ; Grubin, 1997 ; Andrews & Bonta, 2010). La perfectibilité du lien social caractérise le Programme et ses vocations restauratives. Via le processus de parrainage les bénévoles incarnent des manières différentes et inspirantes d'étayer les besoins fondamentaux de manière efficiente et prosociale. La structuration en soi du Programme offre une réponse potentielle aux besoins sociaux et vise directement la réponse à la plupart des autres besoins prioritaires tels que l'autonomie, la gestion de la vie ou encore de la communauté. Le groupe fait bénéficier à ses membres d'une large ouverture, d'un espace sans jugement facilitant la confiance en soi. Les conseils et échanges autour de situations concrètes amenant des alternatives comportementales et cognitives favorisent les expérimentations en situation des solutions amenées. Le groupe réinterrogera (et le parrain au quotidien) l'individu sur sa situation et la mise en application ou non des conseils prodigués.

Nous retrouvons ici l'hypothèse envisagée par le « *Protective Agency Model* » (PAM) de Ward (2017) selon lequel il faudrait dissocier deux classes de facteurs de protection : les *capacités d'agency* et les *facteurs contextuels*. Le Programme est une mise à disposition d'un ensemble de facteurs contextuels positifs internes (dans le Cercle) et externes (en dehors du Cercle) à l'égard du sujet. Les capacités d'*agency* se voient investies et stimulées par cet ensemble de facteurs contextuels. Si nous ne pouvons ici prendre en considération les caractéristiques personnelles des sujets ou soutenir que l'interaction de ces facteurs contrecarre le risque de récidive, le processus présenté par le Programme encourage la survenue d'effets positifs dans la vie du sujet -conformément aux « *promotive factors* » facilitateurs (ou « *assets* »), indépendants du niveau de risque de récidive (Farrington, 2016). Le PPD est résolument ancré dans les approches de la criminologie positive (Dieu, et al., 2019). Par sa philosophie humaniste et ses actions il consiste en un accompagnement bienveillant et structuré centré sur le sujet et visant la définition d'une vie nouvelle à l'heure de son engagement dans une communauté. En ce sens, il répond également au principe fondateur du Good Lives Model (GLM) de promouvoir une vie épanouissante où l'infraction n'a plus sa place (Ward & Gannon, 2006).

*Ce chapitre est une réécriture de nos deux articles, avec l'aimable autorisation de la revue que nous remercions :*

*Dieu, E. (2018). Programme de Parrainage de Désistance (PPD) et Cercle de Soutien et de Responsabilité (CSR) : synthèse des ressemblances et dissemblances pour une Justice restaurative adaptée en France. Revue Internationale de Criminologie et de Police Technique et Scientifique, LXXI(3) : 351-362.*

*Dieu, E., Palaric, R., Maillot, R. (2018). Pratique restaurative et processus de désistance identitaire : le Programme de parrainage de désistance (P.P.D.). Revue Internationale de Criminologie et de Police Technique et Scientifique, sous presse.*

## Références


Ahlin, E., Gibbs, J., Kavanaugh, P., Lee, J. (2015). Support for restorative justice in a sample of U.S. University students. International Journal of offender therapy and comparative criminology, Vol 17 (1). En ligne : http://ijo.sagepub.com/.

Andrews, D., & Bonta, J. (2010). The Psychology of Criminal Conduct (5e éd.). New Providence : LexisNexis.

Braithwaite, J. (1989). Crime, shame and reintegrative. Cambridge University Press.

Chouinard, J.A., & Riddick, C. (2015). Évaluation du projet de démonstration du programme des Cercles de support et de responsabilité, Rapport final, février 2015.

Coco, G., & Corneille, S. (2009). Quand la justice restaurative rencontre le Good Lives Model de réhabilitation des délinquants sexuels : fondements, articulations et applications. Psychiatrie et Violence, 9(1) ; Retiré : https://www.erudit.org/fr/revues/pv/2009-v9-n1-pv3569/038864ar/

De Vogel, V., De Vries Robbé, M., De Ruiter, C., Bouman, Y. (2011). Assessing Protective factors in forensic Psychiatric Practice: introducing the SAPROF. International Journal of Forensic Mental Health, 10(3): 171-177

De Vries Robbé, M., & Willis, G. (2016). Assessment of protective factors in clinical practice. Aggression and Violent Behavior. In press.

De Vries Robbé, M., Mann, R. E., Maruna, S., Thornton, D. (2015). An exploration of protective factors supporting desistance from sexual offending.Sexual abuse: a journal of research and treatment, 27: 16-33.

Dieu, E. (2016). Du modèle temporaliste TIM-E au protocole PRATIC : l'effectivité du GLM. GOOD LIVES MODEL, Première rencontres internationales francophones, Oct 20-21 ; Tournai, Belgique.

Dieu, E. (2018a). Justice Restaurative : réflexions psycho-criminologiques d'une Clinique judiciaire. Thèse de doctorat en Psychologie, sous la direction de Mme Astrid Hirschelmann, Université Rennes 2, janvier 2018.

Dieu, E. (2018b). Programme de Parrainage de Désistance (PPD) et Cercle de Soutien et de Responsabilité (CSR) : synthèse des ressemblances et dissemblances pour une Justice restaurative adaptée en France. Revue Internationale de Criminologie et de Police Technique et Scientifique, LXXI(3) : 351-362.

Dieu, E. (2019). Que faire des modèles de la désistance dans l'accompagnement des auteurs d'infraction ? Revue Internationale de Criminologie et de Police Technique et Scientifique, LXXII: 170-190.

Dieu, E. (2020). « Pourtant, ça pourrait répondre à vos questions et vous faire du bien. » La question du lien entre l'entretien motivationnel et la Justice restaurative. Annales Médico-psychologiques, 178(2): 117-122

Dieu, E., Sorel, O., Bouchard, J-P. (2019). Place de la psychothérapie intégrative dans la prise en charge des problématiques de radicalisation, Annales Médico-Psychologiques, 177(5): 483-488.

Dieu, E., Issen, E., Sorel, O. (2019). S'essayer au Modèle « Good Lives » (GLM) dans l'accompagnement psychosocial des infracteurs ? Illustration du suivi entre vous, nouveau GLMiste, et Gérard MENVUSA, nouveau délinquant. In N. Combalbert & S. Rothé. Incarcération, vulnérabilités et intervention sociale. L'Harmattan, Logiques sociales.

Dieu, E., Vandevoorde, J., Hirschelmann, A. (2016). La Justice restaurative : ni soigner, ni réprimer ? Le cas Louis, multirécidiviste ni « dangereux » ni « malade ». L'Encéphale, 43(3) : 283-291.

Elliott, I., & Zajac, G. (2015). The implementation of Circles of Support and Accountability in the United States. Aggression and Violent behavior, vol (25), pp. 113-123.

Estroff, S.E., Zimmer, C., Lachicotte, W.S., Benoit, J. (1994). The Influence of Social Networks and Social Support on Violence by Persons With Serious Mental Illness. Hospital & community psychiatry, 45(7): 669-79.

Farrington, D. P. (2016). Risk, promotive, and protective factors in youth offending: Results from the Cambridge study in delinquent development. Journal of Criminal Justice, 45: 63-70.

Fiske, S. T., & Taylor, S. E. (1991). Social cognition (2nd ed.), New York: McGraw-Hill.

Gilbert, D. T., Fiske, S.T., Lindzey, G. (1998). The handbook of social psychology (4e éd.). New York: McGraw-Hill.

Giordano, P. C., Cernkovich, S.A., Rudolph, J. L. (2002). Gender, crime and desistance: toward a theory of cognitive transformation. American Journal of Sociology, 107(4), 990-1064

Giordano, P., Schroeder, R., Cernkovich, S. (2007). Emotions and crime over the life course: a neo-Meadian perspective on criminal continuity and change. American Journal of Sociology, 112(6), 1603-1661.

Grubin, D. (1997). Predictors of risk in serious sex offenders. British Journal of Psychiatry, 170: 17-21.

Guay, J-P, & de Vries, M. (2017). L'évaluation des facteurs de protection à l'aide de la SAPROF. Annales Médico-Psychologiques, in press.

Höing, M., Petrina, R., Duke, L., Völlm, B., Vogelvang. (2016). Community support for sex offender rehabiliation in Europe. European Journal of Criminology, pp. 1-24. Sage : Pays-bas.

Kewley, S., Beech, A., Harkins, L. (2015). Examining the role of faith community groups with sexual offenders: a systematic review. Aggression and Violent Behavior, vol (25), pp. 142-149

Lefebvre, H., Dieu, E., Issen, E. (2018). Les CSR comme lien possible entre les principes RBR et la Justice restaurative ? Revue Internationale de Criminologie et de Police Technique et Scientifique, LXXI(3) : 334-350.

MacDonald, I. (2016). Protective Factors in the Sexual Offending Area: Analysis of the Concept and a Preliminary Mode. Unpublished MSc thesis. Victoria University of Wellington, New Zealand.

Maruna, S. (2001). Making Good: How ex-convicts reform and rebuild their lives. American Psychological Association: Washington.

Maruna, S. (2004). Desistance and explanatory style: a new direction in the psychology of reform. Journal of Contemporary Criminal Justice, 20, 184–200.

McMurran, M., & McCulloch, A. (2007). Why don't offenders complete treatment? Prisoners' reasons for non-completion of a cognitive skills programme. Psychology, Crime & Law, 13(4): 345-54.

McMurran, M., & Ward, T. (2010). Treatment readiness, treatment engagement and behavior change. Criminal Behaviour and Mental Health, 20(2): 75-85.

Owers, D.A., Leighton, P., McGrory, C., McNeill, F., Wheatley, P. (2011). Review of the Northern Ireland Prison Service : Conditions, management and oversight of all prisons. Prison Review Team Final Report. Repéré à http://cain.ulst.ac.uk/issues/prison/docs/2011-10-24_Owers.pdf

Palaric, R. (2015). Les groupes de parole de prévention de la récidive en France : observation des effets produits. Pratiques psychologiques, 21, pp. 259-273. En ligne : www.sciencedirect.com

Paternoster, R., Bachman, R., Bushway, S., Kerrison, E., O'Connell, D. (2015). Human Agency and Explanations of Criminal Desistance: Arguments for a Rational Choice Theory. Journal of Developmental and Life-Course Criminology, 1(3): 209–235.

Paternoster, R., & Bushway, S. (2009). Desistance and the feared self: toward an identity theory of desistance. Journal of Criminal Law and Criminology, 99, 1103–1156.

Paternoster, R., & Pogarsky, G. (2009). Rational choice, agency and thoughtfully reflective decision making: the short and long-term consequences of making good choices. Journal of Quantitative Criminology, 25, 103–127.

Prochaska, JO., & Norcross, JC. (2010). Systems of Psychotherapy: A Transtheoretical Analysis (7e éd.). Belmont : Brooks & Cole.

Sampson, R., & Laub, J. (1993). Crime in the making: pathways and turning points through life. Cambridge : Harvard University Press.

Schmid, D. (2001). Restorative Justice in New Zealand: a Model for U.S. Criminal Justice. New Zealand: Wellington. En ligne : https://ac-els-cdn-com.proxy.scd.univ-lille3.fr/

Serin, R.C., Chadwick, N., Lloyd, C.D. (2016). Dynamic risk and protective factors. Psychology, Crime & Law, 1-2: 151-170.

Ward, T., Yates, P.M., Willis, G.M. (2012). The Good Lives Model and the Risk Need Responsivity Model: A critical response to Andrews, Bonta and Wormith (2011). Criminal Justice and Behavior, 39(1), 94-110.

Ward, T. (2009). Dignity and Human Rights in Correctional Practice. European Journal of Probation, 1(2): 112-127.

Ward, T. (2017). Prediction and agency: the role of protective factors in correctional rehabilitation and desistance. Agression and Violent Behavior, 32: 19-28.

Ward, T., & Beech, A.R. (2016). The Integrated Theory of Sexual Offending–Revised: A Multifield Perspective. In DP. Boer. The Wiley Handbook on the Theories, Assessment and Treatment of Sexual Offending. John Wiley & Sons, p.123-137.

Ward, T., & Gannon, TA. (2006). Rehabilitation, etiology, and self-regulation: The comprehensive good lives model of treatment for sexual offenders. Aggression and violent behavior, 11(1): 77-94.

Ward, T., & Langlands, R. (2009). Repairing the rupture: Restorative justice and the rehabilitation of offenders. Aggression and Violent Behavior, pp. 205-214. En ligne https://ac-els-cdn-com.proxy.scd.univ-lille3.fr/

Ward, T. (2007). On a clear day you can see forever: Integrating values and skills in sex offender treatment. Journal of Sexual Aggression, 13 (3): 187-201.

Ward, T., & Brown, M. (2004). The good lives model and conceptual issues in offender rehabilitation. Psychology, Crime & Law, 10, 3, 243-257.

Ward, T., Day, A., Howells, K., Birgden, A. (2004). The multifactor offender readiness model. Aggression and violent behavior, 9(6): 645-73.

Weaver, B., & McNeill, F. (2010) Travelling hopefully: Desistance research and probation practice. In J. Brayford, F. Cowe, et J. Deering (Eds), What else works? Creative work with offenders. Cullompton: Willian.

Willis, G.M., Ward, T., Levenson, J.S. (2014). The Good Lives Model: An evaluation of GLM operationalization in North American treatment programs. Sexual abuse: A Journal of Research and Treatment, 26(1): 58-81.

Wilson, C., Bates, A., Völlm, B. (2010). Circles of Support and Accountability: An Innovative Approach to Manage High-Risk Sex Offenders in the Community. The Open Criminology Journal, 3: 48-57.

Wilson, R. J., Cortoni, F., Vermani, M. (2007). Cercles de soutien et de responsabilité : Reproduction à l'échelle nationale des résultats obtenus (Rapport n°R-185). Ottawa : Service correctionnel du Canada. Repéré à http://publications.gc.ca/collections/collection_2010/scc-csc/PS83-3-185-fra.pdf

Wilson, R.J., Picheca, J.E., Prinzo, M. (2005). Rapport de recherche : Cercles de soutien et de responsabilité : évaluation du projet pilote dans le Centre-sud ontarien. Service correctionnel du Canada, 45 pages. En ligne http://www.csc-scc.gc.ca/text/rsrch/reports/r168/r168-fra.shtml, consulté le 30/07/2012.

Wilson, R.J., & McWhinnie, A. (2012). Les cercles de support et de responsabilité. Un partenariat international en management du risque en milieu ouvert. In dossier « Eviter la récidive du délinquant sexuel », AJPénal Décembre 2012.

Wormith, J.S., Hogg, S., Guzzo, L. (2012). The predictive validity of a general Risk/Needs assessment inventory on sexual offender recidivism and an exploration of the professional override. Criminal Justice and Behavior, 39(12): 1511-1538.

Yates, P.M., Prescott, D., Ward, T. (2010). Applying the good lives and self-regulation models to sex offender treatment. A Practical Guide for Clinicians. Brandon: The Safer Society.

Zehr, H. (1990). Changing lenses. A new focus for crime and justice. Herald Press.

Zehr, H. (2002). The little book of restorative justice. Good books Ed.

## Chapitre 8 : L'approche des Plans de Vie en Réalité Virtuelle, une alliance entre le GLM et les perspectives temporelles TIM-E

Dr Erwan DIEU

Pour comprendre la proposition d'une psychologie-criminologie positive soutenue par la Réalité Virtuelle, il convient de brièvement contextualiser le lien Criminologie-Réalité Virtuelle en 2020. Aujourd'hui dans ce registre connexe, des travaux de Criminologie sont menés sur l'évaluation des auteurs de violences à caractère sexuelles (AICS) au sein d'un complexe immersif de Réalité Virtuelle avec pour but l'objectivation de leur expérience subjective dans le cadre du passage à l'acte (Benbouriche et al, 2014). La méthodologie est basée sur un principe d'exposition à un ensemble de stimuli proches de l'objet de l'infraction couplé à des mesures par eye-tracking, pléthysmographie pénienne ou électroencéphalogramme et permet d'apprécier les capacités d'auto-régulation du sujet et la prise de décision en situation. L'usage de la Réalité Virtuelle est de plus en plus répandu en santé mentale. L'utilisation la plus courante consiste en son usage au sein de thérapies d'exposition permettant un premier contact virtuel (progressif) avec l'objet anxiogène avant une éventuelle confrontation dans la réalité. Ces procédés présentent aujourd'hui une efficacité certaine dans le traitement de l'anxiété et notamment des phobies (Opris & al., 2012). De manière plus globale, dans le champ de la neuropsychologie, la réalité virtuelle est employée pour l'évaluation des altérations cognitives et des mécanismes de compensation ou stratégies de gestion développés pas le sujet ainsi que l'évolution de la réhabilitation des fonctions cognitives.

Dans ce paysage, l'interface et le protocole de Réalité Virtuelle FRED présenté dans notre chapitre détonne et appuie l'orientation de la Criminologie Positive en tant que « Criminologie de la Confiance » (cf. Chapitre 4 du présent ouvrage, Walgrave, et al. 2020). A l'instar des procédés en santé mentale, FRED allie les nouvelles technologies aux savoir-faire en matière de prise en charge des personnes pour proposer des modalités d'accompagnement ou d'évaluation novatrices et présentant des avantages certains que nous détaillons ci-dessous. Innovant, FRED va au-delà d'une simple transposition d'une méthodologie existante. Il s'appuie sur la méthode des Plans de Vie suggérée par le Good Lives Model (GLM) couplée à la projection temporelle du modèle TIM-E (Dieu, 2016) et en propose une opérationnalisation dans un environnement virtuel. Il ne s'agit pas d'un dôme virtuel, mais d'un simple casque classique, facilement utilisable et au sein duquel le sujet est acteur de ses décisions de vie et non en évaluation des « risques » à travers les choix d'exposition qu'il réalise (mesures pléthysmographie pénienne, eyes-tracking…).

Après avoir replacé le cadre théorique des modèles dans lesquels FRED puise sa source, nous présenterons le logiciel, ses avantages et applications dans divers domaines dépassant aujourd'hui la stricte prise en charge des auteurs d'infraction.

## 1. L'opérationnalisation du Good Lives Model via la projection temporelle des besoins de la personne

### *Explorer un autre espace : des facteurs de risque aux besoins humains fondamentaux, le GLM*

Sans nous étendre sur une présentation détaillée du GLM déjà proposée par d'autres chapitres de cet ouvrage, rappelons simplement ses postulats d'origine. En réponse aux limites du modèle de la prévention de la récidive, notamment les principes « Risque-Besoins-Réceptivité » (Ward, et al., 2007 ; Ward, et al. 2012), le GLM propose d'élargir la focale sur la personne dans son intégralité et non plus à la seule question du risque de récidive et pour ce faire, il fait de la qualité de vie et de l'épanouissement du sujet ses objectifs. En effet, pour le GLM, un sujet ayant une vie le satisfaisant n'aurait plus de raison de passer à l'acte. Pour étayer ce propos, les auteurs suggèrent de se décaler des besoins criminogènes et de la notion de facteurs de risque et de parler plutôt des besoins humains fondamentaux ou buts communs à tout être humain[9]. Pour répondre à ces derniers, les personnes recourent à ce qu'on appelle des besoins secondaires ou opérationnels qui sont l'ensemble des moyens manifestes en œuvre dans sa vie.

Ces besoins opérationnels sont les éléments composant le plan de vie du sujet. Par exemple, pour répondre à son but commun de communauté, un sujet pourra s'inscrire dans une association militant pour une cause lui tenant à cœur et dont les membres partageront des valeurs et idées communes aux siennes. Le but commun ne peut être dysfonctionnel contrairement au moyen que le sujet met en œuvre pour étayer celui-ci. Selon ce principe, le passage à l'acte est une réponse à un but commun, il est un besoin opérationnel non approprié devant permettre au sujet de surmonter une impasse (Ward & Brown, 2004), c'est-à-dire l'impossibilité de trouver un moyen socialement acceptable de répondre à son besoin ou une incapacité à tenir compte de la réalité des ressources disponibles dans la définition du plan de vie.

[9] Les buts communs sont la recherche d'équilibre interne ; La qualité de vie et la santé globale ; La connaissance ; La créativité ; La spiritualité ; La projection dans l'avenir ; L'excellence ou l'accomplissement ; Les relations affectives et la communauté.

« *Il y a donc une inversion logique fondamentale dans la façon dont le modèle de prévention de récidive et le G.L.M. conçoivent le délit sexuel* », indiquent Corneille et Henrard (2017). « *Dans la logique de prévention de la récidive, le délinquant sexuel utilise des moyens efficaces pour satisfaire des besoins déviants ; dans la logique G.L.M., le délinquant sexuel utilise des moyens déviants inefficaces pour satisfaire des besoins humains fondamentaux.* ».

Cette perspective résolument décalée de celle du modèle de la prévention de la récidive fait du GLM un modèle de la criminologie positive. L'objet premier de l'intervention n'est donc plus la stricte prévention de la récidive mais l'épanouissement du sujet lui-même garant contre la survenue de passages à l'acte ultérieurs (Willis, et al., 2014). « *Il n'est pas suffisant d'équiper les délinquants [...] d'habiletés à contrôler leurs facteurs de risque, il est impératif de fournir aussi l'opportunité de façonner une identité personnelle adaptative et positive.* » (Coco & Corneille, 2009). C'est parce que l'acte et ses conséquences portent atteinte au bien-être du sujet qu'il fait l'objet d'une prise en charge et non plus seulement en réponse à la demande du tiers social. Dès lors, l'accompagnement du sujet consiste à saisir la nature de la difficulté à répondre au besoin fondamental (Ward & Brown, 2004) et de l'accompagner dans la compréhension de ces derniers et la définition de nouveaux étayages prosociaux et ne mettant pas à mal l'équilibre de vie du sujet. Ceci n'est pas sans impact sur la posture du professionnel qui accompagne un sujet au-delà du délinquant et qui intervient *pour* et *avec* plutôt que *sur* lui dans une démarche positive (Dieu, et al., 2019a).

### *Explorer un autre temps sous l'angle TIM-E : un futur positif pour se libérer de l'effet du passé sur le présent*

Le Modèle de l'Identité Temporelle TIM-E (Dieu, 2016) fait du temps une dimension centrale de l'accompagnement comme variable étayant la définition identitaire. Par le biais des entretiens temporels (Sorel & Dieu, 2019), technique permettant d'opérationnaliser TIM-E sur le plan clinique, l'intervenant accompagne le sujet dans l'exploration de soi dans le temps. Ce « *voyage mental dans le temps* » (Dieu, 2016) fait émerger les éléments stables de l'identité (les valeurs, buts communs prioritaires ou besoins fondamentaux de la personne) et les éléments davantage contextuels. C'est ainsi qu'on peut penser *qui l'on est* au-delà de *ce en fonction de quoi nous sommes*, au-delà des contraintes externes comme internes, et donc par-delà les difficultés. Le postulat de base est que nous accompagnons le sujet vers son avenir et qu'en ce sens il est primordial de faire de ce futur l'objet de notre intervention.

TIM-E suggère que si le passé peut offrir certaines clefs dans la compréhension de l'énigme de l'acte, le futur est lui porteur de clefs de résolution. Ainsi, c'est en résonnance que les temporalités permettent d'accéder à l'essence de l'identité. Après la définition de *qui je suis*, reste à penser *comment l'être*, la manière dont on souhaite que l'identité se manifeste et s'épanouisse dans l'avenir.

Pour opérationnaliser sa démarche, TIM-E propose de prendre appui sur une version « future » du Plan de vie du GLM permettant de définir les éléments dont le sujet souhaite composer sa vie dans l'avenir et qui feront vivre ses valeurs et autres fondements de son identité (Dieu, et al., 2019b). Le modèle soutient ainsi à la fois une investigation structurée de la criminogenèse et la définition commune au praticien et au sujet des objectifs d'accompagnement dans une démarche centrée sur la personne. Il permet dès lors de travailler concrètement le processus de désinvestissement identitaire du cheminement délinquantiel (Ward & Maruna, 2007). En ce sens, TIM-E soutient la « désistance » (McNeill, 2006) comme processus non linéaire d'issue (de renoncement) de la trajectoire infractionnelle qui s'inscrit dans le temps. Au-delà, le travail profond que TIM-E permet sur l'identité du sujet en fait un modèle intéressant en dehors du champ criminologique.

***Explorer un nouvel espace-temps ? L'intégration de la Réalité Virtuelle au sein du couple GLM / TIM-E***

La méthodologie d'accompagnement systématisée et centrée sur le sujet s'effectue en 6 étapes. Rappelons que le GLM se concentre sur les aspirations de vie individuelles et la mise à distance des sources de mal-être pour le sujet ou besoins opérationnels à caractère transgressif. Pour cela, il est préconisé de développer un plan de vie soutenant l'épanouissement du sujet et l'émergence d'une identité cohérente (Ward & Brown, 2004 ; Ward & Maruna, 2007 ; Gannon & Ward, 2014 ; Ward & Fortune, 2016). La méthodologie reprend cette démarche en ajoutant la dimension temporelle qui permet la définition du plan de vie actuel mais également des plans de vie passés et futurs. Le second aide à définir les besoins de prise en charge d'évènements passés délétères afin de saisir leur impact sur le fonctionnement psychique actuel et leur rôle potentiel dans la criminogenèse. Le Plan de vie futur quant à lui présente un futur attractif où le sujet fait exister ses valeurs, ses buts communs prioritaires, par le biais de besoins opérationnels prosociaux et non transgressifs, un futur épanouissant où l'infraction n'a plus lieu d'être. Ce second plan de vie soutient la définition d'une identité cohérente et fonde l'écrin au sein duquel elle pourra s'épanouir.

Enfin, un plan d'intervention est défini comprenant les ressources qu'il sera nécessaire de valoriser, d'étayer ou de développer pour atteindre ce Plan de vie futur. L'idée est de permettre au sujet de développer ses capacités d'autorégulation en situation contre les risques potentiels. Soucieux du respect des valeurs et aspirations de la personne, cet accompagnement prend racine dans sa réalité de vie et se soucie de l'applicabilité des apports dans son quotidien. L'accord quant aux axes de travail, leurs priorisations et les moyens employés est essentiel en ce sens qu'elle permet au sujet de se saisir de son accompagnement, d'y adopter une posture active. Percevant les bénéfices pour lui, bénéfices concrets, dans sa vie et dans son avenir, la personne est davantage motivée à s'engager qu'au sein d'un travail centré sur la réduction du risque qu'elle représente pour un tiers. Voici les 6 étapes :

1. Préciser les besoins fondamentaux (ou buts communs prioritaires pour le sujet) et leur hiérarchisation, propres au sujet *(identifier des moments de vie / comportements associés à des émotions et sentiments positifs ; lien avec les valeurs et l'identité de la personne ; projections temporelles).*

2. Identifier les besoins secondaires respectifs mis en œuvre aujourd'hui *(représentés par un Plan de vie structuré)* et distinguer ceux fonctionnels de ceux dysfonctionnels.

3. Saisir la nature de la difficulté à répondre au besoin fondamental, l'ontogenèse et/ou le maintien des besoins secondaires dysfonctionnels *(processus émotionnels, cognitifs et comportementaux).*

4. Installer une projection identitaire future qui constitue l'ancrage du plan d'intervention.

5. Définir un plan futur avec de nouveaux étayages plus consensuels et prosociaux *(techniques de décentration de personnes)*, accessibles et désirables pour le sujet *(techniques de décentration de temps, avec un focus sur les projections futures)*, et ne mettant pas à mal l'équilibre de sa vie.

6. Accompagner la mise en œuvre de ces nouveaux étayages : programmer le nouvel étayage *(projection future, restructuration cognitive et comportementale, planification...)*, installer ou développer des ressources positives pertinentes (*facteurs de protection*), anticiper les difficultés *(plan de prévention de la rechute, projection future),* observer les effets sur le besoin fondamental et sur le plan de vie global *(recherche de renforcements présents et de leur conscientisation : émotions, estime de soi, sentiment d'auto-efficacité... ; projection future).*

On peut distinguer les étapes 2 et 3 du fait qu'elles prennent moins en compte le plan de vie dans son ensemble et restent centrées sur le présent. L'étape 2 vise à faire émerger la motivation *classique* d'un individu à consulter un psychologue, psychiatre ou conseiller : « je me comporte régulièrement de telle manière, cela ne me convient plus ; comment changer cela ? ». L'étape 3 est le travail de proposition d'hypothèses de travail par le professionnel, sur la base des connaissances que le sujet a de lui-même. En pratique, les besoins secondaires sont beaucoup plus facilement identifiables par le sujet car traduits par des comportements ; en revanche, la connaissance de ses propres besoins fondamentaux nécessite une réflexion – sur soi, ses valeurs, son identité, ses facteurs personnels de bien-être – qui n'a pas toujours été faite en amont de l'accompagnement. Les étapes 1 et 2 peuvent donc être inversées pour ne pas « bloquer » le sujet. L'étape 5 vise à donner les moyens au sujet ne serait-ce que d'envisager d'autres comportements, permettant d'obtenir l'effet positif recherché – répondre au besoin fondamental – et d'éviter l'effet négatif – déséquilibre du plan de vie, infraction, souffrance… Cette étape repose sur la capacité de décentration du sujet. Bien que les TCC fassent partie des préconisations pour l'application du GLM, le support de Réalité Virtuelle FRED les rend accessibles à un public non spécialisé à la psychologie comportementale, cognitive et émotionnelle permettant d'étendre son champ d'application au-delà de sphère thérapeutique. De plus, FRED engage un travail autour des mémoires pathogènes et ressources du sujet (Hase, et al., 2017) en activant les processus psychologiques fonctionnels essentiels (Chamberlain, 2016).

## 2. FRED : présentation du logiciel de réalité virtuelle au service des « Plans de vie »

### *Intérêts de l'environnement virtuel FRED*

FRED (Dieu, 2017) a pour but d'optimiser l'accompagnement GLM et TIM-E. Il se présente sous la forme d'un support interactif permettant la matérialisation des différents plans de vie pour accompagner la personne dans un travail focalisé sur l'identité temporelle, le plan de vie et leur cohérence (Dieu, et al., 2019). Il soutient l'élaboration individuelle et autonome par sa simplicité d'utilisation pour le sujet. La réalité virtuelle présente d'emblée plusieurs avantages potentiels. Grâce aux qualités d'immersion, d'ergonomie et d'interactivité propres à cette technologie, FRED est un espace virtuel où le sujet matérialise, construit, partage et transforme avec le professionnel une représentation visuo-spatiale qui articule son vécu actuel, ses projections futures, et son plan d'accompagnement "du futur construit vers le présent à organiser".

Ce support visuo-spatial constitue à la fois un complément au langage et un soutien à l'imagerie mentale du sujet (visualiser un objectif abstrait, un environnement apaisant, son action sur une problématique…). Avantage non négligeable, FRED permet de sauvegarder ces représentations visuo-spatiales.

Penser sa vie et son avenir n'est pas un exercice aisé. Le nombre d'informations dont il est nécessaire de tenir compte entraine une saturation cognitive à laquelle FRED pallie en permettant au sujet d'extérioriser et structurer l'information. Par son caractère immersif, FRED offre un espace à la fois intimiste et sécurisant au sujet, en lui fournissant un environnement contrôlable. En parallèle d'un dialogue entre professionnel et sujet pendant l'utilisation, l'immersion favorise l'introspection et l'expression libre du sujet. Les personnes peuvent ainsi pleinement se concentrer sur leur réflexion relative aux plans de vie et à leur réaménagement. Cet espace étant aussi directement observable par le professionnel, les représentations visuo-spatiales construites par le sujet sont partagées telles qu'elles existent dans le monde virtuel de FRED. En outre, la réalité virtuelle permet un traitement de l'information dépassant le verbal invoquant l'esthésie du sujet. Enfin, parce que le sujet est doublement actif, intellectuellement et physiquement, FRED permet de proposer des exercices qui favorisent l'autonomie du sujet dans la saisie des outils d'accompagnement.

Pour le dire autrement, au sein de FRED le sujet expérimente, vit son « voyage mental dans le temps » et les transformations cognitives et identitaires induites par le remaniement des plans de vie. FRED est donc un outil en nouvelles technologies, précieux allié au sein d'une diversité de protocole adapté à un large éventail de publics parmi lesquels les auteurs d'infraction ou les patients suivis dans le cadre du traitement d'un traumatisme.

### *Description de l'environnement virtuel FRED*

FRED est divisé en deux espaces virtuels : une plage avec un ponton, dédié aux exercices de relaxation, et une maison, zone de travail pour les entretiens et exercices sur l'identité temporelle et le plan de vie. Dans ces espaces, plusieurs objets virtuels sont à disposition du sujet : des avatars et des sphères de vie. Le ou les avatars représentent le sujet sous une forme humanoïde non genrée ; sous commande du sujet exclusivement, l'avatar est un élément utilisé soit comme repère matérialisant le sujet dans son plan de vie, soit pour des exercices impliquant une décentration de personnes ou de temps (soi dans le passé ou le futur).

Les sphères de vie, bulles transparentes, représentent les domaines (des catégories de personnes et d'activités... chacune représentée par un symbole) investis concrètement par le sujet dans sa vie quotidienne. Ces sphères sont utilisées pour représenter les éléments du plan de vie du sujet, dans les différentes temporalités.

Le placement et l'apparence des sphères sont modifiables par le sujet uniquement et selon un codage qui permet de représenter : le temps consacré à cette sphère de vie au quotidien ; la qualité du ressenti du sujet en lien avec la sphère, sur un continuum allant de désagréable à agréable ; l'importance qualitative de la sphère aux yeux du sujet (l'intensité du besoin ou la valeur en terme identitaire qui lui est associée). Toujours concernant l'apparence des sphères, une modalité permet de spécifier la temporalité à laquelle elles appartiennent : actuelle, passée ou future - permettant des exercices de décentration de temps et la construction du plan de vie futur. Des liens peuvent être créés par le sujet, connectant des sphères entre elles, un avatar et une sphère, des avatars entre eux et toutes autres combinaisons, symbolisant leurs relations. Si l'environnement virtuel est une toile de fond immuable, avatar, sphère et lien forment un matériel virtuel créatif et évolutif, modifiable tout au long de l'accompagnement.

### *Protocole et objectifs des entretiens en Réalité Virtuelle FRED*

Le protocole accompagnant l'utilisation de FRED est constitué d'exercices impliquant des manipulations du matériel virtuel et des techniques d'entretiens *temporels*. Les inspirations théoriques complémentaires du protocole autour du TIM-E et du GLM (Dieu & Sorel, 2019) sont la thérapie d'Eye Movement Desensitization and Reprocessing (EMDR), les Thérapies Cognitivo-Comportementales (TCC), le positionnement de l'approche centrée sur la personne (Rogers, 1968) et l'analyse globale de l'approche systémique. Les professionnels issus de ces courants utilisent alors le protocole FRED avec d'autant plus de simplicité. Le protocole FRED a été construit dans le but d'accompagner le sujet dans le développement d'un plan de vie satisfaisant ses besoins personnels identifiés, dans la réflexion sur son identité sociale, et dans la stimulation de sa disposition/engagement vers le changement (Ward, et al., 2004) ; il est ainsi généralisable à diverses approches thérapeutiques, publics et problématiques.

Le protocole s'articule autour des principaux objectifs suivants :

- ***Matérialiser le plan de vie actuel :***
  - Construire un plan représentant son mode de vie présent à l'aide des sphères de vie ;
  - Explorer et identifier les facteurs avec un impact négatif sur sa qualité de vie et ceux avec un impact positif ;
  - Prendre conscience des dissonances entre son mode de vie et son identité ;
- ***Décentrations :***
  - Se représenter le plan de vie et les motivations d'autres personnes ;
  - Mettre en lien sphères de vie et besoins : identifier ses besoins personnels, les hiérarchiser, différencier but et moyens, être capable de trouver d'autres moyens pour remplir un même besoin ;
  - Mettre au travail sa capacité à projeter sa propre identité dans le temps ;
- ***Développer les projections futures*** :
  - Définir ses objectifs de vie, construire le plan de vie futur ;
  - Identifier dans le plan de vie les ressources (internes ou externes) et soutiens disponibles et ceux à développer ;
  - Planifier la mise en œuvre des changements, via des étapes intermédiaires, pour d'atteindre le plan de vie futur, en remontant vers le présent ;
  - Faire concorder les besoins personnels liés à l'identité et nécessaires à l'épanouissement, les ressources à développer pour y accéder et les moyens d'y parvenir (dont les interventions professionnelles…).

## 3. Les apports de la Réalité Virtuelle à l'application du GLM et de TIM-E dans l'accompagnement du public infracteur et les perspectives possibles

***La projection d'un soi futur via FRED comme ancrage mnésique positif en lien avec l'identité : La projection future comme ancrage émotionnel positif et comme retrait des déclencheurs/stresseurs du présent***

La projection du soi futur comme soi attractif, accompli et porteur de valeur, est un exercice de définition identitaire invitant à réfléchir à qui l'on souhaite vraiment être, à ce que l'on souhaite faire exister dans sa vie, aux valeurs que l'on tient à porter et respecter. Il est rare de se projeter de manière si globale. Si, pour la résolution de problèmes par exemple, on peut se questionner sur un objectif à venir pour trouver quelle direction prendre, c'est rarement soi dans son ensemble que l'on projette. Pour la grande majorité des auteurs, la définition de soi découle de l'histoire de vie, les évènements l'ayant marquée particulièrement. Le modèle TIM-E au travers de l'usage de FRED suggère que la projection future pourrait également sous-tendre la définition de soi (D'Argembeau & Van der Linden, 2006 ; D'Argembeau & Mathy, 2011). Nous proposons que les éléments placés sur le plan de vie futur forment des représentations du soi futur en situation, manifestations de l'identité du sujet. Il se définit comme un futur père, un futur joueur d'échec assidu, un conjoint aimant, un futur plongeur sous-marin, un entrepreneur. Ce faisant, il donne corps à ses valeurs et besoins fondamentaux et bien que non advenus, ces éléments contribuent à la définition actuelle de soi et créent un ancrage mnésique positif. Cet ancrage permet d'observer des manifestations positives fortes impactant les attitudes et comportements actuels (cf. « self-defining memories », Singer, et al., 2012).

Ce travail identitaire profond est un soutien majeur dans la dynamique de désistance. Par le biais de FRED et de la projection future, le sujet s'envisage au-delà de la donne et des contraintes actuelles en fonction desquelles il aménage sa vie. Il se projette dans l'avenir en partant de lui, de ses valeurs, et construit ainsi une vie cohérente avec son identité et non une vie où son identité doit s'adapter aux contraintes externes. FRED l'immerge ainsi dans un avenir désistant où l'infraction n'a plus lieu d'être. La projection future permet au sujet de composer sans les stresseurs ou déclencheurs bloquant actuellement sa capacité à percevoir ou envisager la vie sans la transgression.

Par exemple, la pression aujourd'hui ressentie à maintenir une certaine posture face aux pairs dans un microsystème social tel que la cité ou l'anxiété induite par un emprunt conséquent à rembourser n'existent plus dans l'avenir et ne contraignent plus les attitudes et comportements. Cette démarche permet au sujet de prendre du recul et de cerner les éléments en jeu aujourd'hui dans la survenue ou le maintien de l'infraction et devant faire l'objet d'un changement, voire d'une intervention avec le professionnel.

### *L'accompagnement GLM via FRED comme soutien à l'engagement des personnes dans leur accompagnement, l'immersion comme promotion de l'autonomie du sujet*

FRED est un outil attractif pour nombre de sujets. Il rompt avec les représentations de l'accompagnement psychologique et suscite une curiosité certaine. Au-delà de la dimension narrative, le sujet agit sa vie et sur sa vie. Il ne raconte pas son histoire à son praticien, il la lui montre. L'introspection et l'élaboration trouvent un support externe leur apportant une dimension constructive et une structure. Ainsi, FRED invite le sujet à devenir acteur de son accompagnement. A l'amorce du suivi, FRED permet la promotion de l'engagement en renseignant le sujet quant à sa prise en charge et en lui permettant une appropriation de celle-ci (Ward & Brown, 2004 ; Sturgess, et al., 2016).

En effet, l'un des objectifs de FRED est de permettre de conscientiser les besoins d'accompagnement par la mise en lumière des compétences à acquérir pour évoluer du plan de vie présent au plan de vie futur ou pour éloigner les fantômes passés ayant aujourd'hui un impact négatif sur la qualité de vie. La matérialisation de ce plan de vie facilite la prise de conscience par le patient de dissonances entre la manière dont il vit et son identité. Cette démarche lui permet de saisir en quoi l'intervention du professionnel lui sera bénéfique et lui permettra d'atteindre ses buts propres. En effet, un lien s'établit entre les éléments travaillés au sein de la prise en charge et les objectifs de vie concrets de la personne. Apprendre à gérer l'impulsivité n'est pas qu'un moyen de répondre à l'injonction sociale et judiciaire, ce n'est plus un objectif thérapeutique abstrait, c'est une compétence nécessaire pour devenir un bon père ou pour conserver ce nouvel emploi qui nous plait tant.

Les modalités d'accompagnement du GLM via FRED invitent le sujet à adopter une posture active au sein de son accompagnement dont il connait et comprend les objectifs en lien avec ses aspirations personnelles. Il peut ainsi se repérer dans le suivi et s'approprier celui-ci accroissant son engagement au sein d'une démarche tendant à devenir personnelle.

L'absence du thérapeute dans l'environnement visuel de la personne favorise la production libre d'un discours sur soi par soi. La parole se libère plus rapidement que dans un contexte de face à face visuel. Immergé dans un espace qui lui est réservé et concentré sur une tâche exécutive, le sujet est moins soumis aux appréhensions portant sur le jugement induit par son discours, sur les répercussions de ses paroles ou les autres inquiétudes que le patient sous contrainte peut rencontrer. Le sujet appréhende rapidement le fonctionnement de FRED, les différentes tâches qu'il est possible de réaliser et la logique qui les accompagne. Une fois autonome dans ces exécutions, il trouve en FRED un support étayant ses réflexions personnelles, son analyse. Progressivement, il mène sa propre investigation en prenant appui sur les acquis offerts par le support et les interventions du professionnel sont de moins en moins nécessaires. Plus avant, les exercices proposés permettent l'acquisition d'une logique d'analyse reproductible en dehors de FRED. Les compétences de projection future par exemple peuvent tout à fait être utilisées par le sujet pour une prise de décision ou la résolution de problèmes par exemple.

### *Les autres champs d'application actuels*

#### **Le traitement actuel et les perspectives visées**

FRED est aujourd'hui utilisé pour l'évaluation et l'accompagnement individuel et groupal des auteurs d'infraction, en milieu ouvert comme en milieu fermé. Son insertion au sein de protocoles spécifiques variés permet son application auprès de nombreux publics et dans l'accompagnement de problématiques diverses. Il est ainsi utilisé dans le cadre de l'accompagnement des sujets présentant une radicalisation islamique avec risque de passage à l'acte violent au sein des détentions de divers pays européens (projet Three Circles To Desistance « 3C2D », ARCA-CIPM-ULg, 2017-2019) comme pour la prise en charge psychologique d'auteurs sous obligation ou injonction de soins en milieu ouvert ou l'évaluation criminologique de sujets condamnés à de lourdes peines d'incarcération et dans bien d'autres champs encore. Les diverses fonctionnalités de l'outil FRED et ses sous-bassements théoriques issus de TIM-E, du GLM et des approches centrées sur la personne lui confèrent en effet une grande adaptabilité et le rendent applicable dans de nombreux contextes, auprès d'une grande variété de publics et dans le cadre de l'accompagnement de problématiques très diversifiées.

Plus avant, FRED se montre aujourd'hui pertinent dans des domaines autres comme la prise en charge thérapeutique de l'ESPT, l'accompagnement dans le cadre de la réinsertion professionnelle ou encore la préparation à la justice restaurative. Ce sont ces autres champs que nous allons à présent développer.

## Le traitement du traumatisme psychique

Le protocole d'accompagnement avec FRED a été adapté pour les personnes présentant un Etat de Stress Post-Traumatique (ESPT) (Dieu & AlJoboory, 2018 ; Dieu & Lavandier, 2018). Cette déclinaison est intégrée avec réussite à un protocole plus large (AlJoboory, et al. 2019ab), baptisé ORACLE, qui croise différentes approches psychothérapeutiques et victimologiques contemporaines recommandées par l'Organisation Mondiale de la Santé (OMS, 2013), la Haute Autorité de Santé française (HAS, 2007) et le dernier rapport INSERM (2015) sur la prise en charge de l'ESPT. Dans sa globalité, ORACLE articule et intègre des théories et méthodes psychothérapeutiques probantes et reconnues : Thérapies Cognitivo-Comportementales (TCC), Eye Movement Desensitization and Reprocessing (EMDR, cf. Shapiro, 2001), entretien motivationnel, psychodrame psychodynamique, Acceptance & Commitment Therapy, Avatar Therapy. Le protocole d'accompagnement FRED constitue une séquence de l'accompagnement afin de soutenir la projection future d'une vie sans les symptômes liés au psychotraumatisme (Sorel & Dieu, 2020), l'installation des ressources pour stabiliser la personne ainsi qu'établir un lien entre le fonctionnement du présent et les (réseaux de) mémoires pathogènes et ressources passées. Plutôt que de parler des schémas (ou patterns en EMDR) dysfonctionnels ou irrationnels, le GLM invite à parler des « besoins » du sujet et des ressources qu'il utilise pour les combler.

## L'accompagnement des sujets vulnérables dans le cadre du retour à l'emploi

FRED est utilisé dans le cadre social (Dieu & Sorel, 2019 ; Sorel, et al., 2019) des groupes d'accompagnement « Nouveau Départ », « REND-FORT » et « AVENIR » pour les personnes nécessitant un accompagnement pour leur insertion professionnelle et présentant des facteurs de vulnérabilité majeurs empêchant le retour à l'emploi (déficit d'estime, aménagements de vie non propices, défaut d'affirmation...). L'appréciation de la disposition au retour à l'emploi et au maintien dans l'emploi de ces personnes a montré que, comme pour les auteurs d'infraction (McMurran & McCuloch, 2007), les difficultés ne sont pas tant d'origine motivationnelle qu'elle ne découlent d'un défaut de projection future.

Dans cette optique, FRED est utilisé en séance individuelle pour aider les sujets à créer cette projection de soi futur et un plan de vie futur permettant de fixer des objectifs clairs à atteindre et travailler ensuite au développement des ressources adéquates.

**L'accompagnement à la médiation auteur-victime en Justice restaurative**

FRED est utilisé pour la préparation des auteurs et des victimes dans le cadre des médiations restauratives (Dieu, et al., 2018 ; Rodgers, et al., 2018). La définition du plan de vie antérieur et ultérieur à l'acte soutient la mise en lumière et l'expression de ses effets au sein de la vie du sujet. Les sujets, auteurs comme victimes, peuvent ainsi montrer l'impact qu'a aujourd'hui l'acte sur leur vie. La présence de l'avatar permet d'entrer dans la préparation à la médiation par le biais d'une projection de cet autre à qui l'on souhaite communiquer ces éléments. Les plans de vie établis dans FRED sont donc à la fois support d'introspection dans l'analyse des répercussions de l'acte et dans la définition du contenu que le sujet souhaite transmettre lors de la médiation.

**Références**

Al Joboory, S., Soulan, X., Lavandier, A., Tortes-Saint-Jammes, J., Dieu, E., Sorel, O., Bouchard, J-P. (2019a). Psychotraumatologie : Prendre en charge les traumatismes psychiques. Annales Médico-psychologiques revue psychiatrique, in press.

AlJoboory, S., Dieu, E., Sorel, O., Lavandier, A., Tortes-Saint-Jammes, J. (2019b). Trauma complexe chez les victimes d'agressions sexuelles : TIM-E, un modèle intégratif de prise en charge avec immersion en réalité virtuelle. Communication orale, in Congrès International Francophone sur l'Agression Sexuelle, Montpellier.

Benbouriche, M., Nolet, K., Trottier, D., & Renaud, P. (2014). Virtual reality applications in forensic psychiatry. In Proceedings of the 2014 Virtual Reality International Conference (p. 7). ACM.

Chamberlain, E. (2016). The Network Balance Model Applied to EMDR. EMDR International Association Annual Meeting.

Coco, G., & Corneille, S. (2009). Quand la justice restaurative rencontre le Good Lives Model de réhabilitation des délinquants sexuels : fondements, articulations et applications. Psychiatrie et violence, 9(1).

Corneille, S., & Henrard, N. (2017). Le Good Lives Model : un modèle alternatif au modèle de prévention de la récidive. In Erwan Dieu, « Les Innovations Criminologiques », Paris, L'Harmattan.

D'Argembeau, A., & Van der Linden, M. (2006). Individual differences in the phenomenology of mental time travel: The effect of vivid visual imagery and emotion regulation strategies. Consciousness and Cognition, 15: 342–350.

D'Argembeau, A., & Mathy, A. (2011). Tracking the construction of episodic future thoughts. J Exp Psychol Gen., 140(2): 258-71.

Dieu, E. (2016). « Du modèle temporaliste TIME au protocole PRATIC : l'effectivité du GLM ». Conférence orale plénière, GOOD LIVES MODEL, Première rencontres internationales francophones, Tournai, Belgique.

Dieu, E. (dir). (2017). Les innovations criminologiques. L'Harmattan.

Dieu, E., & AlJoboory, S. (2018). L'apport de la réalité virtuelle dans l'élaboration du Good Life Plan appliqué aux victimes. Retour du Centre Psychotraumatologique CASPERTT. Communication orale, in GOOD LIVES MODEL (GLM) : Deuxièmes journées internationales francophones, Tournai, Belgique.

Dieu, E., & Lavandier, A. (2018). L'approche temporelle basée sur les plans de vie, avec immersion en réalité virtuelle, pour accompagner les patients victimes. Communication orale, in Psychotraumatisme : enjeux et perspectives, Journées du Centre Psychotraumatologique CASPERTT, CHU Cadillac, Bordeaux.

Dieu, E., & Sorel, O. (2019). Protocole FRED : L'accompagnement social et de la santé en Réalité Virtuelle. Communication orale, in Les Ados, Les Parents Et Les Professionnels Dans La Société Numérique. 10e journées nationales de la Maison des Adolescents, Lille.

Dieu, E., Issen, E., Sorel, O. (2019a). « S'essayer au Modèle « Good Lives » (GLM) dans l'accompagnement psychosocial des infracteurs ? Illustration du suivi entre vous, nouveau GLMiste, et Gérard MENVUSA, nouveau délinquant. » In Combalbert, N., & Rothé, S. Incarcération, vulnérabilités et interventions sociales. L'Harmattan.

Dieu, E., Sorel, O., AlJoboory, S., Tortes-Saint-Jammes, J. (2019b). Le Modèle de l'Identité Temporelle (TIM-E) en criminologie ? Des interventions positives centrées sur le futur des sujets. Communication orale, in Congrès International Francophone sur l'Agression Sexuelle, Montpellier.

Dieu, E., Sorel, O., Testouri, L., Dandonneau, V. (2018). Innovative pratices of restorative justice in France – the contribution made by virtual reality. Oral communication, in 10th international conference of the European Forum of Restorative Justice, Tirana, Abania.

Gannon, T.A., & Ward, T. (2014). Where has all the psychology gone?: A critical review of evidence-based psychological practice in correctional settings. Aggression and Violent Behavior, 19(4): 435-446.

Hase, M., Balmaceda, U.M., Liebermann, P., Hofmann, A. (2017). The AIP Model of EMDR Therapy and Pathogenic Memories. Frontiers in Psychology, 8: 1578.

McMurran, M., & McCulloch, A. (2007). Why don't offenders complete treatment? Prisoners' reasons for non-completion of a cognitive skills programme. Psychology, Crime et Law, 13(4): 345-354.

McNeill, F. (2006). A desistance paradigm for offender management. Criminology and criminal Justice, 6(1): 39-62.

Opriş, D., Pintea, S., García-Palacios, A., Botella, C., Szamosközi, Ş., David, D. (2012). Virtual reality exposure therapy in anxiety disorders: a quantitative meta-analysis. Depression and anxiety, 29(2): 85-93.

Rodgers, I., Dieu, E., Sorel, O. (2018). Benefits of Virtual Reality in Restorative Justice Practices. Oral communication, in RESTORATIVE JUSTICE: VISION AND PRACTICE, Maryland's 7th Restorative Justice Conference, University of Maryland Baltimore County, Maryland.

Rogers, C. (1968). Le développement de la personne. Paris, Dunod.

Shapiro, F. (2007). EMDR, adaptative information processing, and case conceptualization. Journal of EMDR Practice and Research, 1(2): 68-87.

Singer, J., Blagov, PS., Berry, M., Oost, K. (2012). Self-Defining Memories, Scripts, and the Life Story: Narrative Identity in Personality and Psychotherapy. Journal of Personality, 81(6) : 569–582.

Sorel, O., & Dieu, E. (2019). L'intérêt des Entretiens Temporels du Modèle TIM-E dans l'accompagnement social en détention. In N. Combalbert & S. Rothé. Incarcération, vulnérabilités et interventions sociales. L'Harmattan, collection Logiques sociales.

Sorel, O., & Dieu, E. (2020). Penser le traumatisme dans sa temporalité (TIM-E) : Accompagnement en réalité virtuelle avec FRED. Communication orale, in Le traumatisme et ses imprévisibles : vers une diversité des accompagnements. Congrès international de psychothérapie intégrative, Nîmes.

Sorel, O., Lievens, J., Toelen, R., Thuillier, W., Dieu, E. (2019). Effets du programme REND-FORT sur le développement des compétences psychosociales de patients isolés et éloignés des parcours de soins et de l'emploi. Communication orale, 47ème Congrès annuel de Thérapie Comportementale et Cognitive, AFTCC, Paris.

Sturgess, D., Woodhams, J., Tonkin, M. (2016). Treatment engagement from the perspective of the offender: reasons for noncompletion and completion of treatment—a systematic review. International journal of offender therapy and comparative criminology, 60(16): 1873-1896.

Ward, T., & Fortune, CA. (2016). From dynamic risk factors to causal processes: A methodological framework. Psychology, Crime & Law, 22: 190-202.

Ward, T., Melser, J., Yates, P.M. (2007). Reconstructing the Risk–Needs–Responsivity model: A theoretical elaboration and evaluation. Agression and Violent Behavior, 12: 208-228.

Ward, T., Yates, P.M., Willis, G.M. (2012). The Good Lives Model and the Risk Need Responsivity Model: A critical response to Andrews, Bonta & Wormith (2011). Criminal Justice and Behavior, 39(1): 94-110.

Ward, T., & Brown, M. (2004). The Good Lives Model and conceptual issues in offender rehabilitation. Psychology, Crime & Law, 10: 243-257.

Ward, T., & Maruna, S. (2007). Rehabilitation : Beyond the risk assessment paradigm, Londres, Routledge.

Ward, T., Day, A., Howells, K., & Birgden, A. (2004). The multifactor offender readiness model. Aggression and Violent Behavior, 9: 645-673.

Willis, G.M., Ward, T., Levenson, J.S. (2014). The Good Lives Model: An evaluation of GLM operationalization in North American treatment programs. Sexual abuse: A Journal of Research and Treatment, 26(1) : 58-81.

## Chapitre 9 : L'apport de l'orientation « Good Lives » du programme CéSURE auprès des femmes en détention

Dr Erwan DIEU, Mélanie SEVE, Marjolaine MERE

### 1. Pourquoi CéSURE auprès des femmes en détention à Roanne ?

#### *Contexte, cadre de la demande et perspectives psycho-criminologiques*

Ce dispositif a été mis en place à l'initiative de la Direction Interrégionale des Services Pénitentiaires de Lyon, en amont de la demande de la Direction de l'Administration Pénitentiaire (DAP) de mettre en place des Programmes de Prévention de la Radicalisation Violente (PPRV). En effet, au regard des attentats et actes terroristes commis sur le territoire français à partir de 2015, et à la suite du constat régulier du parcours carcéral de certains auteurs, l'administration pénitentiaire a décidé d'adapter et de repenser l'accompagnement de son public dans un objectif tant de prévention (primaire et secondaire) que de traitement. Pour répondre à ce récent besoin, elle a notamment fait appel à des prestataires extérieurs tels que l'ARCA, Service de Criminologie qui avait pensé un protocole (CéSURE) basé sur un modèle (les perspectives de vie) pouvant satisfaire cette demande nouvelle. Nous présentons ici une réflexion psycho-criminologique sur la radicalisation en lien avec le protocole et les modèles d'intervention (Modèle de l'Identité Temporelle « TIM-E » et Good Lives Model « GLM »), puis le public et la méthode d'intervention. Une partie est consacrée à la méthodologie choisie pour la mise en place organisationnelle du programme au sein d'une détention française. Enfin, la dernière partie, plus conséquente, présente les retours qualitatifs concernant les 4 modules d'intervention en plus de la phase d'évaluation (entrée et sortie) du programme.

Selon Decety, et al. (2017), la radicalisation prend source dans des vulnérabilités issues de situation à fort impact psychologique remettant en question les valeurs de la personne et observables d'un point de vue neuropsychologique. Toutefois au sein des parcours de vie, il n'y a pas de détection systématique de PTSD, voire plus généralement de critère A aux situations. A partir de ce constat, il y a 1) la question du traitement des mécanismes psychologiques primaires (causaux) au sein de la radicalisation désormais conceptualisés sous l'angle des émotions (Trip, et al., 2019) et sans référer de facto au champ du PTSD. Il y a 2) la question du traitement des mécanismes fonctionnels secondaires (dynamiques) dits « Needs, Narratives, Network » qui renforcent les mécanismes primaires (Bélanger, et al., 2019 ; Kruglanski, et al., 2019).

CéSURE émet alors l'hypothèse que la radicalité est un recours symptomatologique d'une vulnérabilité identitaire dans une situation issue d'apprentissages développementaux. Hase et al. (2017) rappellent que le critère A n'est pas nécessaire à la construction de mémoires implicites pathogènes et de réseaux de mémoire dysfonctionnels engendrant des processus psychopathologiques divers. Le Network Balance Model (Chamberlain, 2016, 2017) décrit le « processus de traitement de l'information » de l'être humain comme un bâtisseur de mémoires positives ou négatives retraitables par une intervention psychologique. Ainsi, les mémoires pathogènes présenteraient dans leur expression des risques comportementaux et cognitifs, tandis que les mémoires ressources faciliteraient la mobilisation des facteurs de protection. Il s'agit alors de répondre aux contributions récentes des neurosciences en criminologie (Ward, et al., in press) qui permettraient d'installer ou développer chez le sujet des ressources en tant que facteurs de protection dans une conception de psychopathologie forensique (Smith, et al., 2017). En développant précisément des ressources positives et pertinentes, CéSURE interviendrait sur les éléments causaux des vulnérabilités radicales (Lindekilde, et al., 2017 ; Silke & Veldhuis, 2017).

### *Bref rappel de CéSURE et des modèles mobilisés*

Expliquons brièvement le dispositif CéSURE[10] (Dieu, 2016a ; Dieu, et al., 2019a ; Dieu & Sorel, 2019). CéSURE propose trois cercles d'intervention (Primaire : restauratif/d'insertion, Secondaire : réhabilitatif, Tertiaire : évaluatif) au sein desquels quatre éléments sont à travailler (Dieu, et al., 2019e). Tout d'abord, CéSURE aborde les « investissements » de vie, c'est-à-dire à quel point le sujet estime qu'une sphère de vie devient prioritaire dans la détermination de son comportement, quel est le degré de motivation à investir la sphère estimée par le sujet. Puis est évoquée la « cristallisation » des convictions entourant la sphère, autrement dit, à quel point les valeurs et représentations (définition personnelle) de la sphère étaient importantes pour l'identité de la personne avant le processus de radicalisation, et quelle est leur valeur aujourd'hui (notion de stabilité de la sphère). Ensuite, le programme questionne la « proximité à l'idéologie », soit à quel point les valeurs et représentations de la sphère reflètent l'idéologie extrémiste (notion d'intégration de l'idéologie et de la légitimité de la violence).

[10] Le protocole CéSURE est également implanté en Belgique, Italie et France via la Recherche-Action « 3C2D » (Three Circles To Desistance) financée par la Commission Européenne dans le cadre de la lutte contre le Terrorisme extrémiste et la radicalisation (2018-2020).

Pour finir, il s'intéresse à la « temporalité » en interrogeant l'évolution de la sphère concernant les précédentes caractéristiques entre avant et après le processus de radicalité possible. Cette évolution est interrogée sous l'angle socio-cognitif, c'est-à-dire via la perception que l'individu se porte. D'un point de vue psycho-criminologique, le « temps » renvoie ici à la fois à la projection réussie ou à l'obstacle d'un futur, d'une confiance que le sujet s'accorde ou non dans la maîtrise de son espace à travers les différents temps, et la capacité à planifier / concrétiser ses aspirations éventuelles. Le dispositif d'accompagnement CéSURE vise donc à établir des perspectives d'avenir aux sujets sur la base du Modèle TIM-E (Dieu, 2016b), à repenser sa vie via l'équilibre de ses besoins fondamentaux (Good Lives Model, Ward & Brown, 2004) tout en prenant en considération les éléments polluants et soutenants du Plan de vie, facteurs de risque et facteurs de protection face à la récidive (Heffernan & Ward, 2017; Ward & Fortune, 2016, 2017; Ward, 2016, 2017). La mise en action de l'intervention croise avec l'approche temporelle les approches motivationnelles (Chartier, et al., 2016), les interventions cognito-comportementales et émotionnelles (Dieu, et al., 2016 ; Sorel & Dieu, 2016) et le traitement adaptatif de l'information (Sorel & Dieu, 2018). Nous rappelons ici succinctement les modèles en question, TIM-E et GLM (cf. chapitres 1, 2 et 3 pour plus de détails).

Le Modèle (intégratif) de l'Identité Temporelle (TIM-E, Dieu, 2016a) propose de travailler avec le temps et de se combiner au GLM pour une criminologie centrée sur la personne et son évolution : le passé, le présent et le futur de la personne. TIM-E est un modèle intégratif qui offre la possibilité aux auteurs d'infractions (PPSMJ) de travailler d'un point de vue synchronique (sur les éléments causaux et fonctionnels) et diachronique (évolution dans le temps). TIM-E émet l'hypothèse positive que les sujets désirent avant tout atteindre un avenir épanouissant en accord avec leurs valeurs (Dieu, et al., 2019b). Il repose sur la théorie neuropsychologique du processus de traitement de l'information basé sur le retraitement des (réseaux de) mémoires (pathogéniques et ressources) (Shapiro, 2007 : Hase, et al., 2017 ; Dieu & Tortes Saint Jammes, 2019). Le rapport de la mémoire à la temporalité est vécu par tous les sujets et impacte leur identité, y compris dans la construction de leur futur. TIM-E conceptualise les perspectives d'accompagnement de l'« Identité Temporelle » du sujet en mouvement dans le temps et orientées vers l'avenir (notions de « Trajectoires »). Le vécu subjectif des perspectives futures (ou « Souvenir du Futur ») facilite les buts de vie et leur planification, l'apprentissage des comportements, le lien relationnel, en lien avec des besoins psychologiques personnels (D'Argembeau & Van der Linden, 2006).

La méthode des Entretiens Temporels (ET, Sorel & Dieu, 2019) repose sur les trois principes d'action « CDR » (Construction-Disposition-Réalisation), c'est-à-dire une intervention dans laquelle la place proposée à la personne s'inscrit dans un scénario de réussite de sa vie (Construction), pour favoriser son sentiment d'efficacité (Disposition) et sa planification (Réalisation). Pour s'inscrire dans une démarche d'intervention en criminologie, TIM-E intègre ici le GLM (Dieu, 2020 ; Dieu, et al., 2019c) qui occupe une place essentielle dans le protocole CéSURE (Dieu & Sorel, 2018).

Le « Good Lives Model » (GLM- cf. Chapitre 1) (Ward & Brown, 2004) est un modèle de réhabilitation des délinquants qui propose une manière positive et constructive d'intervenir en collaboration avec les délinquants, tout en orientant le traitement sur les forces du sujet plus que sur ses déficits ou ses risques (Ward, et al., 2006). L'objectif premier est de permettre aux délinquants de construire et maintenir une vie harmonieuse. La réhabilitation du délinquant est conditionnée à sa qualité de vie plus qu'à la prévention d'une éventuelle récidive. Pour atteindre son bien-être, le sujet cherche à atteindre ses besoins fondamentaux que sont la connaissance, l'excellence dans le jeu et dans le travail, l'autonomie et la capacité d'autodétermination, la paix intérieure, la qualité des relations, le lien social, la communauté, la spiritualité, le bonheur et la créativité (Ward & Stewart, 2003). Toutefois, pour atteindre les besoins primaires cités ici, le sujet met en place des actions concrètes, des besoins secondaires instrumentaux, pouvant ne pas être conformes à la Loi. Le délit devient alors un moyen inadéquat pour satisfaire des besoins nécessairement adéquats. Pour éviter la récidive, l'intervention doit s'affranchir du regard normatif posant sur le sujet un discrédit ou une déviance ; le professionnel considère ici le délinquant comme un équivalent de besoins fondamentaux et travaille avec lui de manière collaborative à la recherche de ses besoins primaires afin de le disposer du mieux possible à un accompagnement complet (Ward, et al., 2004), la cohérence de son Plan de vie et les moyens adéquats pour y parvenir et trouver de la satisfaction dans son quotidien (Ward, et al., 2007).

***Pourquoi auprès des femmes en détention et pourquoi le pari de l'interdisciplinarité ? CPIP, psychologue, éducateur, surveillant, cheffe de détention… Un programme pour et par l'Administration Pénitentiaire***

C'est une réflexion commune de l'équipe de terrain qui a mené au choix du public féminin pour l'application du programme CéSURE, déclinaison auprès des vulnérabilités radicales / identitaires du GLM et TIM-E. C'est en effet un public reconnu pour être plus enclin à se mobiliser et à investir ce type de programmes, étant moins souvent destinataires de ces actions.

CéSURE permettait de mettre en place une action de prévention auprès de ces participantes non repérées par le renseignement. Enfin, à partir du constat d'une implication plus massive des femmes dans le mouvement djihadiste a suivi un durcissement significatif de la politique française en matière de judiciarisation. Il y eut de fait une augmentation significative du nombre de femmes incarcérées pour des faits de terrorisme[11]. Ainsi, le choix de cette population est apparu tout à fait pertinent au sein des Services pénitentiaires. Notons que depuis cette expérience positive, CéSURE a de nouveau été appliqué de manière générale sur le territoire Rhône-Alpes Auvergne (DISP Lyon), mais aussi précisément à ce public féminin comme à Fleury-Merogis et à Fresnes. Les problématiques rapidement repérées relevaient de vulnérabilités qui confinaient à des formes d'emprise variées (addictions, emprises relationnelles, violences, histoires personnelles), liées notamment à un manque d'estime de soi, très présent chez ces femmes. Ainsi, l'objectif était de prendre en charge ces femmes détenues sur un dispositif groupal, consolidé par un accompagnement individuel quand cela le nécessitait. Il était visé un étayage de chacune via les ressources du groupe, l'identification aux paires et le renforcement des identités individuelles soutenus par l'identité groupale. Le postulat était que chacune des participantes amorcerait un processus de consolidation de soi, les disposant à intensifier leur *empowerment*, les rendant ainsi plus actrices de leur vie, de leurs actes, et les amenant à se responsabiliser davantage.

Au sein des réflexions, puis de l'évaluation et du suivi, l'interdisciplinarité a amené des aspects positifs. D'une part, les regards croisés, dont la richesse repose sur la multiplication des compétences et des points de vue, permettent une évaluation plus objective et précise, pour une prise en charge globale de la personne, dans tous ses aspects. Cette interdisciplinarité a, en outre, permis d'enrayer les limites et difficultés liées à un accompagnement porté par un professionnel seul. En effet, l'analyse se focalise moins sur un aspect de la clinique et de la dynamique de groupe, mais bien sur un fonctionnement global. Par ailleurs, ce métissage des métiers va dans le sens des orientations mentionnées par les Règles Européennes de la Probation (REP) qui encouragent les commissions pluridisciplinaires et l'harmonisation entre les professionnels dans la construction du parcours du détenu. Les personnels de la détention deviennent alors un maillon essentiel dans le processus de changement de la personne, rendant la détention indissociable de la prise en charge et de l'accompagnement. Enfin, et au niveau des professionnels, la formation des différents acteurs de terrain permet l'élargissement du champ des compétences de chacun.

---

11 DISP, Paris, Note d'analyse du phénomène de radicalisation chez les femmes détenues : évaluation et prise en charge.

## 2. Quelle méthodologie pour mettre en place CéSURE auprès des femmes détenues ?

***1re phase de sélection : détermination d'un calendrier d'action et présentation du dispositif aux détenues***

L'équipe a été pensée en deux entités complémentaires. La première assurait l'animation. Elle était constituée de la psychologue et l'éducatrice du binôme de soutien, de deux Conseillères Pénitentiaires d'Insertion et de Probation (CPIP), d'une Directrice Pénitentiaire d'Insertion et de Probation (DPIP), d'une cheffe de détention et de deux personnels de surveillance. En arrière-plan, la directrice de détention et la cheffe de l'Unité Méthodologique d'Accompagnement étaient présentes pour les Comités de Pilotage et ont représenté un soutien important dans la mise en place du programme. Au vu du nombre d'animatrices, des personnes référentes ont été nommées au sein de l'équipe, servant de "fil rouge" durant le programme. Ainsi, un des membres du binôme de soutien était présent alternativement lors de chaque séance. Cela a permis de maintenir une continuité d'accompagnement et un lien de confiance auprès des participantes. En parallèle, un écrit était rédigé par les animatrices à la fin de chaque séance, permettant à l'ensemble des membres de toujours être au fait du déroulement des sessions. Sur le plan de l'organisation calendaire, l'équipe fut formée pendant neuf jours sur la période de Mai et Juin 2016. Puis trois comités de Pilotage se sont déroulés entre septembre et novembre 2016, avant d'entamer les entretiens d'évaluation et de sélection pour enfin débuter le programme à la fin du mois de novembre. L'accompagnement, déployé en quatre modules, s'est achevé en février 2017 sur une séance de clôture avec les participantes. Une réunion d'équipe a permis de bilanter l'action par la suite. Enfin, des entretiens ont été menés individuellement pour permettre une évaluation tant du programme que des évolutions personnelles des participantes. Par ailleurs, un retour a été fait à l'unité Sanitaire, concernant les participantes qui y étaient prises en charge.

De cette expérimentation et sur le plan de l'organisation, nous observons que la mise en lien avec la détention est primordiale. Il est fondamental de communiquer sur le groupe et sur ses objectifs, sur l'importance du cadre et des règles fixées dans le groupe. Sans ces précautions, le groupe et sa dynamique pourraient rapidement être mis en difficulté par le fonctionnement même de la détention. Sur le plan de la communication du programme en détention, il fut choisi par l'équipe d'ouvrir une réunion à toutes les détenues afin de leur présenter le dispositif.

L'équipe s'est présentée dans sa globalité afin que les futures participantes puissent d'une part, identifier chacun des membres, d'autre part qu'elles puissent mesurer le côté novateur de ce groupe. En effet, une telle pluridisciplinarité au sein d'une animation et d'un accompagnement groupal n'avait jamais été expérimentée dans cette détention. Le cadre bien spécifique illustrait alors pour les détenues la volonté très particulière de l'établissement d'orienter tous les professionnels vers la prise en charge, bien au-delà des missions premières de certains. L'objectif de cette présentation était alors de mobiliser et d'intégrer des personnes motivées et actrices du dispositif, puisque l'inscription ne pouvait se faire qu'à leur demande, sans promesse de bénéfice autre que le travail qu'elles mèneraient avec ce groupe.

### *2e phase de diagnostic professionnel : Éléments de personnalité et choix des critères d'inclusion et d'exclusion*

Au regard des entretiens d'évaluation, les professionnels se trouvaient face à des personnes qui présentaient une motivation jugée pertinente pour intégrer le groupe. Cependant, elles présentaient également certaines vulnérabilités, de l'ordre de l'addiction, de leur propre violence, mais également de l'influence du groupe et/ou d'une personne, ou d'un sentiment d'infériorité lié à une estime de soi très faible, ce qui constituait à nos yeux des formes d'emprise, et ainsi qui légitimait leur intégration dans le programme. Il a été décidé d'exclure toutes les personnes qui présentaient des pathologies psychiatriques envahissantes. Les personnes visées risquaient d'entraver la dynamique et la sécurité (psychique) du groupe. N'ont pas été retenues également les personnes ne maîtrisant pas la langue française. Enfin a été exclue après la première séance une personne qui risquait de mettre en péril la confidentialité du groupe et ainsi de mettre à mal la confiance qui est fondamentale à la dynamique. Les critères d'inclusion quant à eux, comprenaient la personnalité des détenues, les vulnérabilités qu'elles présentaient mais également la compatibilité avec un format groupe au regard de leur fonctionnement, afin d'assurer une dynamique globale fonctionnelle. Au cours du programme, trois personnes ont quitté le groupe. La première a été libérée. La deuxième a choisi de partir car le dispositif était trop bousculant, notamment au regard des diverses prises en charge psychologiques qu'elle avait en parallèle. Enfin, la dernière a évoqué une temporalité compliquée pour ce type de questionnements au vu de sa sortie très lointaine.

***3**e* ***phase d'entretien : Sélection définitive des membres en lien avec le protocole d'évaluation du dispositif***

Chacune des participantes fut reçue en entretien individuel à deux reprises avant le début du groupe, soit par un des membres du binôme, soit par une CPIP. Lors de ces entretiens, l'objectif était tout d'abord de commencer à construire un premier lien fondamental avec l'une des animatrices, dans lequel a éclos les prémices de la confiance. Ce temps a également permis de redéfinir le cadre, les objectifs et le fonctionnement d'un groupe. Par les passations d'outils, les participantes ont pu expérimenter la philosophie du programme. Ces entretiens avaient également vocation à évaluer leur capacité à intégrer le groupe, c'est-à-dire mesurer la manière dont la dynamique allait pouvoir se construire, en rapport à leurs compétences sociales et à l'investissement de la sphère relationnelle dans leur vie, via les entretiens de Plan de Vie (Dieu, E., et al., 2020). Ensuite, avec la méthodologie d'évaluation des besoins fondamentaux et de l'identité radicale (Dieu, et al., 2019e), ont été évalués les investissements émotionnels et intellectuels de chacune des possibles participantes. Cette évaluation a permis d'amorcer chez les participantes une réflexion qui fut travaillée au sein du groupe, tout au long du programme. La disposition des participantes possibles fut également évaluée (Ward, et al., 2004), ainsi que, plus précisément sur un plan d'engagement personnel, leur disposition au changement sur base du modèle transthéorique (Prochaska, et al., 1992). Il était nécessaire de connaître de manière plus précise où elles se situaient, afin de garantir une hétérogénéité au sein du groupe.

Ces premières rencontres ont permis aux professionnels de prendre la mesure de la disposition à l'intervention, c'est-à-dire de mesurer les facultés et les capacités à bénéficier de ce dispositif (McMurran & Ward, 2010). La qualité de la relation et de l'alliance qui s'amorçait dans ces temps en était un élément fondamental. L'Entretien Temporel (Dieu, 2019) a permis de récolter de nombreux éléments sur la capacité de chacune à se projeter dans le futur, à investir le présent, mais également sur leur *empowerment* (capacité à être actrice de sa vie et à agir sur son destin) et sur leur estime d'elles-mêmes. Sur le plan des besoins cliniques et de la qualité de vie (Dieu, 2017), des indications cliniques de leur état ont pu être notées et partagées, tant sur le plan des cognitions, que sur les plans émotionnels, comportementaux ou situationnels. Ces (deux) entretiens ont produit une photographie de la vie des détenues, de leurs investissements et du regard qu'elles y portaient. Nous avons pu constater les nombreux biais cognitifs (c'est-à-dire les décalages entre le regard qu'elles portaient et la réalité), que nous avons régulièrement pu relier à la vision d'enfermement qu'elles avaient d'elles et de leur vie.

Ces entretiens furent fondamentaux pour construire une dynamique solide portée par une hétérogénéité positive des participantes. Nous avions alors une base fonctionnelle afin d'évaluer dans le temps l'évolution individuelle et groupale, ainsi que la pertinence du programme. Du fait de ce travail autour des sphères de vie, amorcé par un entretien individuel autour de ces questions, la notion de bonheur a pu également émerger. Étaient-elles heureuses dans leur situation actuelle ? Pouvaient-elles agir sur la situation et de quelle manière ? Quel est le lien avec l'infraction ? Quel futur viser ? Autant de questions disposantes au suivi et génératrices d'observation des facteurs (risque dynamique / protection - interne et externe) à travailler.

## 3. Quels retours de ces 4 modules CéSURE auprès des femmes détenues ?

***Retours du Module 1 : vers une prise de conscience et la construction d'une identité sociale.***

Ce module 1 a contribué à construire le groupe et sa dynamique. Le cadre, dont les limites ont beaucoup été questionnées dans un premier temps, a permis d'établir la confidentialité et la confiance entre les participantes. Bien que régulièrement testé pour en vérifier la solidité, il fut résistant et a pu garantir la sécurité psychique du groupe. Ainsi a pu se construire et se pérenniser la cohésion du groupe, dont ont découlé le soutien entre les participantes, le respect et la confiance. Chacune a pu de manière plus sereine s'engager entièrement dans le travail qui était proposé, trouver sa place, et donc son rôle au sein du groupe, ce qui a permis d'amorcer ainsi la construction d'une identité sociale.

*En effet, et très rapidement, l'une des participantes s'est positionnée en médiatrice dans un conflit entre deux détenues, ce qui lui a octroyé par la suite un rôle de leader positif tout au long du programme. Une autre participante, beaucoup plus discrète, a tenu un rôle de soutien auprès des autres, ce qui lui permettait de travailler des problématiques personnelles en écho sans avoir à trop s'exposer. Une autre encore qui avait du mal à s'ajuster aux autres (du fait de sa problématique, liée à la distance à l'autre) et qui était régulièrement inadaptée, s'est trouvée parfois en conflit avec le leader positif. Au fil du temps, elle a su trouver sa place via l'auto-régulation générée par le groupe lui-même.*

Lors des exercices, les participantes ont pu s'essayer à la décentration, en se mettant à la place de l'autre, en jouant les rôles, en incarnant des sphères de vie d'une autre participante, esquissant pour certaines les premiers jalons d'une potentialité empathique.

Ces mises en situation ont régulièrement facilité une remise en question via un effet miroir auprès des participantes, mais également un écho intéressant pour les personnes qui n'étaient que spectatrices des exercices. Par ce fait, le groupe eut régulièrement une fonction cathartique auprès des détenues.

*L'une des participantes a fait l'expérience de cet effet miroir. En se percevant à travers une autre participante qui jouait son rôle, elle a alors pris conscience de ce qu'elle renvoyait d'elle-même, se montrant souvent de mauvaise humeur et râleuse. Cela lui a permis de faire le lien entre son caractère, ses émotions négatives et sa difficulté à investir des liens sociaux, faisant émerger une réflexion sur son comportement en société et dans son groupe de pairs.*

Au fil des séances, nous observons à une prise de conscience, par les participantes, des écarts entre leur plan de vie actuel et ce qu'elles auraient souhaité (principes des « trajectoires »), le positionnement de chacune au sein de ses sphères de vie, les choix de leurs investissements relationnels. Elles ont pu réaliser que les personnes et activités qui balisaient leur vie n'étaient pas toujours adaptées pour satisfaire leurs besoins, besoins qu'elles avaient par ailleurs souvent peu ou mal identifiés.

*Pour exemple, l'une des participantes a pu évoquer et symboliser via cet exercice, la place qu'elle donnait à ses enfants ainsi qu'à sa sœur décédée. Elle a pu constater que le surinvestissement relationnel qu'elle entretenait vis-à-vis de sa sœur entravait le lien avec ses enfants. Elle fut alors étonnée du rapport qui lui était tout à fait insoupçonné jusqu'alors entre ces deux aspects, et nous avons pu travailler sur la manière dont elle pouvait agir dessus.*

Ainsi commençaient à se poser plusieurs questions : quels étaient leurs besoins ? Comment les satisfaire ? En écho avec les entretiens individuels, a pu être formulée la notion d'être actrice de sa vie et de faire les choix qui mènent au bonheur, en agissant sur ses sphères. Elles ont pu prendre la mesure des divergences et des liens entre leur corps, leur esprit et leurs relations sociales et également identifier leurs difficultés autour de problématique(s) précise(s), et ainsi construire des solutions à l'aide du groupe. Encore une fois, elles ont pu réaliser le pouvoir qu'elles avaient d'agir sur ce qu'elles pensaient devoir uniquement subir.

*Pour souligner notre propos, prenons en exemple cette participante qui ne faisait aucun lien entre son bien être psychique, physique et ses relations sociales. L'outil lui a permis de comprendre que les trois sphères du Corps, de l'esprit et des relations sociales étaient étroitement liées.*

*Le groupe, en soutien à son questionnement et sa réflexion, a facilité la mobilisation de ses ressources et a permis de lui faire prendre conscience que c'est en modifiant et retravaillant prioritairement sa sphère relationnelle qu'elle parviendrait à se sentir mieux dans son esprit et son corps. Ainsi, et sur le plan de la motivation au changement, nous avons assisté au passage d'une étape, de la pré-contemplation à la contemplation.*

Le dispositif a permis aux animatrices d'observer le manque d'authenticité et/ou les manœuvres de certaines participantes, procurant ainsi des éléments de personnalité, essentiels à l'aiguillage de l'accompagnement pour leur suivi individuel.

***Retours du Module 2 : de la disposition au changement à la représentation de soi en termes de valeurs.***

La première séance du module 2 démarra après une interruption de deux semaines durant la période des fêtes de fin d'année. Cet intermède dans le programme avait ainsi engagé chez les participantes une réflexion autour de leurs dispositions au changement et une prise de conscience de leurs capacités. Il leur a fallu faire preuve d'un fort investissement et elles ont dû se remobiliser massivement pour poursuivre et approfondir ce travail d'introspection. Les exercices visaient notamment la « décentration » (exercice de restructuration cognitive). Lors de la première séance, les participantes devaient parler d'elles via un objet précieux qui introduisait une distance affective (tiers objet). Cela leur a permis d'élaborer des réflexions et de formuler des interrogations autour de l'estime de soi, de l'image d'elles-mêmes, ainsi que de ce qu'elles renvoient aux autres. Elles ont même, pour certaines, découvert à travers cet exercice, des choses importantes à leurs yeux qu'elles n'avaient pas conscientisées.

*Une des participantes a choisi une bague, selon elle, peu importante (elle a tout de même porté son choix sur cet objet) et a pu, au fil des consignes, nous évoquer la question de la féminité et de la beauté dans un quotidien en détention, de la difficulté pour elle de perdre cet aspect, très lié à son identité. Une autre participante a choisi un cochon en pâte à sel, choix argumenté par la charge émotionnelle qu'il portait (cadeau de son fils). Elle a pu décrire ce cochon sale, qui sent mauvais, abîmé et nous avons pu faire le lien par la suite entre cet objet qu'elle avait choisi et l'image qu'elle avait d'elle-même. En effet, elle se perçoit comme une femme abîmée (elle a subi des opérations physiques qu'elle vit comme des mutilations), pas très jolie (à l'image de ce cochon... ?) et il fut intéressant pour nous de noter la problématique autour de l'estime de soi qu'elle présentait ici et qu'elle a pu identifier par la suite et commencer à travailler.*

Enfin, furent également mis en exergue des questionnements sur l'interchangeabilité de l'autre et de soi, et sur l'investissement des relations sociales. Cet exercice a en outre permis aux animatrices d'observer chez certaines participantes leur difficulté à se décentrer. Il a pu être transmis par la suite l'axe d'un travail plus intensif autour de l'empathie dans leur suivi individuel.

Lors du deuxième exercice, le but était de prendre conscience que ses propres valeurs et convictions imprègnent la façon de voir de chacun, donnent une grille de lecture sur le monde. L'objectif était d'identifier les éléments qui leurs appartiennent du fait de leurs parcours de vie et de s'en distancier. Les situations évoquées et mises en scène, bien que faisant écho aux histoires des participantes, se devaient d'être questionnées afin que chacune y travaille son point de vue et son fonctionnement. Les participantes échangeaient des lunettes, qui symbolisaient chaque fois une manière de regarder le monde différemment, un autre regard, pour essayer de se mettre à la place de l'autre. Les animatrices ont pu observer durant cette séance le renforcement du lien de confiance qui se créait entre les participantes.

Celles-ci devenaient plus étayantes dans les situations et échangeaient beaucoup entre elles. Nous observons une prise de conscience de leur évolution dans leur réflexion depuis le début du programme. Elles sont parvenues durant cette séance à mettre à distance et à conscientiser des investissements relationnels nocifs. Il s'est dessiné une restructuration des biais cognitifs. Plutôt que de s'axer sur les aspects négatifs, elles prenaient conscience du positif, abaissaient les rationalisations morales et les justifications aux actions infractionnelles ou peu sociales. Cette séance a pu questionner l'interprétation qu'elles ont du comportement de l'autre, les aidant à réaliser qu'elles attribuaient des pensées ou attitudes du fait de leurs propres jugements, émotions, valeurs et croyances.

Il s'agissait lors de la troisième séance, de mettre en place des stratégies pour atteindre ses objectifs (liés aux sphères de vie travaillées dans le premier module). Cet exercice venait interroger les ressources internes de chacune, et ce qu'elles étaient prêtes à laisser de côté (ou qu'elles devaient laisser de côté) pour parvenir à leur but. Cet exercice venait mettre en lumière et questionner, chez certaines participantes, la valeur de l'aide dans les relations affectives et/ ou sociales. Cette séance visait à faire comprendre aux participantes qu'elles ont des ressources personnelles, mais qu'elles doivent également apprendre à reconnaître les ressources externes qui existent autour d'elles, et s'en saisir lorsqu'elles atteignent leurs propres limites, qu'elles ont pu identifier au cours de cette séance.

*Une participante nous a évoqué la difficulté de demander de l'aide, du fait qu'elle ressentait un endettement, l'impression de devoir quelque chose en échange. Ainsi, cela nous a permis d'une part, de questionner cet aspect, assez récurrent chez toutes les participantes ; d'autre part, de prendre la mesure de la différence de référentiels entre nous. En effet, travailler des notions à travers un dispositif nécessite de toujours requestionner la valeur et les croyances qui entourent ces notions, qui peuvent différer entre professionnels et bénéficiaires.*

La dernière séance de ce module était une projection et une incarnation du futur. Les participantes furent confrontées à deux scenarii, un futur qui illustrait le changement et l'autre qui n'était qu'une continuité du présent, sans volonté de modifier les choses. Les participantes ont joué un rôle et se sont identifiées à des personnages proches de leur vécu. Cela est venu questionner leurs limites et a construit un lien entre leur problématique et leur passage à l'acte. Elles ont pris conscience des besoins qu'elles avaient et des ressources qu'elles n'avaient pas sollicitées alors, au profit d'autres solutions qui étaient délétères et inadaptées. Via l'exercice, elles ont expérimenté les conséquences de leurs choix, tout en cherchant à mettre en place des stratégies plus efficientes. En identifiant les besoins qu'elles cherchaient à atteindre, elles ont tenté alors de construire des moyens plus adaptés d'y accéder.

***Retours du Module 3 : se décentrer aide à apprendre la maîtrise de soi en situation.***

Le module 3 a permis de travailler et de reconnaître pour chacune des participantes, les manifestations physiques qui annonçaient chez elles un débordement émotionnel, notamment de la colère ou de la tristesse qui pour certaines menaient à des passages à l'acte. Ce travail leur a ainsi appris à s'alerter et à anticiper leurs propres réactions, les passages à l'acte ou les décisions prises de manière impulsive. L'objectif était de parvenir à identifier les éléments psychologiques, mais également environnementaux qui peuvent être des éléments déclencheurs. Ainsi, par une plus ample connaissance et une maîtrise de soi plus assurée, elles ont pu découvrir leur capacité à maîtriser leur environnement et les situations qu'elles pouvaient rencontrer. Le travail passait par l'évocation de problématiques personnelles, qu'il fallait dans un premier temps identifier. En entreprenant une décentration, et via l'étayage du groupe, cela a permis la mise en évidence des difficultés relationnelles avec une ou des personne(s) définie(s). L'objectif était axé sur l'amélioration de la sphère relationnelle, la conscientisation de ce qu'elles-mêmes engendrent dans leurs relations et du rôle qu'elles peuvent y avoir, dans un positionnement très acteur.

Ainsi, et via de nouveau l'exercice de décentration, elles ont pu tenter de régler les difficultés relationnelles en pensant leur implication. Cela avait un écho fort même pour certaines participantes qui étaient alors spectatrices et qui ont pu accéder à une compréhension de leur propre fonctionnement relationnel. Ainsi, cela amorçait l'étape suivante, à savoir la recherche de solution, une fois le problème déterminé. C'est au cours de ce module que les participantes ont réellement pu commencer à approcher la notion d'empathie, en expérimentant la place de l'autre. Enfin, les exercices de régulation émotionnelle, déployés lors de chaque séance à partir du module 3, ont apaisé les participantes (distance des pensées polluantes, gestion des émotions et relaxation du corps), ce qui fut apprécié et nécessaire au regard des éléments travaillés et de l'implication émotionnelle des participantes dans ces deux derniers modules.

*L'une des participantes a pu nous dire qu'elle utilisait régulièrement cet exercice [d'auto-régulation émotionnelle] dans sa cellule, dès qu'elle en ressentait le besoin. La mise en application fut ici immédiate.*

***Retours du Module 4 : une identité dans le temps et un plan de vie future sans rechute.***

Lors de la première séance de ce quatrième module, l'un des objectifs visait l'intégration de différents points de vue, c'est-à-dire l'expérimentation de la place d'un autre, et ce, plus particulièrement centrée sur les passages à l'acte, leur auteur et leur victime. La séance reprenait le procédé de Justice Restaurative, dans la rencontre Auteur/Victime. Le but était de travailler leur propre passage à l'acte, en se décentrant et en vivant la place de l'autre auteur et de l'autre victime, et ainsi de travailler autour de l'empathie, travail déjà amorcé dans les séances précédentes. La notion de vérité autour de leur acte est quelque chose de primordial. Les participantes ont alors pu travailler la question de la fonction du procès et de celle de la Justice restaurative. En l'occurrence, dans cette séance, cette expérience a eu un effet cathartique pour l'une des participantes qui s'est vue pardonnée par son auteur. Bien que ne jouant pas son propre rôle, le ressenti du pardon fut authentique. De plus, les participantes ont pu signifier l'importance qu'avait joué le fait de vivre la douleur des victimes pour mieux les comprendre et mesurer les conséquences de leurs actes.

*Très rapidement, au cours des échanges, nous avons pu mettre en application ces effets puisque l'une des participantes est partie soudainement, en colère à la suite d'un incident pendant le déroulement de la séance. Les autres participantes ont alors tenté de se mettre à sa place, pour comprendre sa colère et sa réaction, attitude facilitée par le travail qui venait d'être mené.*

Dans la deuxième séance de ce module, les participantes ont travaillé la prévention de la rechute (future), c'est-à-dire réfléchir aux situations futures qui pourraient engendrer une récidive. Ainsi, chacune devait penser à ce qui représentait la pire des situations qui pourrait la faire rechuter et passer à l'acte. L'objectif visait non plus l'identification de leur problématique mais celle des déclencheurs de cette dernière. En effet, ce travail fut possible du fait de l'évolution des participantes, et de l'introspection déjà mise en route. Les participantes devaient se mettre en situation et jouer les scènes qui les mettraient en difficulté. Étayées par le groupe, elles expérimentaient les différentes possibilités et solutions. Les participantes étant incarcérées pour les faits les plus graves, avec des parcours de vie chaotiques, ont rencontré des difficultés à s'imaginer rechuter, parce qu'elles estimaient avoir déjà vécu le pire. Elles furent toutefois de bons supports pour les autres membres du groupe, pour trouver au sein de la séance des éléments pertinents en miroir.

Les participantes expérimentèrent ces situations selon une analyse fonctionnelle, en évoquant les cognitions, les émotions et les ressentis corporels qui pouvaient éclairer/prévenir sur la chaîne du passage à l'acte. Les échanges menèrent à une réflexion sur les solutions qu'on peut mettre en place à chaque étape des problèmes rencontrés (résolution de conflit/ autonomie/ stratégies corporelles adaptées pour contrer les stratégies problématiques). Les stratégies pensées et construites n'étaient alors pas de l'ordre de la frustration ou du refus du risque mais bien l'édification d'autres voies, des alternatives de vie, préconisées par le Good Lives Model et travaillées avec le modèle de l'auto-régulation (Ward & Gannon, 2006). Les participantes ont pu échanger sur la notion de forces puisées dans l'histoire de vie et la prise de conscience des limites de chacune. La question des limites fut d'ailleurs beaucoup évoquée. Elles ont pu chacune les identifier et, contrairement au passé, ne plus les assimiler à des faiblesses. Elles ont mesuré entre elles l'importance de celles-ci pour garder le contrôle sur les situations, prévoir les conséquences et être tournée vers le bien-être en choisissant les meilleures solutions.

Lors des séances suivantes, et via l'approche temporaliste, a été travaillée l'identité dans le temps, la définition de soi par rapport à son passé, son présent et son futur. En incarnant ces différentes identités, elles ont pu se revivre sur le plan émotionnel, corporel et relationnel, décrire les situations et les difficultés ainsi que les solutions mises en place. Ainsi elles ont pu mettre en application tous les apprentissages des séances précédentes pour leur plan de vie future et ainsi dérouler un plan d'accompagnement, en évoquant plusieurs aspects : les difficultés qu'elles pourraient rencontrer, les solutions qu'elles mettraient en place, mais également les ressources dont elles auraient besoin, et la manière de les atteindre.

*Une participante a expliqué que l'une des difficultés au cours de sa sortie et dans sa réinsertion reposerait sur sa famille, famille qui constitue dans une autre mesure une ressource (puisqu'elle s'occupe de sa fille pendant l'incarcération). Nous avons alors travaillé des solutions et mis en scène une discussion afin de concrétiser, tant le problème que sa résolution, d'en traverser les angoisses et les émotions et d'en expérimenter l'issue.*

En conclusion, les participantes indiquent qu'aujourd'hui elles savent déterminer ce qu'elles désirent et qu'elles ont pu à l'aide du programme (re)prendre confiance dans leurs capacités d'action.

---

***Exemple clinique des retours du programme au regard des entretiens finaux réalisés avec Mme B***

**Retours de Mme B concernant son Plan de vie et ses perspectives futures**

Au regard des entretiens semi-structurés et des résultats des outils (entrée/sortie), nous constatons une évolution de Mme B sur l'orientation future et le projet. Le futur lui apparait un peu plus concret et elle lui donne plus d'importance. L'évolution la plus notable réside dans la sphère qui représente une valeur de 5 (sur 5 -échelle de Likert). Avant CESURE, Mme B attribuait 5 à sa famille (fille et petits-fils). Aujourd'hui, elle attribue cette valeur à elle-même. Sa famille se trouve à la même distance qu'avant mais avec une valeur de 2. Elle explique les aimer toujours autant mais avoir besoin de prioriser d'autres choses pour elle. Ses activités sont orientées plus vers un épanouissement intellectuel et physique. Par exemple, l'intérêt pour la TV et les promenades s'est déplacé vers le sport et l'actualité.

Mme B évoque une amie qui représente beaucoup, qui était là avant CESURE et dont le lien se pérennise (meilleure sécurité affective). Elle évoque également les rencontres avec les auteurs (de livres) qui viennent parfois en détention et avec qui elle aime beaucoup échanger. Par ailleurs, pour elle, l'autonomie passait par sa cellule qui la protégeait des autres. Aujourd'hui, elle explique qu'elle connait ses limites et sait les exprimer et qu'elle est plus tournée vers elle. Son autonomie passe par elle et non plus par les autres. Il y a un investissement de l'aspect relationnel pour équilibrer l'aspect émotionnel. Mme B explique que son équilibre émotionnel passe par une tranquillité dans l'entourage et l'accomplissement personnel passe notamment par la demande d'aide. Les relations sont investies de manière plus adaptée, moins délétères, et viennent moins nourrir l'image personnelle.

**Retours de Mme B concernant ses compétences psycho-sociales et les bénéfices psychologiques**

Mme B ne rentre plus dans les provocations. Elle explique qu'elle souhaite passer son énergie ailleurs. Elle semble plus tournée vers elle-même et son bien-être que vers les autres sans autre but, notamment ceux qui pourraient être nocifs pour elle. Cette amélioration des relations s'observe notamment avec sa fille, pour qui elle a modifié son propre comportement. Mme B maintient une distance adaptée à sa fille pour une récente amélioration significative de leurs relations et de leur entente. Elle donne un exemple pour illustrer ce qu'elle a modifié : quand elle se sent mal, elle ne téléphone plus à sa fille. Elle attend d'aller mieux pour l'appeler, et ainsi ne pas lui faire porter son mal-être. Elle semble avoir (re)pris sa place de mère, être sortie de la place envahissante et inadaptée qu'elle avait jusqu'alors. Elle a le sentiment d'avoir acquis des solutions pour faire face à certaines situations très compliquées (ex. de la situation problématique avec son beau-père).

Mme B se sentait diminuée, elle a pu renforcer positivement son estime personnelle. Le fait de ne pas se sentir jugée dans le groupe l'a aidée à s'exprimer et à s'affirmer au fil du temps. Elle se sent en capacité de gérer les difficultés auxquelles elle sera confrontée. Mme B a conscience qu'en dehors du groupe (et de la détention), elles seront différentes, mais elle se s'en sent capable de gérer les relations sous leurs différentes formes. Lors de la dernière rencontre du programme, Mme B indiquait être apaisée. Sur un plan physique, elle prend davantage soin d'elle. Psychologiquement, elle apparait confiante et assurée. Son discours à propos de ses relations est adapté. Elle évoque aisément et avec des solutions possibles sa vie, notamment ses angoisses, sa peur de mourir (ex. la peur du cancer), sa dépression, son passage à l'acte.

D'un point de vue identitaire, nous identifions un problème auquel elle semble habituée, le manque d'amour. Un trouble affectif permanent d'insécurité exige chez elle une maitrise des relations. Sa mère ne lui a jamais témoigné d'affection et il semble que Mme B ait réitéré ce schéma avec le choix de ses compagnons. Elle établit un lien direct avec son rapport à elle-même, dans une oscillation entre tantôt flagellation tantôt surestimation. Ce schéma cognitivo-émotionnel offre un éclairage sur l'attitude jugée immature socialement, qui attaque le cadre et demande de l'attention. A la fin du programme, les attitudes de Mme B sont moins agressives et moins séductrices, notamment avec les autres participantes, plus calmes, notamment lorsqu'elle est remise en question. Anciennement, elle avait le sentiment d'être annulée si elle n'était pas regardée, appréciée ou si quelqu'un manifestait un désaccord. Il ressort également qu'elle présentait des difficultés à se mettre à la place de l'autre, difficulté qu'elle l'a identifié.

L'empathie (ou plutôt la théorisation de l'esprit de l'autre) lui demande beaucoup d'énergie et il est possible que sur un plan cognitif, elle n'en soit pas totalement capable. Aujourd'hui, elle dit avoir appris à être plus tolérante en prenant conscience que les autres ne fonctionnent pas de la même manière, une tolérance soulevée par les autres et les tests. Il semble donc que, même si elle ne comprend pas toujours l'autre, elle en accepte aujourd'hui les différences. Enfin, elle se sent plus actrice de sa vie et maitre d'elle-même, ce qui renforce son assurance et sa confiance.

## Conclusion et discussion quant aux perspectives futures du GLM et de CéSURE auprès des femmes vulnérables en détention

De la mise en place du programme CéSURE au centre de détention de Roanne, nous retiendrons plusieurs aspects. Tout d'abord, la dynamique du groupe qui s'est créée et la confiance qui en a découlé semblent traverser les murs de la salle pour aller colorer l'espace carcéral. En effet, le lien construit entre ces femmes détenues s'est prolongé bien au-delà du cadre du dispositif. Elles ont ainsi pu régulièrement s'entraider, se parler, reprendre les éléments évoqués ensemble, se soutenir, appliquer les conseils et autres stratégies évoquées pendant les temps de CéSURE. Nous avons également noté que le Programme a participé à maintenir et renforcer l'implication de chacune dans ce travail. Par ailleurs, la mise en place de ce groupe a conduit à l'identification de besoins qui permettraient de développer d'autres actions groupales ou individuelles, pour une prise en charge inspirée des détenues et au plus près d'elles. Eloignés des représentations possibles des professionnels quant à ce qui est important pour les personnes détenues, ces éléments aideront à ajuster le mode d'intervention pour un accompagnement pertinent et réaliste vers le changement.

Le programme CéSURE est axé sur *l'empowerment*, sur le fait d'être acteur de sa vie. Le travail effectué ensemble a donc amorcé un questionnement sur la place de chacune dans sa propre existence, dans sa propre histoire, mais également au regard de ses actes. Ce repositionnement plus central au cœur du dispositif a permis d'aider les détenues à se recentrer au cœur de leur parcours d'exécution de peine mais aussi de leur propre vie. Au regard de ces aspects, nous émettons l'hypothèse que ce travail a participé à engager une expérimentation du « *vivre ensemble* », contours de la citoyenneté. Au regard des évaluations finales et des changements significatifs observés chez chacune des participantes, nous observons que ces femmes détenues sont sorties du programme plus confiantes et responsabilisées, lucides sur les choix et décisions qui les ont menées en détention, tolérantes et bienveillantes envers elles-mêmes, capables de demander de l'aide, d'identifier leurs limites et leurs ressources, et davantage actrices de leur vie.

Aujourd'hui, le protocole CéSURE a été répété à diverses reprises sur les services pénitentiaires de Roanne, auprès des femmes comme des hommes, et intègre désormais un protocole de Réalité Virtuelle (Dieu, et al., 2019d, cf. chapitre 8 de l'ouvrage).

## Références

Bélanger, J.J., Moyano, M., Muhammad, H., Richardson, L., Lafrenière, M-A.K., McCaffery, P., Framand, K., Nociti, N. (2019). Radicalization Leading to Violence: A Test of the 3N Model. Frontiers in Psychiatry. doi: 10.3389/fpsyt.2019.00042

Chamberlain, E. (2016). The Network Balance Model Applied to EMDR. EMDR International Association Annual Meeting.

Chamberlain, E. (2017). The Network Balance Model of Trauma Resolution. EMDR International Association Annual Meeting, EMDR International Association Annual Meeting.

Chartier, M., Sorel, O., Dieu, E. (2016). Le sentiment d'efficacité personnelle au centre de la prévention de la récidive. Communication orale, 44e Congrès annuel des Thérapies Comportementales et Cognitives (AFTCC). Symposium 2 : Programmes méthodes et techniques innovantes en TCC, Paris.

D'Argembeau, A., & Van Der Linden, M. (2006). Individual differences in the phenomenology of mental time travel: The effect of vivid visual imagery and emotion regulation strategies. Consciousness and Cognition, 15: 342-350.

Decety, J., & Workman, C.I. (2017). A multilevel social neuroscience perspective on radicalization and terrorism. Social Neuroscience : http://dx.doi.org/10.1080/17470919.2017.1400462

Dieu, E. (2016a). CéSURE : Protocole pour une approche positive. De l'accompagnement GLM de l'identité dite en radicalisation ou radicalisée. Good Lives Model (GLM) : Premières rencontres internationales francophones, Tournai, Belgique.

Dieu, E. (2016b). Du modèle temporaliste TIM-E au protocole PRATIC : l'effectivité du GLM (évaluation, accompagnement individuel et groupal). Communication orale, Good Lives Model (GLM) : Premières rencontres internationales francophones, Tournai, Belgique.

Dieu, E. (2017). Les Innovations Criminologiques. L'Harmattan, Paris.

Dieu, E. (2019). Que faire des modèles de la désistance dans l'accompagnement des auteurs d'infraction ? Revue Internationale de Criminologie et de Police Technique et Scientifique LXXII:170-190.

Dieu, E. (2020). La conceptualisation et prise-en-charge TIM-E de la radicalisation : une réponse intégrative de la criminologie réhabilitative (RBR et GLM) et de la neuropsychologie (AIP et EMDR). European Journal of Trauma & Dissociation, accepté.

Dieu, E., & Sorel, O. (2018). Le traitement de la radicalisation en prison : le cas du protocole Césure. Communication orale, Etats Généraux Psy sur la Radicalisation, Maison de la chimie, Paris.

Dieu, E., & Sorel, O. (2019). CéSURE (Cercles sur l'Emphase), présentation d'un dispositif d'accompagnement des personnes radicalisées ayant commis ou non des actes terroristes extrémistes. Chapitre dans l'ouvrage « Etats Généraux Psy de la Radicalisation », Editions du Seuil.

Dieu, E., & Tortes Saint Jammes, J. (2019). Interest of AIP and EMDR in a new conceptualization of "TIM-E Criminology": example of radicalized offenders' treatment. EMDR International Association, conference 2019 "changing lives", Los Angeles.

Dieu, E., Issen, E., Sorel, O. (2019c). S'essayer au Modèle « Good Lives » (GLM) dans l'accompagnement psychosocial des infracteurs ? Illustration du suivi entre vous, nouveau GLMiste, et Gérard MENVUSA, nouveau délinquant. In N. Combalbert & S. Rothé. Incarcération, vulnérabilités et interventions sociales. L'Harmattan, collection Logiques sociales.

Dieu, E., Sorel, O., Lavandier, A. (2019d). L'application en Réalité Virtuelle du Modèle de l'Identité Temporelle (TIM-E). Communication orale, Prévenir et soigner les psychotraumatismes de l'enfant et de l'adolescent : une porte ouverte sur l'avenir, Bordeaux.

Dieu, E., Sorel, O., AlJoboory, S., Tortes-Saint-Jammes, J. (2019b). Le Modèle de l'Identité Temporelle (TIM-E) en criminologie ? Des interventions positives centrées sur le futur des sujets. Communication orale, Congrès International Francophone sur l'Agression Sexuelle, Montpellier.

Dieu, E., Sorel, O., Bouchard, J-P. (2019a). Place de la psychothérapie intégrative dans la prise en charge des problématiques de radicalisation. Annales Médico-psychologiques, 177(5): 483-488.

Dieu, E., Testouri, L., Palaric, R. (2020). L'outil IVIE-tr sur les Investissements de VIE lors des trajectoires de radicalisation : une application pratique du modèle de l'Identité Temporelle TIM-E à destination des professionnels de terrain. Revue Internationale de Criminologie et de Police Technique et Scientifique, in press.

Dieu, E., Testouri, L., Sorel, O. (2016). Programme collectif CéSURE : l'accompagnement TCCE de l'identité vulnérable rencontrant une radicalisation. Communication orale, 44e Congrès annuel des Thérapies

Comportementales et Cognitives (AFTCC). Symposium 2 : Programmes méthodes et techniques innovantes en TCC, Paris.

Dieu, E., Testouri, L., Sorel, O. (2019e). Proposition d'une méthodologie d'évaluation de l'identité en voie de radicalisation. Revue Internationale de Criminologie et de Police Technique et Scientifique, LXXII : 457-483.

DISP, Paris, Note d'analyse du phénomène de radicalisation chez les femmes détenues : évaluation et prise en charge.

Hase, M., Balmaceda, U.M., Liebermann, P., Hofmann, A. (2017). The AIP Model of EMDR Therapy and Pathogenic Memories. Frontiers in Psychology, 8: 1578.

Heffernan, R. & Ward, T. (2017). A comprehensive theory of risk and protective factors. Aggression and Violent Behavior, 37: 129-141.

Kruglanski, A.W., Bélanger, J.J., Gunaratna, R. (2019). The Three Pillars of Radicalization: Needs, Narratives, and Networks. Oxford University Press.

Lindekilde, L., O'Connor, F., Schuurman, B. (2017). Radicalization patterns and modes of attack planning and preparation among lone-actor terrorists: an exploratory analysis. Behavioral Sciences of Terrorism and Political Aggression.

McMurran, M, & Ward, T. (2010). Treatment readiness, treatment engagement and behaviour change. Criminal Behaviour and Mental Health, 20(2): 75-85.

Prochaska, J.O., DiClemente, C.C., Norcross, J.C. (1992). In search of how people change: Applications to addictive behaviors. American Psychologist, 47(9): 1102-1114.

Shapiro, F. (2007). EMDR, adaptative information processing, and case conceptualization. Journal of EMDR Practice and Research, 1: 68-87.

Silke, A., & Veldhuis, T. (2017). Countering Violent Extremism in Prisons: A Review of Key Recent Research and Critical Research Gaps. Perspectives on terrorism, 11(5): 2-11.

Smith, A., Felix, E., Benight, C., Jones, R. (2017). Protective Factors, Coping Appraisals, and Social Barriers Predict Mental Health Following Community Violence: A Prospective Test of Social Cognitive Theory. Journal of Traumatic Stress, 30(3): 245-253.

Sorel, O. & Dieu, E. (2019). L'intérêt des Entretiens Temporels du Modèle TIM-E dans l'accompagnement social en détention. In N. Combalbert & S. Rothé. Incarcération, vulnérabilités et interventions sociales. L'Harmattan, collection Logiques sociales.

Sorel, O., & Dieu, E. (2016). L'approche temporelle au service de la restructuration cognitive : décentrations temporelles et de personnes. Communication orale, 44e Congrès annuel des Thérapies Comportementales et Cognitives (AFTCC). Symposium 2 : Programmes méthodes et techniques innovantes en TCC, Paris.

Sorel, O., & Dieu, E. (2018). Place de la psychothérapie intégrative dans la prise en charge des problématiques de radicalisation. Communication orale, Psychotraumatisme : enjeux et perspectives, Journées du Centre Psychotraumatologique CASPERTT, Bordeaux.

Trip, S., Bora, C.H., Marian, M., Drugas, M.J. (2019). Psychological Mechanisms Involved in Radicalization and Extremism. A Rational Emotive Behavioral Conceptualization. Frontiers in Psychology, 10: 437.

Ward, T., & Fortune, CA. (2016). From dynamic risk factors to causal processes: A methodological framework. Psychology, Crime & Law, 22: 190-202.

Ward, T., & Fortune, C-A. (2017). The Role of Dynamic Risk Factors in the Explanation of Offending. Aggression and Violent Behavior, in press.

Ward, T., Day, A., Howells, K., Birgden, A. (2004). The multifactor offender readiness model. Aggression and Violent Behavior, 9: 645-673.

Ward, T. (2016). Dynamic risk factors: Scientific kinds or predictive constructs? Psychology, Crime, & Law, 22(1-2): 2-16.

Ward, T. (2017). Prediction and Agency: The Role of Protective factors in Correctional Rehabilitation and Desistance. RUNNING HEAD: Protective factors.

Ward, T., & Brown, M. (2004). The Good Lives Model and conceptual issues in offender rehabilitation. Psychology, Crime & Law, 10: 243-257.

Ward, T., & Gannon, T.A. (2006). Rehabilitation, etiology, and self-regulation: The comprehensive good lives model of treatment for sexual offenders. Aggression and Violent Behavior, 11: 77-94.

Ward, T., & Stewart, C. (2003). Criminogenic needs and human needs: A theoretical model. Psychology, Crime and Law, 9(2): 125-143.

Ward, T., Mann, R., Gannon, T.A. (2007). The Good Lives Model of rehabilitation : Clinical implications, Aggression and Violent Behavior. 12(1): 87-107.

Ward, T., Vess, J., Collie, R., Gannon, T.A. (2006). Risk management or goods promotion: The relationship between approach and avoidance goals in treatment for sex offenders. Aggression and Violent Behavior, 11(4): 378-393.

## Chapitre 10 : Penser l'articulation des pratiques pénitentiaire et sanitaire pour un accompagnement global de la personne placée sous main de justice.

Dr Ronan PALARIC et Dr Pascal LE BAS

### 1. Organisation des prises en charge en France

L'accompagnement des personnes placées sous main de justice (PPSMJ) en France a connu une évolution significative depuis la seconde guerre mondiale. En effet, après un accent porté par la réforme AMOR de 1945 (Pinatel, 1946) sur la réinsertion sociale, les personnes détenues obtiennent les droits identiques à tout citoyen en termes d'éducation et de soin. Les travailleurs sociaux ont alors vu apparaitre de nouveaux partenaires professionnels : les équipes de santé. Un ensemble de lieux de soins somatiques se constituent progressivement : Unité de Consultation en Soins Ambulatoires, Unités Hospitalières Sécurisées Interrégionales. Parallèlement, les soins psychologiques et psychiatriques s'inscrivent dans l'univers pénitentiaire par le biais des Services médico-psychologiques régionaux et les Unités Hospitalières Spécialement Aménagées.

Le travail social et le soin travaillent alors conjointement vers un même objectif : la prise en charge de la PPSMJ ; la réinsertion sociale et la réhabilitation psycho-sociale. Progressivement, il est observé un recours important aux pratiques sanitaires, jusqu'à ce que celles-ci soient envisagées comme une alternative ou un complément à la peine d'emprisonnement. Injonction thérapeutique[12], obligation de soins[13], injonction de soins[14], plusieurs mesures viennent donner au regard psychologique et psychiatrique une place prépondérante. Le soin devient partenaire du travail social : « L'articulation n'est plus alors sollicitée que sur un objectif social, voire sécuritaire, mais doit permettre à des justiciables d'accéder à des soins dont ils n'avaient jusque-là pas la conscience du besoin, ou la possibilité d'accès » (Baron-Laforêt, 2007).

L'importance accordée au travail thérapeutique auprès des PPSMJ a notamment été mise en évidence par la spécificité du traitement accordé aux auteurs d'infraction à caractère sexuel (AICS).

---

[12] Articles L. 3413-1 à L. 3413-45 du code de la santé publique

[13] Article 138-10° du code de procédure pénale et article 132-45 du code pénal

[14] Loi n° 1998-468 du 17 juin 1998 relative à la prévention et à la répression des infractions sexuelles

En effet, depuis 1998 et l'instauration du suivi socio-judiciaire (SSJ), outre des possibilités d'empêcher le condamné de se rendre dans certains lieux comme les environs d'école ou les lieux réunissant beaucoup d'enfants, ou d'exercer une activité professionnelle pouvant potentiellement le mettre en relation avec certaines catégories de personnes, la loi de 1998 prévoit également des mesures obligeant la PPSMJ à « faire l'objet d'un traitement »[15]. Ce traitement peut alors prendre la forme d'une *obligation de soins*, ou d'une *injonction de soins*.

La loi 1998-468 du 17 juin 1998 oblige le Juge de l'Application des Peines (JAP) à déterminer « pour chaque condamné les principales modalités du traitement pénitentiaire ». Il est donc l'acteur principal d'une mesure visant le changement, l'évolution de l'infracteur vers quelque chose de déterminé, attendu de lui. Il lui incombe alors de mettre en place un travail de réseau sur lequel il pourra s'appuyer pour user des différentes compétences nécessaires à la mise en œuvre de ce changement.

Le suivi socio-judiciaire a progressivement concerné différents types de crimes et délits, au-delà de la seule violence sexuelle. Ainsi, la loi 2005-1549 du 12 décembre 2005 applique les modalités de traitement prévu par la loi du 17 juin 1998 aux auteurs de crimes d'atteinte volontaire à la vie des personnes, de crimes d'enlèvement, de tortures et actes de barbarie et en fin de destruction de besoins par un moyen susceptible de mettre en danger la vie d'autrui. Finalement, la loi 2007-297 du 5 mars 2007 relative à la prévention de la délinquance élargira l'application du SSJ aux actes de violence contre les personnes commis dans le cadre familial (conjoint, ascendant dans le cadre d'une violence sur mineur de quinze ans, etc.). Le SSJ devient également une modalité de prise en charge judiciaire pour les délits de propositions sexuelles à un mineur de quinze ans en utilisant un moyen de communication électronique.

Le JAP se trouve alors potentiellement maitre d'œuvre d'un ensemble de mesures visant la transformation d'un grand nombre de délinquants et criminels, dont le profil judiciaire est variable. Pour ce faire, il peut donc s'appuyer sur ce que l'évolution de l'organisation des parcours de peine a identifié comme professionnels en charge des opérations visant les changements recherchés : le personnel probationnaire (CPIP) et le professionnel de soin. « Les acteurs du soin et ceux de la justice ont un devoir commun, celui de ne pas négliger la dimension complémentaire de leurs interventions » (Lameyre, 2004).

[15] Loi 1998-468 du 17 juin 1998

Ce travail de complémentarité est celui de l'articulation de la peine et du soin, articulation qui ne va pas de soi dans un premier temps et qui oblige à penser les interventions de chacun pour leur donner un sens particulier. Cette distinction des pratiques est aujourd'hui d'autant plus nécessaire que des actions thérapeutiques et pénitentiaires ont émergées, inspirées d'une littérature criminologique commune, ce qui implique une appropriation particulière d'un même objet pour deux approches distinctes.

Deux types d'intervention spécifiques ont été observés et permettent de conceptualiser une complémentarité des pratiques. Il s'agit présentement de mettre en évidence les effets observés par la mise en œuvre de chaque pratique, l'une sanitaire, l'autre pénitentiaire et d'en dégager les axes de complémentarités mais aussi les risques de confusion. Parallèlement, une mise en perspective avec les données théoriques criminologiques issues des apports du GLM et du RBR sera élaborée.

## 2. Nouvelles pratiques et attentes spécifiques

### *De nouvelles pratiques inspirées*

Inspirées par la littérature criminologique et psycho-criminologique internationale, de nouvelles pratiques émergent. Le modèle de prévention de la récidive Risque – Besoins - Réceptivité (RBR, cf. Andrews & Bonta, 2010) est en effet souvent cité comme source de référence pour mettre en place des interventions « efficaces » quant à la prévention de la récidive. Le modèle RBR suppose une évaluation précise du niveau de risque de récidive de la PPSMJ et la mise en place d'une intervention adaptée à ce niveau de risque. Les cibles d'intervention sont multiples et ne sont pas exclusivement en lien avec le passage à l'acte stricto-sensu. Il s'agit, par exemple, d'évaluer la relation aux pairs de la PPSMJ, les liens entretenus avec son entourage familial, etc. Centrée sur les facteurs de risque statistiquement corrélés à la récidive, cette approche permet la constitution de programmes de prise en charge, permettant une transposition sur le terrain, mais également une évaluation des effets produits puisque certains changements sont attendus et recherchés.

En 2009, la prévention de la récidive devient un axe majeur de la mission des CPIP : « Le régime d'exécution de la peine de privation de liberté concilie la protection de la société, la sanction du condamné et les intérêts de la victime, avec la nécessité de préparer l'insertion ou la réinsertion de la personne détenue, afin de lui permettre de mener une vie *responsable* et de *prévenir la commission de nouvelles infractions* »[16]. Pour répondre à cette mission, un nouvel outil, inspiré du modèle RBR, a été expérimenté à partir de 2009 en France : le Groupe de Parole de Prévention de la Récidive (GPPR). Cet outil s'inspire principalement des pratiques étrangères, notamment anglo-saxonnes d'inspiration cognitivo-comportementales. Ces pratiques visent à responsabiliser la personne condamnée, à lui faire prendre conscience des différentes étapes qui ont pu mener au passage à l'acte et à développer les connaissances pour éviter une récidive. Le GPPR vise donc à développer chez la personne condamnée les habiletés nécessaires pour repérer les situations à risque et identifier les stratégies d'évitement à mettre en place (Pajoni & Robin, 2010). Il s'agit d'une approche pédagogique dans la mesure où la personne condamnée participe à un programme pour acquérir des connaissances sur elle-même mais également sur les moyens d'interagir avec son environnement. Le GPPR se constitue de séances thématiques, généralement au nombre de dix à quinze pour l'ensemble d'un programme, à raison d'une séance par semaine.

Dans le champ sanitaire et psychothérapeutique, un Groupe Thérapeutique Structuré (GTS, cf. Le Bas, et al., 2016) a été développé en 2008, au centre pénitentiaire de Lorient – Ploemeur. Le GTS s'inspire des travaux de Marshall et al. (2006) et vise à mobiliser les capacités d'introspection du sujet. Il s'agit particulièrement de confronter le sujet à son rapport à l'autre afin qu'il parvienne à identifier les modalités réactionnelles que suscitent cette rencontre avec autrui. Le manuel de prise en charge de Marshall étant basé sur une approche criminologique respectant le modèle RBR, une dimension psychodynamique a été développée, associée à une pratique de mindfulness. Le GTS s'inscrit donc dans la philosophie du GLM, proche du sujet et recherchant l'épanouissement personnel en s'appuyant sur les ressources personnelles positives plutôt qu'en essayant d'éradiquer ce qui serait envisagé comme facteurs de risque.

Le programme du groupe s'adresse aux seules personnes condamnées pour une infraction à caractère sexuel. Les participants à une session du groupe ne sont pas retenus en fonction de la qualification juridique de leur infraction et de la personne à laquelle la violence sexuelle a été portée. Il ne s'agit pas de constituer un groupe de personnes condamnées pour un fait juridiquement identique à l'encontre d'une victime analogue.

[16] Loi n° 2009-1436 du 24 novembre 2009 pénitentiaire - Article 1

L'exclusion des personnes prévenues s'inscrit dans le respect de la présomption d'innocence judiciaire et l'évitement d'une position qui pourrait s'avérer préjudiciable à la personne détenue à l'occasion de son jugement. Aussi, seul le caractère sexuel de la dernière infraction juridiquement ainsi qualifiée constitue le critère initial d'inclusion dans le programme du groupe. Cela est rendu possible par le contenu même du programme qui ne cible pas l'infraction comme le point focal des échanges. Le programme GTS repose sur l'articulation progressive de chaque thème avec les suivants et construit un questionnement de la position du sujet au sein de sa propre histoire et de ses aléas, de celle qui se construit avec les autres dans son environnement carcéral quotidien et au sein même du groupe. Ce sont les positions de vulnérabilité et de souffrance psychique qui peuvent ainsi être abordées et leurs divers aménagements psychiques dont l'infraction en constitue une des formes possibles.

Inspirés de sources théoriques communes, ces deux approches, GPPR et GTS, l'une pénitentiaire, l'autre sanitaire, se doivent de distinguer leur méthode et leur mise en œuvre, puisqu'elles peuvent viser les mêmes cibles d'intervention sans pour autant attendre les mêmes effets. Aussi, pour penser leur complémentarité, il est nécessaire de mettre ces effets en perspective. Pour ce faire, nous avons dans un premier temps identifié les effets attendus de chaque pratique, ceci afin d'évaluer leur évolution puis nous avons distingué les processus à l'œuvre dans chaque pratique, afin de penser leurs effets complémentaires ou les risques de confusion.

Ces pratiques ont été observées lors des séances de groupe. Des évaluations pré et post-groupe ont été menées auprès des participants pour repérer leur évolution quant aux dimensions mises au travail durant les programmes (Moulin, et al., 2012).

### *Des attentes spécifiques et différenciées*

Influencés par des courants différents, RBR ou GLM, les GPPR et GTS visent tout de même certaines cibles d'intervention identiques, mais dont la mise au travail varie nécessairement pour atteindre des objectifs distincts. Par exemple, un travail sur l'empathie est inscrit dans les deux programmes. Pour autant, ce travail ne peut être identique tant dans sa réalisation que dans les effets attendus. Pour le GPPR, le travail sur l'empathie implique une reconnaissance des émotions d'autrui et un apprentissage des réponses que la PPSMJ peut y apporter. Pour le GTS, il s'agit avant tout d'identifier comment la perception ou non des émotions d'autrui participe à la construction des propres émotions du sujet. Il s'agit donc de pratiques ciblant des thématiques communes mais que la mise en œuvre et les objectifs recherchés viennent différencier.

Aussi, le travail sur la norme est important dans chacune des pratiques. Pour autant, si le GPPR vient rappeler la loi et l'ensemble des droits et devoir d'un individu, le GTS, lui, va se focaliser sur la notion de consentement et la prise en compte du désir de l'autre. Le GTS considère donc la PPSMJ comme un sujet dont les actes infractionnels représentent une réponse subjective dans un contexte donné, le GPPR travaille auprès de la PPSMJ la question du citoyen dont les actes représentent un trouble de l'adaptation sociale.

### 3. Observations des effets produits et processus à l'œuvre

***Les effets produits***

Concernant le GPPR, il convient de distinguer deux types de pédagogies[17] : l'une centrée sur la PPSMJ, l'autre centré sur les faits. La première met l'accent sur l'identification de ses émotions et les capacités à les gérer, la seconde pédagogie se centre l'acte infractionnel et les stratégies d'évitement. Les effets produits sont différents en fonction de la pédagogie employée par les CPIP. En effet, une pédagogie centrée sur le sujet produit des effets en lien avec les effets attendus dans la mesure où il est observé une meilleure image de lui et un meilleur rapport à l'autre. Les participants à ces groupes se décentrent de la seule image d'infracteur et parviennent à se penser une place positive dans un réseau social. En se focalisant pas uniquement sur l'acte transgressif, ces programmes permettent à leurs participants de prendre conscience de leur différent potentiel dans d'autres sphères d'existence : travail, famille, etc.

A l'inverse, les participants aux groupes dont la pédagogie est centrée sur les faits font sans cesse référence à l'infraction commise et au statut particulier qu'il considère le leur dans la société. Lors des entretiens post-groupe, ils expriment un pessimisme quant à leur capacité à formaliser un projet d'avenir. Ils évoquent avoir appris le potentiel danger que représentent certains lieux comme les débits de boisson qu'ils ne fréquentent plus, bien que ces lieux représentaient également le seul endroit de socialisation qu'ils pouvaient connaitre. Un sentiment d'exclusion du champ social apparait alors. Les participants au GTS mettent en avant un sentiment de changement dans leur façon d'appréhender la vie de manière générale. Ils rapportent de meilleurs rapport avec leur entourage, y compris avec le personnel pénitentiaire pour les personnes incarcérées.

---

[17] Nous nommons, ici, « pédagogies » les modalités de mise en œuvre des groupes.

Ils indiquent se ressentir davantage patients, moins focalisés sur leurs propres attentes. Les participants évoquent un désir de reprise d'études, de changement de carrière pour se sentir plus épanouis sur le plan professionnel. La projection dans l'avenir semble donc plus facilement élaborable. Le travail sur les émotions est décrit comme un apport positif en ce qu'il aurait pu leur permettre de distinguer certaines émotions comme la peur et la colère et comprendre les réactions qu'ils avaient pu agir. Par projection, les émotions d'autrui et le comportement à adopter est plus facilement verbalisable.

Si nous évoquons deux pratiques, ce sont donc bien trois dynamiques qui se distinguent en termes d'effets observés. Cette distinction se retrouve si nous observons les processus à l'œuvre eu sein des groupes.

### *Processus à l'œuvre*

Trois processus peuvent être distingués dans la mise en œuvre de ces deux programmes. Le premier est un processus normatif. Lorsque le GPPR se focalise sur l'infraction, le programme insiste sur les lois régissant les relations interindividuelles. Les effets produits sont alors contraires aux effets attendus dans la mesure où ils insistent sur l'écart entre la norme et le comportement de la PPSMJ. Une stigmatisation dans la figure de délinquant ou criminel peut alors apparaitre et laisser à penser à la PPSMJ qu'elle ne pourra pas retrouver une place de citoyen. Le second processus est le processus adaptatif : il s'agit de centrer le programme sur l'identification de ses émotions et les capacités de la PPSMJ à les gérer. Ce processus permet à la PPSMJ d'apprendre des stratégies pour faire face à des situations qui peuvent la dépasser. Enfin, le dernier processus est celui de l'introspection. Le processus introspectif vient remettre en cause les positionnements existentiels du sujet. Il s'agit d'une recherche d'un nouvel équilibre psychique permettant au sujet de se rendre compte de ses propres vulnérabilités et d'inventer une réponse subjective qui ne recoure pas à l'acte infractionnel pour sortir de l'impasse psychique.

Ces différents processus peuvent être complémentaires du point de la réinsertion sociale, et de la prévention de la récidive, lorsqu'ils s'inscrivent dans des dynamiques communes mais distinctes. Ainsi, les processus adaptatifs et introspectifs permettent à la PPSMJ de s'inscrire dans le champ social tout en se reconnaissant une histoire et un désir particuliers. Ce faisant, un risque de confusion peut être pensé dans la mesure où le processus adaptatif s'approche des objets d'un travail thérapeutique et qu'il vient interroger l'intimité de la PPSMJ. Les CPIP peuvent alors être mis en difficulté dans leur pratique si la PPSMJ vient interroger des notions davantage cliniques que sociales.

Il existe également un risque de confusion pour la PPSMJ en ce qui concerne les processus introspectif et normatif. En effet, si le premier favorise l'épanouissement de soi, le second se situe dans un rappel de la loi et plus particulièrement de la transgression agie, au risque de la stigmatisation. Ces deux processus a priori antagonistes entrent en complémentarité dynamique dès lors que l'on conçoit que l'épanouissement de soi se doit d'être réalisé dans le respect d'autrui, et donc des lois.

Il convient alors de circonscrire chaque pratique dans son lieu d'expression pour éviter les rencontres inappropriées, tout en aménageant un espace de rencontre. L'articulation Santé et Justice est un concept régulièrement mobilisé, en particulier en milieu carcéral depuis la réforme de 1994[18]. Pour autant, il ne s'agit pas de placer à proximité deux pratiques différentes mais bien de les inscrire dans un même objectif : la prise en charge spécifique d'une même population commune, la PPSMJ. La notion d'interface nous parait donc plus opportune dans la mesure où elle permet d'appréhender des pratiques aux limites communes, aux échanges possibles. Si le GPPR se centre sur les risques de récidive et leur prévention, le GTS n'ambitionne pas ce que l'on pourrait imaginer comme son équivalent du côté sanitaire, une prévention de la rechute. Aborder le champ de la vulnérabilité revient, dans ce cadre, au terme du programme, à proposer un travail projection de soi dans une dimension de vie quotidienne au sein de laquelle il s'agit de construire et développer les conditions de réinvestissement d'une vulnérabilité étayée dans un quotidien apaisé. S'y inventent de nouvelles réponses aux difficultés rencontrées, non vis-à-vis de l'environnement mais de soi-même et de ses propres impasses.

Au-delà de ce que peut représenter cette complémentarité de prise en charge pour la PPSMJ, la reconnaissance mutuelle, par les professionnels, de territoires disciplinaires différents, délimitant des savoirs et des compétences spécifiques, est ce qui permet le développement d'une coordination interinstitutionnelle. Cette dernière ne revient pas à emprunter les compétences de l'autre ou de s'y substituer mais à construire un nouvel espace d'interaction professionnel que le respect mutuel de l'éthique et la déontologie de chacun permet de contenir. En milieu fermé, l'articulation Santé & Justice se traduira par le déploiement de nouveaux espaces interterritoriaux de compétences conjuguées et de savoirs communs.

---

[18] Loi n° 94-43 du 18 janvier relative à la santé publique et à la protection sociale, qui a instauré le principe du transfert de la prise en charge sanitaire des personnes détenues au ministère de la Santé.

La gestion de la crise suicidaire, par exemple, se réalise de façon différenciée du côté sanitaire et pénitentiaire, à des temps et dans des espaces différents, selon des moyens propres à chacun, mais dans une complémentarité organisée et explicitée à la PPSMJ. Un savoir d'intervention commun s'est progressivement construit entre le sanitaire et le pénitentiaire, un savoir-faire s'est distribué de part et d'autre, de l'émergence de la crise en passant par le placement en CproU jusqu'à l'hospitalisation lorsque celle-ci est nécessaire.

Aujourd'hui, avec le développement des « établissements fléchés AICS », ces derniers, dès lors qu'ils sont condamnés, s'y voient rapidement orientés. Le GTS a ainsi fait place à un groupe abordant la problématique des violences. Construit sur le même principe des thématiques articulées, il s'adresse aux personnes condamnées pour violences volontaires sur un tiers connu, pour une durée de 3 heures sur un temps de 9 à 12 semaines. Il devra trouver son articulation avec le GPPR correspondant et offrir aux PPSMJ la double prise en charge.

## Conclusion : Modélisation d'un dispositif socio-sanitaire

Une mise en commun des savoirs et compétences s'avère alors nécessaire pour garantir une prise en charge holistique de la PPSMJ. Il semble également nécessaire de délimiter les champs d'intervention de chaque professionnel, ceci afin d'éviter les confusions, tant du point de vue du professionnel que de la PPSMJ. Pour ce faire, il convient de coordonner les pratiques. Ceci implique une identification précise des objectifs de chaque pratique ainsi qu'une méthodologie d'évaluation des effets opérés. Cette méthodologie est nécessaire dans la mesure où, pour penser une complémentarité des pratiques, il est nécessaire de ne pas se limiter aux effets attendus mais bien de prendre en considération les effets réels observés. L'efficacité d'une pratique est en effet fonction de nombreux paramètres et il est nécessaire de mesurer les changements qu'elle induit plutôt que de les penser à un niveau théorique.

L'organisation socio-judiciaire française décrite en introduction implique un partenariat entre de nombreux acteurs, de même qu'une complémentarité des pratiques pensées en amont. Pour autant, il est souvent difficile pour les professionnels, et davantage en milieu ouvert, d'effectuer un travail de liaison pourtant nécessaire. Pour ce faire, nous envisageons la place du médecin coordonnateur comme privilégiée dans la mesure où ce professionnel se situe au carrefour du sanitaire et du judiciaire.

L'interface santé-justice pourrait se dessiner « à l'endroit d'intervention du médecin coordonnateur qui ne se limiterait pas à un suivi général de la situation de la personne condamnée mais procèderait à une évaluation des évolutions de ce sujet tout au long de son parcours pénal » (Palaric, 2014). Les besoins en termes de pratiques thérapeutiques ou pénitentiaires seraient alors évalués par ce professionnel à même d'orienter la PPSMJ vers une pratique spécifique. Un dispositif socio-sanitaire pourrait ainsi voir le jour, dispositif centré sur les besoins de la PPSMJ. Pour celle-ci, le dispositif formaliserait une institution de référence, dont le rôle serait identifié comme central dans le parcours pénal. Il pourrait offrir à la PPSMJ les moyens de se remettre en question et de comprendre les évolutions nécessaires à sa réinsertion et à son mieux-être.

**Références**

Andrews, D.A., Bonta, J. (2010). The Psychology of criminal conduct. New York : Routledge

Baron-Laforêt., S. (2007). Dans le cadre de l'injonction de soins ou de l'obligations de soins, comment articuler l'expertise psychiatrique de la personne sous main de justice, les soins apportés et le rôle de l'instance judiciaire ?. Audition publique : Expertise psychiatrique pénale, Paris, 25, 26 janvier

Lameyre, X. (2004). Les soins pénalement ordonnés, une pratique limite. Annales médico-psychologiques. 162, 657-661

Le Bas P. et al. (2016), Articulation Santé et Justice en milieu carcéral, Soins Psychiatrie, n° 303, mars/avril, p. 24-30.

Marshall, W.L., Marshall, L., Serran, G., & Fernandez, Y. (2006). Treating Sexual Offenders: An Integrated Approach. Practical Clinical Guidebooks, Routledge, New-York. William L. Marshall, Yolanda M. Fernandez, Liam E. Marshall and Geris A. Serran, (2006). *Sexual offender treatment. Controversial issues*. John Wiley & Sons, Ltd., Chichester.

Moulin, V., Palaric, R. & al. (2012). Les groupes de parole de prévention de la récidive des personnes placées sous main de justice. Rapport de recherche financé par le GIP : Mission de recherche droit et justice

Pajoni, M, Robin, A. (2010). Référentiel. Programme de prévention de la récidive. Direction de l'administration pénitentiaire

Palaric, R. (2014). « Cliniques des auteurs d'agressions sexuelles au carrefour des débats contemporains ». Thèse de doctorat en psychologie. Université Rennes2, sous la direction de Moulin Valérie.

Pinatel, J. (1946) Chronique pénitentiaire, Revue de science criminelle et droit pénal comparé, p. 142-143.

## Chapitre 11 : GLM et EMDR sous l'angle temporel TIM-E en Centre Hospitalier spécialisé sur le Psycho-traumatisme.

Dr Samantha ALJOBOORY, Juliane TORTES-SAINT-JAMMES, et Dr Erwan DIEU

Le trouble stress post-traumatique simple ou complexe (TSPT-C) est un enjeu de santé public. Selon la littérature scientifique, les thérapies cognitivo-comportementale (TCC), l'eye movement desensitization and reprocessing (EMDR), avec ou sans réalité virtuelle (TERV), ont un réel impact sur la prise en charge des personnes souffrant de ces troubles. Le DSM-5 définit le trouble stress post traumatique comme une menace ou exposition à la mort, à une blessure grave ou à un délit sexuel en vivant l'événement soi-même, en étant témoin direct ou en apprenant que celui-ci s'est produit sur un proche. Les symptômes caractéristiques du trouble sont des souvenirs répétitifs, des cauchemars traumatiques, des réactions dissociatives (flashbacks), un sentiment intense de détresse psychique lors de l'exposition à des stimuli internes ou externes pouvant évoquer l'événement traumatique. L'individu fait aussi preuve d'évitement des stimuli associés à l'événement traumatique et montre des altérations négatives des cognitions, de l'humeur et des altérations persistantes de l'éveil et de la réactivité. Tous ces symptômes doivent persister pendant plus d'un mois et amener une souffrance significative.

Le Centre de psychotraumatologie CASPERTTT du Centre Hospitalier de Cadillac accueille ces patients selon des modalités précises. Parmi celles-ci, un protocole intégratif (ORACLE, basé sur TIM-E) est testé avec réussite depuis plusieurs années. Les résultats mettent en évidence une réduction significative des symptômes du TSPT-C (Al Joboory, et al., 2019), plus importante que l'EMDR seul et lui-même plus importante que le groupe contrôle (absence de traitement) et ce d'autant plus après la prise en charge. L'objectif de ce chapitre est d'expliciter le lien établi dans ces modalités de prise en charge des TSPT-C, qui associe EMDR et GLM dans une perspectives temporelles orientées vers l'avenir (TIM-E).

## 1. Intérêts du GLM vers le soin, limites d'un point de vue psychothérapeutique stricte

Contrairement au modèle de Justice rétributive, centré sur l'infraction et la punition, le modèle réhabilitatif est axé sur la réadaptation du sujet (Demet, 2000). Il définit l'infraction comme un symptôme et place le délinquant au centre de cette définition. En considérant celui-ci comme carencé, à éduquer, à soigner, la réponse de l'Etat vise le traitement de l'auteur, la victime étant absente de ce modèle. Initialement, le GLM est un modèle de réhabilitation destiné aux délinquants sexuels (Ward & Brown, 2004 ; Ward & Gannon, 2006 ; Ward & Stewart, 2003). C'est une approche contemporaine axée sur les forces de la réadaptation des délinquants et qui met l'accent sur la promotion des objectifs personnels des individus, tout en visant, secondairement, à réduire le risque de récidive (Ward, 2002 ; 2007, Ward & Stewart, 2003). Le GLM dans ses principes généraux, part du postulat humaniste que les délinquants sexuels nous sont semblables et sont donc conditionnés par l'amélioration de leur bien-être. Comme tout être humain, le délinquant sexuel est animé par l'objectif de satisfaction de ses « *primary human goods* » (Besoins primaires humains). Selon le GLM, ces besoins humains primaires renvoient à des caractéristiques, des expériences et / ou des états d'esprit, qui sont valorisés par les individus, et augmentent le sentiment d'épanouissement et de bonheur de ces derniers (Ward, 2002).

Ces besoins primaires humains sont par exemple :

- le sentiment d'appartenance à une communauté ;
- la créativité (s'exprimant par des formes alternatives) ;
- l'excellence dans l'action (autonomie) ;
- l'excellence dans les loisirs et le travail (expériences de maîtrise) ;
- la paix intérieure (absence de troubles émotionnels et de stress) ;
- la connaissance (à quel point ils sont informés des choses qui sont importantes pour eux), (g) la vie (vie saine et fonctionnement) ;
- le bonheur / plaisir (l'état de se sentir bien ici et maintenant) ;
- la parenté (relations entre pairs, relations amoureuses et familiales) ;
- la spiritualité (dans le sens de trouver un but et un sens dans la vie) (Ward et Gannon, 2006).

Les *secondary goods* (ou besoins secondaires dits instrumentaux), sont un moyen adapté d'atteindre ces *primary goods* (ou besoins primaires dits fondamentaux). Par exemple, des connaissances peuvent être acquises en assistant à des cours universitaires. Il est supposé que tous les individus cherchent à atteindre ces besoins, à des degrés différents, selon leurs valeurs, leur stade de développement et leurs priorités dans la vie. La réalisation de ces besoins est généralement associée à des niveaux plus élevés de bien-être, ainsi qu'au développement d'une identité et d'un but dans la vie.

Selon Ward et al. (2007), les délits (sexuels) représenteraient des tentatives inadaptées de satisfaire ces besoins fondamentaux humains. Le concept d'identité personnelle est crucial. Le GLM vise à façonner une identité adaptative et positive, éloignée de l'identité problème initiale. L'acquisition de cette identité passe par la création d'un « good life plan », ou plan de vie. Ce plan de vie vise à prendre en compte à la fois l'individu, mais également son environnement, représentable par ses sphères de vie. Dans ce plan de vie, l'individu doit spécifier et représenter ses besoins primaires, ainsi que les compétences à acquérir et les moyens à mettre en œuvre pour les atteindre.

Le GLM permet de fournir au patient une explication à ses comportements inadaptés et d'ainsi rechercher des substituts à ceux-ci. Un minimum de motivation au changement et une implication de l'individu comme du professionnel sont des critères prérequis. Ce type de prise en charge ne peut être envisagé qu'avec l'adhésion du patient. Il nécessite assiduité et opiniâtreté. Ce type de traitement a également ses limites lorsque le patient a une mauvaise perception de son identité et de ses valeurs personnelles, ce qui est particulièrement courant chez les personnes souffrant de traumatisme complexe. Nous ne repérons pas de « cibles » traumatiques et restons très généralistes quant à l'histoire de vie de l'individu, ce qui ne permet pas de désensibilisation ni retraitement des traumatismes de l'enfance, qui sous-tendent les troubles observables à l'âge adulte. Bien que le GLM s'applique aujourd'hui aux victimes (GLMVT), l'application du modèle dans un cadre clinique plus général n'est pas totalement satisfaisante s'il n'est associé à d'autres modèles ou prises en charge, comme les TCC ou l'EMDR, car le GLM n'est en soi pas un « programme » de traitement.

## 2. Réflexion autour d'une approche thérapeutique intégrative gagnante : Les apports de l'EMDR et du TIM-E

### *Les réponses possibles apportées par l'EMDR, un modèle d'origine psychothérapeutique non réhabilitatif*

L'EMDR « eye-movement desensitization and reprocessing » (en français : désensibilisation et retraitement par les mouvements oculaires) est une approche thérapeutique découverte par Francine Shapiro en 1987. Francine Shapiro est docteur en psychologie, membre du Mental Research Institute de Palo Alto. Elle a obtenu pour cette découverte en 1994 le Distinguished Scientific Achievement in Psychology Award, de l'Association californienne de psychologie et, en juin 2002, le prix Sigmund Freud.

L'EMDR est une approche psychothérapeutique intégrative, centrée sur le patient, qui met l'accent sur le système de traitement de l'information et sur les mémoires d'expériences perturbantes, en tant que fondations des pathologies. En 20 ans, elle a évolué d'une simple technique de désensibilisation à une approche psychothérapeutique globale. Le traitement en huit phases aborde de manière très complète les expériences qui contribuent aux affections cliniques et celles qui permettent d'amener le patient à un état solide de santé psychologique.

L'application thérapeutique de l'EMDR est fondée sur le modèle de Traitement Adaptatif de l'Information (TAI) qui guide sa pratique clinique. Au fond, l'EMDR permet de traiter, le modèle TAI permet d'expliquer les phénomènes cliniques, de prédire les effets de traitement positifs et de guider la pratique. L'EMDR c'est ce que l'on fait, le TAI c'est comment on réfléchit notre patient. En cohérence avec les données neurobiologiques, l'hypothèse est formulée selon laquelle, les expériences nouvelles sont assimilées au sein de réseaux mnésiques déjà existants. Comme nous l'explique Francine Shapiro, lorsque l'on nous tend une tasse, il faut des expériences « tasse » antérieures pour savoir quoi en faire. De manière similaire, l'échec d'une histoire amoureuse est assimilé dans des réseaux mnésiques associés aux relations et augmente la base de connaissances concernant des choses telles que les attentes et des signes d'affection, des signaux d'alerte potentiels.

Chez un individu sain, à mesure que de nouvelles expériences sont traitées, elles sont « métabolisées » ou « digérées », et ce qui est utile est appris, stocké avec les émotions appropriées, et guide la personne à l'avenir (Shapiro, 2007). Par exemple, un enfant peut tomber de son vélo et pleurer, mais avec un réconfort et des soins appropriés, la peur se dissipe et l'enfant apprend ce qui est nécessaire pour mieux rouler à vélo à l'avenir. Cependant certains enfants deviennent anxieux par rapport au vélo et la détresse ne diminue pas. Cette anxiété persistante suggère que le système de traitement des informations a enregistrée l'expérience sans le traitement adéquat jusqu'à une résolution adaptative. Plutôt que de se rappeler les expériences de vélo antérieures agréables ou la disparition de la douleur physique, quand ils pensent au vélo, ils ne se souviennent que de la chute. L'événement est foncièrement figé dans le temps à l'instant de la peur et de la douleur. Cette expérience est stockée de manière dysfonctionnelle dans un réseau de mémoire inadapté, réseau qui est activable à loisir dans le présent par une situation plus ou moins similaire. Ceci jette les bases de réactions inappropriées (dysfonctionnelles) futures à des événements similaires : il devient la pierre angulaire ou l'événement source pour toute expérience associée (Shapiro, 2007).

*L'EMDR est une thérapie en 8 phases :*

| Phase | Objectif | Procédures |
|---|---|---|
| 1-Histoire du patient | -Obtenir des informations sur le passé.<br>-Vérifier l'adéquation du traitement EMDR.<br>-Identifier des cibles de traitement parmi les événements positifs et négatifs de la vie du client. | -Administrer des questionnaires standard de recueil d'informations et d'anamnèse ainsi que des évaluations psychométriques.<br>-Analyser les critères et les ressources.<br>-Poser des questions concernant (a) les événements passés qui ont établi les bases de la pathologie, (b) les déclencheurs présents et (c) les besoins futurs. |
| 2-Préparation | -Préparer les patients au traitement des cibles par l'EMDR.<br>-Stabiliser et augmenter l'accès aux affects positifs. | -Apporter des informations concernant le tableau symptomatique.<br>-Enseigner des métaphores et des techniques qui favorisent la stabilisation et un sentiment de maîtrise de soi et de contrôle personnel. |
| 3- Evaluation | -Accéder à la cible pour le traitement EMDR en stimulant les aspects principaux du souvenir. | -Eveiller l'image, la croyance négative actuelle, la croyance positive désirée, l'émotion actuelle, la sensation physique et les mesures de base. |
| 4-Désensibilisation | -Traiter les expériences et les déclencheurs jusqu'à leur résolution adaptative (niveau SUD 0).<br>-Traiter complètement tous les canaux pour permettre une assimilation complète des souvenirs.<br>-Incorporer des scénarios-types d'expériences positives. | -Traiter le passé, le présent, le futur.<br>-Utiliser les protocoles EMDR standard qui permettent l'émergence spontanée de prises de conscience, d'émotions, de sensations physiques et d'autres souvenirs.<br>-Utiliser les tissages cognitifs pour relancer le traitement bloqué en suscitant l'émergence d'informations plus adaptatives. |

| | | |
|---|---|---|
| 5-Installation | -Augmenter les connexions avec des réseaux cognitifs positifs.<br>-Amplifier les effets de généralisation parmi les souvenirs associés. | -Identifier la meilleure cognition positive (initiale ou émergente).<br>-Renforcer la validité de la croyance positive désirée jusqu'à un VOC de 7. |
| 6- Body Scan | -Assurer la stabilité du client à la fin d'une séance EMDR et entre les séances. | -Traiter toute sensation physique résiduelle. |
| 7- Clôture | -Assurer la stabilité du client à la fin d'une séance EMDR et entre les séances. | -Utiliser l'imagerie ou des techniques de contrôle de soi selon les besoins.<br>-Informer de ce qui peut se passer entre les séances et inviter à tenir un journal de bord. |
| 8- Réévaluation | -Evaluer les effets thérapeutiques.<br>-Assurer un traitement complet au cours du temps. | -Explorer ce qui a émergé depuis la dernière séance.<br>-Réaccéder au souvenir de la dernière séance.<br>-Evaluer l'intégration dans un système social élargi. |

Tableau 1. Aperçu général du traitement EMDR (Shapiro, 2007)

Aujourd'hui, l'EMDR est un des 2 traitements psychothérapeutiques de choix du trouble de stress post traumatique (HAS 2007, OMS 2013, INSERM 2015).

***Le modèle TIM-E, intérêts dans une modélisation conciliatrice du GLM et de l'EMDR pour une psychothérapie des traumas complexes***

Le Modèle de l'Identité Temporelle (TIM-E, Dieu, 2016) cherche l'adéquation entre une évaluation efficace des besoins et un objectif d'accompagnement centré sur la temporalité vécue par le sujet dans son identité. Les approches psychologiques parlent parfois de l'avenir du sujet, sans le structurer pleinement ou bien en proposer une approche harmonisée avec un jargon commun dans l'intérêt de l'usager.

Lorsqu'ils questionnent le futur, les évaluations et accompagnements se focalisent sur le repérage de problématiques spécifiques. De fait le plus souvent, si l'accompagnement s'exerce sur ce futur, l'intervention a tendance à prévenir le sujet de la rechute potentielle. L'appréciation des vulnérabilités, le nombre de mémoire pathogène, le diagnostic de santé mentale, les prescriptions, les traitements..., jettent sur le patient un regard qui n'interroge que peu son identité dans le temps, tout en renforçant la représentation d'un futur obstrué et mono-centré sur ce qu'il ne faut pas y placer : la problématique. Au sein de ces approches davantage orientées vers les modèles cognitifs, comportementaux et émotionnels, qui permettent dans la théorie l'inclusion de la temporalité, peu de pratiques concrètes envisagent le futur en soi. L'EMDR semble en partie entrer dans cette démarche, notamment au travers de son protocole EMDR *« Float-forwards »*, ou *« Flash-forward procedure »* ou encore *« Future Template »* dit aussi « mental video » (inclus généralement dans autre protocole, eg. Phobique), sans pour autant quitter un temps la démarche de résolution d'un problème. Qui est ce sujet, c'est-à-dire que veut-il être profondément, quelles sont ses ressources pour y accéder dans le temps, quel est le sens de ses valeurs à travers un voyage mental « dans » le temps ? De son côté, bien que le GLM (Ward & Brown, 2004) propose d'établir un Plan de vie en cohérence avec les besoins fondamentaux du sujet, il ne projette pas pour autant projeter le sujet dans le futur de manière plus approfondie.

Comme nous l'avons indiqué dans un précédent chapitre (Chapitre 7), l'accompagnement psychologique se résume généralement en une variable : la « réalisation » (eg. construction, planification). En plus de la « réalisation », TIM-E approfondit largement le futur des sujets, pour le transformer en « qui » plutôt qu'en « quoi » (Dieu & Lavandier, 2018). Il s'agit des principes « CDR », favorisant la probabilité chez le patient d'un engagement dans la thérapie et d'un accès à un futur concret et réaliste. Il s'agit d'associer à la « réalisation » basée sur les Ressources positives pertinentes (RPP) une « construction » mentale de soi (Identité Temporelle -IT) et une « disposition » collaborative fondamentale au changement (DFCC). L'approche temporo-identitaire TIM-E projette le sujet dans cet « après », un futur de réussite, en regardant depuis ce futur le chemin franchis (Dieu, et al., 2019). La proposition ici envisagée (principes « CDR ») revient à déplacer le curseur de l'accompagnement vers le Plan Futur du sujet via l'utilisation des Entretiens Temporels (ET) (Dieu, 2017) pour permettre à l'individu de projeter son identité dans le temps par-delà ses difficultés. L'établissement du Plan Futur renforce les sujets dans l'écoute active, le partage, l'alliance relationnelle, et facilite ainsi le traitement.

Le modèle de l'Identité Temporelle appliqué via l'Entretien Temporel-futur part du constat que sans projet, sans but, sans vision de son avenir et de croyances en ses capacités propres, il ne peut y avoir de disposition effective dans le temps à changer (Al Joboory, et al., 2019). La proposition de TIM-E-*futur* correspond à cette volonté d'investiguer avec le sujet ses perspectives d'avenir et ses changements et a vocation à s'appliquer à un choix large d'accompagnements. En développant de manière collaborative une démarche globale du futur sous la forme d'un projet de vie, TIM-E est un projet intégratif facilitant le lien GLM / EMDR.

### 3. Une rencontre intégrative entre le "Plan de Vie temporel" et le "Plan de ciblage"

Ce programme intègre différentes techniques et thérapies. La notion de perspective temporelle et la pratique du GLM y tiennent une place prépondérante. Les blocages ou fantômes du passé, rencontrés lors sa mise en œuvre, feront l'objet de cibles spécifiques de retraitement en EMDR ou de prise en charge en TCC. Il fait également appel à des techniques hypnotiques et à la méditation pleine conscience, cette dernière permettant au sujet de s'ancrer dans l'ici et maintenant afin de pouvoir faire face plus sereinement à ses difficultés. La notion de perspective temporelle est un concept ancien. Il est défini par Lewin en 1942, comme étant « la totalité des points de vue d'un individu à un moment donné sur son futur psychologique et sur son passé psychologique ».

Dans sa synthèse sur le sujet (1998), Eric Thiébaut souligne la rareté des études qui considèrent à la fois les trois volets du temps. Il reprend alors la définition de la perspective temporelle établie par Nuttin en 1980, la définissant comme « une mise en présence cognitive d'événements passés, présents ou futurs ». Fraisse, dans son ouvrage sur *La psychologie du temps* (1957) précise que la perception des objets temporels prend elle-même un certain temps. Par ce temps de la perception, s'établit alors un pont entre le présent et son passé et futur immédiat. Cette organisation est alors perçue et structurée par notre attention : « dès que nous fixons notre attention, l'organisation apparait ». Pavlov observait déjà en 1955 qu'il fallait que l'animal ait l'attention dirigée vers ce qui va se passer pour que le conditionnement réussisse. Ce qui introduit l'intérêt de la récompense, bien illustré par le *Test du marshmallow* de Mischel (1972), mettant en évidence que la capacité de maîtrise de soi, mesurée par la capacité de gratification différée, était synonyme d'une plus grande réussite future. A niveau intellectuel équivalent, les performances scolaires varient selon la représentation du futur (Thiébaut, 1998).

Thiébaut souligne également que, pour que la perspective future puisse influencer l'activité présente du sujet, la succession des événements, les relations entre les événements et l'action personnelle doivent être compris. Pour Zimbardo et Boyd (1999), la perspective temporelle permet d'expliquer le comportement de l'individu, le passé et le futur psychologique de ce dernier influençant en permanence son comportement présent.

La construction du plan de vie permet au sujet de porter son attention et de visualiser instantanément les rapports entre les différents éléments de vie et les besoins à assouvir. Le sujet prend une part active dans la représentation de ce plan de vie, ce qui le dégage d'un certain fatalisme. L'existence et le positionnement de ses sphères découlent du résultat de ses actes et ne sont plus complètement liés au hasard. Par le biais de l'acquisition de compétences temporelles, le patient peut pleinement vivre dans le présent, tout en tirant profit de son passé et en s'orientant vers l'avenir. La phase 1 en EMDR est la phase durant laquelle le clinicien cherche à obtenir les informations nécessaires pour planifier l'architecture de la thérapie. Cette partie de l'anamnèse conduit à une évaluation complète du tableau clinique, comprenant les comportements dysfonctionnels du patient, les symptômes, ainsi que les caractéristiques qu'il faudra aborder. Le clinicien détermine alors différentes cibles spécifiques à retraiter. Ces dernières incluent les événements à l'origine de l'apparition de la pathologie, les déclencheurs actuels qui stimulent le matériel dysfonctionnel et les types de comportements et attitudes futurs qui seraient plus appropriés, afin de créer de nouveaux patterns adaptatifs (ou schémas de répétition). Le plan de traitement suivra donc toujours la trame : passé – présent – futur.

L'EMDR ne devrait être utilisée par le clinicien qu'à l'issue d'une évaluation complète du tableau clinique et après la conception d'un plan détaillé du traitement. C'est ce que sous-tend la notion d'« architecture » de la thérapie et que nous réaliserons à partir du plan de vie temporel du patient, issu du Modèle GLM / TIM-E. Le plan de vie nous donne en effet une vue d'ensemble du patient et de sa problématique, tout en tenant compte des personnes, activités ou éléments qui gravitent autour. Le thérapeute comme le patient prennent immédiatement conscience des interactions entre les sphères de vie. La problématique du sujet est donc moins empreinte de subjectivité. Le plan de ciblage qui en découle correspondra à une vision plus focale des cibles mises en évidence par et dans le plan de vie.

La première étape consistera donc à identifier les cibles potentielles dans le plan de vie aussi précisément que possible. En effet, pour deux patients présentant une même problématique, les besoins de traitement peuvent varier. Le clinicien doit alors déterminer quel problème doit être réglé par la psychopédagogie, tel autre par des techniques de résolution de problème, de gestion de stress ou des techniques de décentration.

Il doit également repérer ceux ayant pour origine une information dysfonctionnelle, qu'il faudra traiter en EMDR. Le clinicien réalise donc un plan de traitement général, pouvant inclure un ou plusieurs plans de ciblage, ayant chacun pour objet un pattern dysfonctionnel. Par exemple, si un patient a besoin d'aide à la suite de violences conjugales commises, la constitution de son plan de vie va l'aider à déterminer quelles seraient les manières possibles pour sortir de cette situation. Cela pourra être : trouver un logement, rencontrer une assistante sociale, travailler ses addictions, gérer sa colère, réviser ses convictions… Le plan de vie permettra de repérer les besoins fondamentaux du sujet, ses perspectives futures désirées, mais surtout les patterns dysfonctionnels qui l'amènent aujourd'hui à vivre cette situation.

Le plan de ciblage, quant à lui, mettra l'accent sur les différentes cibles d'intervention en EMDR. Il nous permettra de remonter dans son histoire et de voir qu'il a toujours connu des relations violentes, y compris avec un père maltraitant et de les cibler de manière spécifique. Il s'agit donc de déterminer dans le plan de vie du patient ce qui appartient à une expérience dysfonctionnellement stockée dans un réseau de mémoire inadapté, de l'extraire et de faire un plan de ciblage mettant en évidence les sources de ce comportement dysfonctionnel. Nous repèrerons ainsi les expériences du passé qui nourrissent ce schéma de répétition et les retraiterons en EMDR pour déconstruire ce schéma. Dans cet exemple, l'histoire des violences subies par le patient (vues ou subies) fait apparaître des éléments du caractère qui ont besoin d'être spécifiquement abordés et digérés pour éviter une répétition dans les années futures. Le plan de traitement en EMDR est étayé, entre autres, par une conclusion tirée de l'observation clinique de séance de retraitement par Francine Shapiro, à savoir que les premières expériences d'abus sont souvent directement responsables de relations dysfonctionnelles dans le présent. La source de la pathologie est alors à situer dans le passé et non dans le présent. Pour le traitement des patients souffrants de relations dysfonctionnelles courantes, ayant vécu dans leur passé un ou plusieurs abus précoces, les caractéristiques qui demeurent omniprésentes doivent également être identifiées. Ces dernières se manifestent sous la forme de comportements dysfonctionnels, associés à des croyances négatives qui sont dans le présent les conséquences des abus du passé. Tout en considérant les violences subies dans la relation courante, soit les événements constituant le souvenir source, la référence originaire donne par elle-même sens aux incidents ultérieurs. Ils devront généralement être ciblés et retraités en premier. C'est en travaillant ces souvenirs source que le clinicien peut espérer des changements substantiels et étendus des comportements actuels et donner plus de force à la prise en charge globale du trauma complexe par le Good Lives Model.

**Références**


Al Joboory, S., Soulan, X., Lavandier, A., Tortes-Saint-Jammes, J., Dieu, E., Sorel, O., Bouchard, J-P. (2019). Psychotraumatologie : Prendre en charge les traumatismes psychiques. Annales Médico-psychologiques revue psychiatrique, in press.

Apostolidis, T., Fieulaine, N. (2004). Validation française de l'échelle de temporalité The Zimbardo time perspective inventory (ZTPI). Revue européenne de psychologie appliquée, 54 : 207-217.

Balier, C., Ciavaldini, A., Khayat, G., France, M. (1997) Rapport de recherche sur les agresseurs sexuels. Direction générale de la santé.

Bessel Von Der Kolk, B.A. (1984). Post-traumatic Stress Disorder: Psychological and Biological Sequelae. Washington DC : American Psychiatric Press.

Bourdages, D. (2013). Le phénomène de la revictimisation : le parcours de femmes abusées sexuellement durant l'enfance et à l'adolescence, mémoire avril 2013, université du Québec à Montréal.

Coco, G., & Corneille, S. (2009). Quand la justice restaurative rencontre le Good Lives Model de réhabilitation des délinquants sexuels : fondements, articulations et applications. Psychiatrie et violence, 9(1).

Demet, S. (2000). « Le concept de justice réparatrice en question », dans Georges KELLENS (dir.). Punir. Pénologie et droit des sanctions pénales. Liège, Editions juridiques de l'Université de Liège : 43-58.

Dieu, E. (dir). (2017). Les Innovations Criminologiques. L'Harmattan.

Dieu, E., & Lavandier, A. (2018). L'approche temporelle basée sur les plans de vie, avec immersion en réalité virtuelle, pour accompagner les patients victimes. Communication orale, in Psychotraumatisme : enjeux et perspectives, Journées du Centre Psychotraumatologique CASPERTT, CHU Cadillac, Bordeaux.

Dieu, E. (2016). « Du modèle temporaliste TIME au protocole PRATIC : l'effectivité du GLM ». Conférence orale plénière, GOOD LIVES MODEL, Première rencontres internationales francophones, Tournai, Belgique.

Dieu, E., Sorel, O., Bouchard, J-P. (2019). Place de la psychothérapie intégrative dans la prise en charge des problématiques de radicalisation. Annales Médico-Psychologiques, 177(5) : 483-488.

Dubois, C. (2011). La justice réparatrice en milieu carcéral : De l'idée aux pratiques. Presses Universitaires de Louvain.

Fraisse, P. (1957). Psychologie du temps, Paris, PUF.

Herman, J.L. (1992). Complex PTSD: A syndrome in survivors of prolonged and repeated trauma. J Traumatic Stress, 5(3): 377-391.

Lewin, K. (1942). "Time Perspective and Morale". In Watson, G. Civilian morale. Boston, Houghton Mifflin, p. 48-70.

Mischel, W., Ebbesen, E., Raskoff Zeiss, A. (1972). Cognitive and attentional mechanisms in delay of gratification, 21: 204–218.

Nicosia, G.J. (1994). The QEEG of PTSD with EMDR. Presented at the Interntional EMDR-Conference, Sunnyvale, California.

Nuttin, JR. (1979). « La perspective temporelle dans le comportement humain ». In Fraisse, P. Du temps biologique au temps psychologique. Paris, PUF, p. 307-363.

Pavlov, I.P. (1955). Typologie et pathologie de l'activité nerveuse supérieure. Paris, PUF.

Propper, R., Pierce, J.P., Geisler, M.W., Christman, S.D., Bellorado, N. (2007). Effect of bilateral eye movements on frontal interhemispheric gamma EEG coherence: Implications for EMDR therapy. Journal of Nervous and Mental Disease, 195(9): 785-788.

Salmona, M. (2008). La mémoire traumatique. In l'Aide-mémoire en Psychotraumatologie. Paris, Dunod.

Senon, JL., Lopez, G., Cario, R. (2012). Psychocriminologie - 2e éd.: Clinique, prise en charge, expertise. Dunod.

Shapiro, F. (2007). EMDR, adaptative information processing, and case conceptualization. Journal of EMDR Practice and Research, 1: 68-87.

Shapiro, F. (2007). Manuel d'EMDR : principes protocoles et procédures. InterEditions.

Stickgold, R. (2002). EMDR : A putative Mechanism of action. Journal of Clinical Psychology, 58: 61-76.

Terr, LC. (1991). Childhood traumas: An outline and overview. Am J Psychiatry, 148: 10-20.

Thiébaut, E. (1998). La perspective temporelle, un concept à la recherche d'une élucidation conceptuelle. L'année psychologique, 98 : 101-125.

Ward, T. (2002). Good lives and the rehabilitation of offenders. Promises and problems. Aggression and Violent Behavior, 7: 513-528.

Ward, T. (2007). On a clear day you can see forever: Integrating values and skills in sex offender treatment. Journal of sexual aggression, 13(3): 187-201.

Ward, T., & Brown, M. (2004). The Good Lives Model and conceptual issues in offender rehabilitation. Psychology, Crime & Law, 10: 243-257.

Ward, T., & Gannon, T. (2006). Rehabilitation, etiology, and self-regulation: The comprehensive good lives model of treatment for sexual offenders. Aggression and Violent Behavior, 11(1) : 77-94.

Ward, T., & Stewart, CA. (2003). The treatment of sex offenders: Risk management and good lives. Professional Psychology: Research and Practice, 34(4): 353-360.

Ward, T., Mann, RE., Gannon, T. (2007). The good lives model of offender rehabilitation: Clinical implications. Aggression and Violent Behavior, 12(1): 87-107.

Yuichi, S., Mischel, W., Peake, PK. (1990). Predicting Adolescent Cognitive and Self-Regulatory Competencies from Preschool Delay of Gratification: Identifying Diagnostic Conditions. Developmental Psychology, 26(6): 978-986.

Zimbardo, P., & Boyd, J. (1999). Putting time in perspective: a valid, reliable individual-differences metric. Journal of personality and social psychology, 77(6): 1271-1288.

## Chapitre 12 : La dimension éthique dans le choix d'une prise en charge des délinquants sexuels : l'intérêt du Good lives model (G. L. M.)

Pr Christian Mormont et Serge Corneille

En nous en tenant pragmatiquement à la situation que connaissent la plupart des pays occidentaux au moins, l'immense majorité des infractions à caractère sexuel n'entraînent pas la peine capitale, là où elle existe, ni la perpétuité. Leurs auteurs, comme les auteurs des autres crimes et délits, reviennent un jour dans le circuit social général, s'ils en ont été retirés pour la prison. La nature et la longueur des peines est un débat que nous ne rouvrirons pas ici, mais nous ne pourrons pas taire l'ambivalence que le délinquant sexuel suscite et qui se traduit par le refus sociétal du choix « punir ou soigner ». Pas d'option disjonctive. Mais l'option cumulative, punir et soigner, n'est pas qu'une impasse logique, elle est la violation d'un principe important qui lie responsabilité et punition. On ne peut être puni que si l'on est responsable et, dans ce cas où le libre arbitre n'est pas altéré, de quoi devrait-on être soigné ? Si l'infraction résulte d'une pathologie, pourquoi l'auteur, malade, en serait-il condamné ? Autrement formulé, si on punit, pourquoi soigner ? si on soigne, pourquoi punir ?

Concrètement, ce dilemme engendre une demande sociale problématique adressée aux intervenants psycho-sociaux. Ceux-ci sont sommés de trouver les moyens de traiter les auteurs d'infractions à caractère sexuel tout en contribuant directement à la sécurité publique et à l'exécution de la peine. Cette demande qui nous paraît contre-nature n'a pas soulevé d'objection dans beaucoup de pays, notamment en Amérique du Nord et dans les pays germaniques. En Belgique francophone et en France, cette demande de collaboration à l'ordre public provoquera, au sein du monde des psychologues, des réactions variées et des débats houleux. Certains psychologues, en effet, refuseront catégoriquement de collaborer de quelque façon que ce soit avec la justice au nom de la sécurité publique (prévention de la récidive), estimant que cela ne relève pas de leur compétence professionnelle, limitée, en dernier ressort, au développement ontologique de leurs clients, auteurs d'infractions à caractère sexuel compris. D'autres, au contraire, accepteront de prendre en charge ces missions au bénéfice de tiers, la société et les victimes passées ou à venir.

L'idéologie à la base du punir et soigner est moins d'améliorer la santé *(lato sensu)* d'un individu en l'aidant à gagner une part de liberté et d'humanité dont sa déviance le prive, que de protéger la société et, étrange égarement, de contribuer à la « reconstruction » de la victime.

Comment peut-on raisonnablement espérer qu'un délinquant dont on dénonce avec insistance le manque d'empathie, de sens moral, d'altruisme, de respect d'autrui, s'engage dans un processus thérapeutique au seul profit d'autrui ? Il n'en reste pas moins que la société va assigner comme cibles au traitement :

- la prévention de la récidive (au nom de la sécurité) ;
- la reconnaissance des faits et l'empathie par rapport à la victime (au nom de l'intérêt supposé de la victime elle-même).

Notons que, selon Glaser, poursuivre de tels buts qui ne servent pas le bien du bénéficiaire est éthiquement inacceptable pour des soignants. De ce point de vue, l'appartenance professionnelle de l'intervenant au domaine du soin est une question cruciale car cette appartenance lui interdirait de participer à l'action réclamée par la société. Dans les faits, on est loin du compte car, il faut bien le dire, beaucoup de psychologues « thérapeutes » endossent avec conviction un rôle sécuritaire qui ne leur incombe pas et qu'il faudrait laisser, sans doute, aux travailleurs sociaux ou judiciaires chargés du contrôle, de la surveillance, de l'éducation ou rééducation des criminels.

Ce questionnement éthique n'a pas présidé à la recherche d'une réponse à apporter à la société et n'a donc pas modéré l'adhésion à des approches basées sur la résolution de problèmes et l'apprentissage. Approches réductrices et morcelantes, à la mode précisément parce qu'elles découpent la complexité en unités plus petites et plus manipulables, engendrant le sentiment d'assurer un contrôle strict de la réalité (et même des budgets).

C'est ainsi que le premier modèle de traitement des auteurs d'infractions à caractère sexuel a été le *Relapse Prevention Model*, littéralement *Modèle de Prévention de la Rechute,* terme à connotation plutôt médicale, mais que l'on a choisi de traduire par *Prévention de la Récidive,* la récidive renvoyant davantage au judiciaire. Cette nuance sémantique trahit sans doute les arrière-pensées sécuritaires et punitives des professionnels chargés de soigner et punir la délinquance sexuelle.

Le *Relapse Prevention Model*, ou modèle de prévention de la récidive (rechute), est centré sur le comportement-problème et s'inspire des modèles de prévention de la rechute en addictologie (tabac, alcool, drogues...). Mais pour procéder à cette assimilation, il faut définir –abusivement- tout auteur d'infraction à caractère sexuel comme « dépendant de sa déviance sexuelle ». Les thérapeutes se revendiquant de ce modèle de prévention de la récidive se focalisent donc sur la « déviance sexuelle » supposée des usagers et travaillent au seul objectif de leur abstinence. Certaines méthodes utilisées à cette fin, telles que les chocs électriques ou olfactifs, la satiation masturbatoire etc ont soulevé *a posteriori* des objections éthiques majeures.

Bien d'autres méthodes seront expérimentées. Nous ne citerons, à titre d'exemple, que l'analyse de la chaîne des comportements conduisant au passage à l'acte délinquant, approche moins étriquée et moins fragmentée que la prévention de la récidive originelle.

Se développe, parallèlement, le dogme des vertus bienfaisantes de la justice appliquée et de la bienveillance de l'appareil judiciaire à l'égard de la victime. Ni l'expérience empirique des justiciables, ni la recherche ne confirment la portée générale de cette idéologie. Qui, à part quelques juges en mal d'auto-justification et des nostalgiques des névroses freudiennes, oserait soutenir que les coupables aspirent à être condamnés afin d'être soulagés de leurs écrasants sentiments de culpabilité inconsciente. Et qu'ils sont heureux, ayant purgé leur peine et payé leur dette à la société, d'être réintégré au monde des hommes, jolie formule qui est probablement incompréhensible pour la majorité des libérés confrontés à l'ostracisme, à la stigmatisation et au dénuement. S'il est de tels coupables, ils font figure d'exception. Certains n'ont pas hésité à écrire, dans des revues scientifiques, que la confrontation à la Justice est une situation quasi expérimentale de traumatisation, qu'on soit auteur ou victime. Alors, prétendre que le parcours judiciaire est doté de « vertus thérapeutiques » sans lesquelles la victime ne peut absolument pas se « reconstruire » est nuisible et mensonger.

En s'engageant dans ce parcours, la victime se trouve totalement dépossédée de son destin, impuissante face à la Justice, sans contrôle sur son sort (conditions traumatogènes s'il en est). Pour que le parcours judiciaire fasse, prétend-on, son plein effet réparateur, il faut que police et justice soient efficaces et arrêtent l'auteur, que cet auteur soit suffisamment probe pour reconnaître les faits et suffisamment vertueux pour faire preuve de compassion à l'égard de sa victime, que les juges soient sévères dans leur condamnation, que l'administration pénitentiaire soit exemplaire dans les modalités d'exécution de la peine. Il faut que tout cela se déroule rapidement, que la parole et la crédibilité de la victime ne soient jamais contestées, que la vérité qu'elles excrètent ne requière ni vérification, ni preuve, que les règles de droit (délais de prescription, doute au bénéfice de l'accusé etc) soient suspendues. Ces conditions sont rarement réunies, au grand dam de la victime que l'on a leurrée en lui faisant croire en leur nécessité. Quant au thérapeute, il se trouve déresponsabilisé de la détresse de la victime, puisque selon le dogme, celle-ci ne peut se reconstruire hors les conditions précitées.

Depuis toujours, nous avons exprimé nos réticences à l'égard de ces approches fragmentaires, dogmatiques, moralisatrices. Nous avons toujours défendu un point de vue plus humaniste considérant la personne humaine dans sa globalité et refusant de la réduire à un de ses comportements problématiques (infraction à caractère sexuel) ou à un statut aliénant (statut de victime).

C'est pourquoi nous avons accueilli avec une grande satisfaction le *Good live model* (GLM) de Ward, modèle dans lequel nos principales préoccupations trouvaient place et mise en œuvre. Né au début des années 2000, sous l'impulsion principale de Tony Ward, le GLM est un modèle de réhabilitation et non un simple modèle thérapeutique. L'hypothèse de base du GLM est que l'auteur d'infractions à caractère sexuel cherche à satisfaire non pas une déviance sexuelle, mais des besoins humains fondamentaux (relationnels, affectifs, identitaires, etc…). Le délit sexuel est, dès lors, considéré comme un moyen inadapté de parvenir à combler ces besoins humains fondamentaux. Une intervention GLM consistera donc à identifier et pondérer chacun de ces besoins humains fondamentaux et de définir avec l'usager des stratégies alternatives au délit sexuel lui permettant de satisfaire ses besoins personnels.

Le GLM rompt donc avec les modèles précédents en ce qu'il considère le bien-être de l'usager et la prévention de la récidive comme étant complémentaires l'un de l'autre : ici, la prévention de la récidive n'est pas considérée comme le but du traitement mais plutôt comme un des moyens de parvenir à une vie plus satisfaisante pour la personne prise en charge. En effet, la plupart des délinquants sexuels ne trouveront que fort peu d'épanouissement dans une récidive et ses conséquences. Quant aux rares qui ne pourraient être épanouis qu'au travers d'une récidive, on peut raisonnablement penser qu'ils sont suffisamment compétents pour récidiver sans l'aide d'un psychologue.

Une intervention de type GLM a de multiples implications dans la pratique clinique. Le GLM nous oblige à travailler avec la personne dans sa globalité, à penser l'intervention en termes d'acquisitions et non de renoncements, en termes de gains et non de privations, en termes de satisfaction des besoins et non en termes d'abstinence. Il nous oblige également à nous concentrer sur les besoins humains fondamentaux du délinquant plutôt que sur ses seuls besoins sexuels. En outre, par rapport à d'autres pratiques humanistes, il oblige à une systématisation plus rigoureuse dans l'identification des besoins de l'usager et la définition de stratégies alternatives au délit sexuel.

Ce travail plus rigoureux se fait au travers de l'élaboration d'un « *Good Live Plan* » qui nécessite de passer en revue l'ensemble des besoins humains fondamentaux de l'usager, la pondération de chacun d'entre eux, une réflexion sur leurs (in)compatibilités ou leurs complémentarités respectives et, pour chacun d'entre eux, l'identification de moyens pour parvenir à les combler. De surcroît, le GLM implique une approche individualisée plutôt que standardisée puisque, par essence, les besoins humains fondamentaux varient d'un individu à un autre. Enfin, l'efficacité des interventions de type GLM ne sont plus fondées sur la simple motivation de l'usager, moins encore sur sa compliance/résistance au traitement, mais également sur l'implication des intervenants eux-mêmes. C'est ce qui explique peut-être l'efficacité du GLM, laquelle a été relevée dans de nombreuses études qui ont mis en lumière la plus grande adhésion des usagers au traitement par rapport à d'autres modes d'intervention.

Le GLM, s'il permet une réhabilitation plus efficace des auteurs d'infractions à caractère sexuel, offre également l'avantage de réhabiliter une psychologie plus humaniste en faisant de nos usagers, fussent-ils délinquants sexuels, des *alter ego* en humanité, plutôt que des monstres aussi étranges qu'étrangers Cependant, pouvons-nous nous satisfaire, au niveau éthique, de l'argument d'efficacité ? Dans un article de 2009, Bill Glaser va concentrer ses critiques du GLM sur ces aspects éthiques.

La première critique porte sur les fondements philosophiques du GLM, c'est-à-dire sur la conception d'une nature intrinsèquement pro-sociale de l'individu et donc de l'auteur d'infractions à caractère sexuel. Se démarquant fermement de ce point de vue optimiste, Glaser souligne que certains individus peuvent poser le choix, tout à fait conscient et délibéré, de mener une vie délinquante, socialement inacceptable, sans pour autant que ce choix ne révèle des capacités de jugement altérées ou amoindries. Toutefois, par rapport à cette critique, nous pensons que si les inventeurs du GLM ont une telle conception optimiste de l'être humain, il n'est en rien nécessaire d'y adhérer étroitement et même, il est possible de s'en détacher à partir du moment où l'on ne suppose pas cette « pulsion » pro-sociale présente en chacun, où on ne la voit pas comme le *primum movens* indispensable au travail. Pour nous, il suffit d'examiner avec le délinquant ses besoins fondamentaux, ou en langage commun, les choses qu'il souhaite réaliser pour avoir une meilleure vie. On pourrait dire qu'il ne s'agit pas d'une réflexion orientée vers le social mais au contraire d'une recherche égo-centrée dans laquelle l'intérêt personnel peut encourager à des relations satisfaisantes avec certains autres au moins. L'hypothèse d'un délinquant en possession de son libre arbitre et décidé à poursuivre dans le crime est plausible mais notre idéal professionnel nous interdit de contribuer à une dégradation ontologique d'un individu par notre action professionnelle.

Il s'agit là d'un conflit de valeurs (l'autonomie du délinquant et l'idéal professionnel de l'intervenant), c'est-à-dire de l'objet-même de l'éthique.

Deuxième critique : pour Glaser, un traitement ne peut être contraint que dans le seul intérêt du bénéficiaire et à la stricte condition qu'il ait été établi que ce dernier ne dispose pas de facultés de jugements suffisantes lui permettant d'être personnellement demandeur d'un nécessaire traitement. Or, remarque Glaser, la plupart des délinquants sexuels engagés dans des traitements contraints ne relèvent pas de ce cas de figure. Dès lors, contraindre à un traitement des individus, certes délinquants, voire dangereux pour autrui, mais dont les facultés de jugement sont pleinement conservées, est, aux yeux de Glaser, éthiquement exclus. Dans notre pratique, quelles sont les contraintes au traitement ? En prison, de façon très générale, il n'y a pas de traitement proposé, donc encore moins de traitement imposé. Il est peut-être regrettable que la notion de contrainte ait étouffé la notion de contrat : il y a une obligation de traitement en cas de sortie anticipée ou conditionnelle. Mais cette obligation est une part du contrat passé entre le délinquant et la société, contrat que le délinquant n'est pas tenu de signer (et beaucoup le refusent, préférant exécuter leur peine en entier plutôt que de s'engager dans des obligations contractuelles). Il accepte le contrat, comme dans n'importe quelle transaction commerciale, en fonction du rapport coût/bénéfice qu'il estime avantageux ou non. Il a à assumer ses engagements de contractant. Cette situation est délicate et soulève évidemment des questions dans la mesure où les conditions du contrat exercent une pression, parfois trop forte, sur le délinquant. Cela ne constitue pas, toutefois, une contrainte incontournable et directe de traitement. Et dès lors, l'objection de Glaser bien que fondée en principe, ne s'applique guère à nos cas cliniques et moins encore lorsque le GLM est proposé, puisque ce modèle est inapplicable si le bénéficiaire ne manifeste pas l'intérêt d'améliorer sa vie.

La troisième critique porte sur l'inscription des pratiques GLM dans le cadre des actions réhabilitatives et sur l'impossibilité, selon Glaser, de concilier une éthique thérapeutique avec un tel cadre. En effet, les interventions GLM s'inscrivant dans un cadre réhabilitatif font, *de facto*, partie d'un processus social punitif dont l'objectif est de satisfaire un impératif de sécurité publique. Que les intérêts du bénéficiaire soient effectivement centraux dans les théories GLM ou dans les pratiques qui en dérivent ou que ces intérêts soient totalement compatibles avec les impératifs de sécurité publique, ne change rien puisque les intérêts du bénéficiaire restent totalement contingents des impératifs de sécurité publique, de non-récidive et que l'objectif des traitements vise, *in fine*, l'accès à une vie non-délinquante, *a priori* mais *a priori* seulement, plus bénéfique pour l'individu.

Sur ce point, Glaser soulève deux objections. D'une part, il n'est pas acceptable, selon lui, de se référer à une éthique thérapeutique alors que l'intervention est punitive (quand bien même les pratiques ne le seraient-elles pas). D'autre part, on ne peut tromper le bénéficiaire sur la nature de l'intervention, punitive plutôt que thérapeutique, sans quoi l'intervenant, trompant l'usager, se rend ainsi coupable d'une espèce de dol éthiquement inacceptable. Ce n'est pas, nous semble-t-il, parce qu'il est utilisé dans le cadre pénal et dans un processus social punitif que le GLM est une intervention punitive. Mais leurrons-nous nos usagers et nous-mêmes lorsque nous leur proposons une prise en charge thérapeutique ? Certes oui, si la prise en charge est, en définitive, une manière dissimulée de les punir ou, au moins, de les contrôler ? Mais est-ce cela que nous visons et que nous réalisons ? Si nous considérons qu'une personne présente des caractéristiques qui lui amènent de graves problèmes, que cette personne en souffre, qu'elle demande ou accepte une aide et que sa difficulté est accessible à nos méthodes d'action, en quoi la trompons-nous et la punissons-nous en lui accordant cette aide ? Si un alcoolique est condamné pour avoir conduit en état d'ivresse et voit un intérêt à se libérer de la dépendance qui est à l'origine de son incarcération, tout traitement qui lui sera dispensé devient-il une contribution au processus punitif ? Ou une démarche libératrice de désaliénation ?

La dernière critique de Glaser concerne l'argument, souvent avancé par les fondateurs du GLM, de l'efficacité des méthodes promues par le GLM. A cela, Glaser rétorque par une question quelque peu provocatrice mais néanmoins pertinente : quelles auraient été les directives thérapeutiques si des méthodes violentes, humiliantes voire la torture avaient été reconnues plus efficaces en termes de prévention de la récidive et donc de sécurité publique ? Cet argument d'efficacité aurait-il justifié leur utilisation en tant qu'outils thérapeutiques dans le cadre du traitement des délinquants sexuels ? Glaser conclut que « le simple fait qu'une intervention fonctionne et que des cliniciens contribuent significativement à son succès ne signifie pas qu'elle soit éthiquement justifiée ». L'argument de l'efficacité du GLM n'est évidemment pas probant sur le plan éthique. Il soulève cependant une question intéressante : si l'efficacité n'est pas une justification éthique suffisante, qu'en est-il de l'inefficacité d'un traitement ? Un traitement inefficace est-il éthiquement justifiable ?

Au terme de cette réflexion, il nous apparaît plus clairement que notre adhésion au GLM est la résultante de nos conceptions préalables concernant les délinquants sexuels et leur traitement et plus globalement concernant, d'une part l'Homme dans ses rapports au monde, aux autres et à lui-même, et d'autre part, l'interférence de l'intervention professionnelle dans la vie des usagers.

Nous n'avons jamais considéré que nous étions les agents de la loi et de l'ordre public chargés de contrôler et de neutraliser des individus dangereux en leur imposant un traitement. Nous avons toujours placé l'usager au centre de notre réflexion et de notre action afin de l'aider au mieux à vivre le mieux possible. Nous l'avons placé aussi au centre de son propre travail, en lui épargnant l'altruisme de circonstance et non motivant qui consiste, dans une perspective moralisatrice, à se soigner pour le bien de sa victime. Cette approche, non focalisée sur le trouble, plus holistique et personnalisée, suppose l'intérêt et l'intéressement de l'usager ainsi que l'engagement du thérapeute. Mais elle ne présuppose pas un idéal optimiste de l'Homme, ni le rabaissement ni la déréliction du délinquant.

## Table des matières

## Structures éditoriales du groupe L'Harmattan


**L'Harmattan Italie**
Via degli Artisti, 15
10124 Torino
harmattan.italia@gmail.com

**L'Harmattan Hongrie**
Kossuth l. u. 14-16.
1053 Budapest
harmattan@harmattan.hu

**L'Harmattan Sénégal**
10 VDN en face Mermoz
BP 45034 Dakar-Fann
senharmattan@gmail.com

**L'Harmattan Cameroun**
TSINGA/FECAFOOT
BP 11486 Yaoundé
inkoukam@gmail.com

**L'Harmattan Burkina Faso**
Achille Somé – tengnule@hotmail.fr

**L'Harmattan Guinée**
Almamya, rue KA 028 OKB Agency
BP 3470 Conakry
harmattanguinee@yahoo.fr

**L'Harmattan RDC**
185, avenue Nyangwe
Commune de Lingwala – Kinshasa
matangilamusadila@yahoo.fr

**L'Harmattan Congo**
67, boulevard Denis-Sassou-N'Guesso
BP 2874 Brazzaville
harmattan.congo@yahoo.fr

**L'Harmattan Mali**
Sirakoro-Meguetana V31
Bamako
syllaka@yahoo.fr

**L'Harmattan Togo**
Djidjole – Lomé
Maison Amela
face EPP BATOME
ddamela@aol.com

**L'Harmattan Côte d'Ivoire**
Résidence Karl – Cité des Arts
Abidjan-Cocody
03 BP 1588 Abidjan
espace_harmattan.ci@hotmail.fr

**L'Harmattan Algérie**
22, rue Moulay-Mohamed
31000 Oran
info2@harmattan-algerie.com

**L'Harmattan Maroc**
5, rue Ferrane-Kouicha, Talaâ-Elkbira
Chrableyine, Fès-Médine
30000 Fès
harmattan.maroc@gmail.com


## Nos librairies en France


**Librairie internationale**
16, rue des Écoles – 75005 Paris
librairie.internationale@harmattan.fr
01 40 46 79 11
www.librairieharmattan.com

**Lib. sciences humaines & histoire**
21, rue des Écoles – 75005 Paris
librairie.sh@harmattan.fr
01 46 34 13 71
www.librairieharmattansh.com

**Librairie l'Espace Harmattan**
21 bis, rue des Écoles – 75005 Paris
librairie.espace@harmattan.fr
01 43 29 49 42

**Lib. Méditerranée & Moyen-Orient**
7, rue des Carmes – 75005 Paris
librairie.mediterranee@harmattan.fr
01 43 29 71 15

**Librairie Le Lucernaire**
53, rue Notre-Dame-des-Champs – 75006 Paris
librairie@lucernaire.fr
01 42 22 67 13

www.ingramcontent.com/pod-product-compliance
Lightning Source LLC
LaVergne TN
LVHW011305061026
849535LV00005B/1412